'연애결혼'은 무엇을 가져왔는가

성도덕과 우생사상의 100년간

한림대학교 일본학연구소 | 한림일본학신총서 5

'연애결혼'은 무엇을 가져왔는가

성도덕과 우생사상의 100년간

가토 슈이치(加藤秀一) 지음 · 서호철 옮김

小花

국립중앙도서관 출판시도서목록(CIP)

'연애결혼'은 무엇을 가져왔는가 : 성도덕과 우생사상의 100년간
지은이: 가토 슈이치 ; 옮긴이: 서호철. -- 서울 : 소화, 2013
p. ; cm. -- (한림일본학신총서 ; 5)

원표제: 〈恋愛結婚〉は何をもたらしたか : 性道徳と優生思想の百年間
원저자명: 加藤秀一
일본어 원작을 한국어로 번역
ISBN 978-89-8410-455-6 94080 : ₩15,000
ISBN 978-89-8410-438-9(세트) 94080

혼인[婚姻] 일본(국명)[日本]
332.22-KDC5
306.845-DDC21 CIP2013025034

한국어판 서문

저의 책 『'연애결혼'은 무엇을 가져왔는가 — 성도덕과 우생사상의 100년간』을 서호철 선생이 한국어로 번역해 주신 것을 무척 기쁘고 영광스럽게 생각합니다.

이 책에서 저는 근대 일본 사회에서 우생사상과 연애 관념이 어떤 관계를 맺고 있었는지 밝혀 보고자 했습니다. 이 둘을 끼워 맞추는 것은 많은 독자에게 뜻밖의 일로 여겨질지도 모르겠습니다. 그래서 본문을 읽으시기 전에 이 주제의 의의에 대해 간단히 말씀드리고 싶습니다.

*

저는 대학생이던 1980년대부터 페미니즘사상에 흥미를 가져 대학원에서는 젠더와 섹슈얼리티를 둘러싼 여러 가지 문제를 본격적으로 연구하기 시작했습니다. 특히 임신중절의 윤리적 시비를 둘러싼 논의에 관심이 있어서 그때부터 체외수정 등 새로운 생식 의료기술이 불러일으킨 윤리적 문제 전반으로 시야를 넓혀 갔습니다.

그 가운데에서도 현재까지 제게 가장 중요한 연구 주제가 된 것이 인간 생명을 서열 짓는 우생사상입니다. '우생학(eugenics)'이란 19세기 말

영국의 프랜시스 골턴(Francis Galton)이 자기가 창시한 새로운 학문분야에 붙인 이름입니다. 우생학은 능력과 성격이 유전적으로 결정된다는 이론에 따라 사람의 가치를 매겨, 우수하다고 간주되는 사람에게는 많은 자손을 남길 것을 권하는 한편 열등하다고 간주되는 사람은 자식을 남기지 못하게 함으로써 '인구의 질'을 향상시키고자 하는 학문입니다. 지금의 눈으로 보면 유색인종이며 장애인에 대한 편견으로 얼룩진 사이비 과학에 불과하지만, 19세기부터 20세기 전반에 걸쳐서는 많은 나라에서 새로운 과학으로 환영받았습니다.

하지만 그 뒤로 우생학은 히틀러(Adolf Hitler)의 인종정책과 장애인정책을 전형으로 하는 전체주의적 사상으로 간주되어 혹독한 비판을 받게 됩니다. 이에 반해 근대에 와서 사람들은 연애란 내면적이고 자발적인, 게다가 많은 경우 멋지고 아름다운 경험이라고 생각해서 연애에 높은 가치를 부여하고 있습니다. 이런 관점에서 본다면 우생사상과 연애는 마치 물과 기름 같은 관계로 생각될지도 모르겠습니다. 하지만 이런 관점이 현실을 정확하게 포착해 낸 것은 아닙니다. 최근 연구에서 나치스 독일 같은 강권적인 국가보다 오히려 미국이며 북유럽의 민주주의국가에서 지금까지 더 적극적으로 우생정책이 실시되었다는 사실이 차츰 밝혀지고 있습니다. 다른 한편 실은 연애도 (대부분 그렇게 생각하지 않는 듯하지만) 결코 개인의 내면에만 관련된 현상이 아닙니다. 연애 역시 문화·사회의 존재 방식에 영향을 받고 있으며, 무엇보다 연애결혼이라는 현상이 일반화되어 있는 데서도 알 수 있듯이 오늘날 연애는 결혼이라는 제도와 일체가 되어 있고, 따라서 생식 행위 및 인구의 재생산과 결부되어 있음은 분명합니다. 이렇게 본다면 '인구의 질'을 문제 삼는 우생학과 연애의 거리는 그다지 멀지 않습니다.

실제 일본에서는 메이지 시대 끝 무렵부터 국가에 공헌할 수 있는 우수한 국민을 만들어 내기 위해 우생학을 사회에 확산시키려는 사람들이 나타났지만, 그들은 반드시 강권적으로 일반 사람들에게 우생학을 강요하지는 않았습니다. 오히려 그들은 바람직한 자손을 낳기 위해서는 사람들이 우수한 유전적 자질을 가진 배우자를 자주적으로 선택하는 것이 불가결하다고 생각하여 연애결혼을 적극 장려했습니다. 연애결혼은 낡은 인습(신분에 얽매인 결혼이나 부모가 결정하는 결혼)을 부정하는 '근대적'인 태도이기도 했습니다. 그런 담론을 통해 연애와 결혼이라는 사적인 일과 국가라는 공적인 관념이 결합되고, 이윽고 주체적 · 자발적으로 국가에 봉사하는 국민이라는 관념이 모습을 갖추어 간 것은 주목할 필요가 있습니다(따라서 이 책에서 연애와 우생사상이 교차하는 지점을 살펴봄으로써 그 배후에 있는 근대 국민국가란 어떤 것인가 하는 큰 주제를 나름의 각도에서 고찰하고자 합니다).

그런데 어떻게 그런 일이 가능했을까요? 제 관심을 끈 것은 우생학의 과학 이론으로서의 측면과 그와 관련된 정책보다, 일반 대중이 우생학을 어떻게 이해하고 어떻게 받아들이거나 거부하는가 하는 점이었습니다(이 책의 부제에 '우생학'이 아니라 '우생사상'이라는 말을 쓴 것도 전문 학자들의 담론뿐 아니라 일반적으로 널리 공유된 사상에 초점을 맞추고 싶어서였습니다). 우생학은 사람들의 사회적 처우에 차별을 두는 데 그치지 않고 존재해야 할 인간과 존재해서는 안 될 인간을 구별했고, 그런 의미에서 궁극적인 차별사상을 품고 있었음은 분명합니다. 그런 사상을 과학자나 정치가가 아닌 일반 사람들은 어떻게 받아들였을까요?

대략적인 대답은 다음과 같습니다. 우생학은 많은 사람이 품고 있는 '건강한 아이를 낳고 싶다', '우수한 자녀를 갖고 싶다'는 바람 그리고 바로 그것이 행복의 조건이라는 생각을 발판으로 삼아 대중 속으로 침투해 간 것입니다.

여기에서 우리가 가진 윤리의 매우 심각한 아포리아가 모습을 드러냅니다. 행복을 추구하는 자연스러운 심정이 인간의 생명을 생물학적 성질에 근거해서 차별하고 선별하는 데 직결된다면 우리는 어떻게 해야 할까요? 거기에 명확하게 답하는 것은 결국 우리에게 '인간 생명의 가치란 무엇인가?' 하는 근원적인 물음에 답하는 일로 이어진다고 생각합니다.

*

한국과 일본은 정치적 · 경제적으로는 물론 역사적 · 문화적으로도 많은 차이가 있겠지만, 두 나라 모두 급속한 근대화를 이루어 온 아시아의 선진국으로 공통된 사회적 문제에 직면해 있습니다. 최근 사회 내의 경제적 격차가 급속도로 확대되고 젊은이들이 장래에 희망을 갖기가 어려워지면서 연애와 결혼을 회피하는 경향이 높아지고 있는 점은 그런 공통점의 하나겠지요. 이 책의 번역자인 서 선생에게 한국에서는 연애 · 결혼 · 출산을 포기하는 젊은이들을 '삼포세대(三抛世代)'라고 부른다는 말을 들었습니다. 일본에서도 최근 십수 년에 걸친 불황 속에서 어려운 지경에 처한 젊은이를 가리키는 갖가지 유행어가 생겨났습니다. 취직을 하고도 부모님 집에서 나와 독립하지도 결혼하지도 못하는 젊은이를 가리키는 '패러사이트 싱글(parasite single)'이라는 말은 그 대표 격입니다.

동시에 두 나라 모두 고도의 의료기술과 생명과학을 보유하고 있으며, 최첨단 생식 의료기술이 가져온 윤리적 문제에 직면하고 있다는 것 또한 공통점입니다. 최근 태아가 다운증후군을 가졌는지 아주 높은 확률로 판별할 수 있는 혈액검사가 개발되어 유럽에서는 완전히 실용화되기 시작했습니다. 조만간 한국과 일본에서도 이 기술을 받아들일지 결단을 내리지 않으면 안 될 것입니다. 이렇게 현재의 우리는 지난 시대의 우생학자들은 상상조차 하지 못한 방법으로 쉽게 또 확실하게 생명을 선별할 수 있게 되었고, 거기서 생겨나는 윤리적 문제를 회피할 수 없게 되었습니다. 우생사상은 과거의 유물이기는커녕 오히려 현재의 우리한테 점점 더 큰 문제가 되고 있는 것입니다.

이런 시대에 우리는 사람이 사람을 사랑하는 것과 새로운 생명을 낳는다는 것의 의미, 나아가 생명의 가치며 평등에 대해 어떻게 생각해야 하는 걸까요? 이 책은 주로 과거를 다룬 역사사회학적 연구이지만, 제가 목표로 하는 것은 오히려 현재의 우리가 직면한 이런 문제를 깊이 생각할 수 있기 위해 과거를 다시 살펴보는 것입니다. 그러나 안타깝게도 이 책에서는 이런 어려운 물음에는 분명한 답을 제시할 수 없었습니다. 지금도 저는 그 답을 찾아서 한창 시행착오를 거듭하고 있는 중입니다. 이번에 제 책이 번역되는 것을 계기로 한국의 독자 여러분이 이런 문제에 대해 함께 생각해 주신다면 저자로서 그보다 더 기쁜 일은 없겠습니다. 여러분과 함께 논의하는 가운데 가까운 장래에 새로운 전망을 꼭 발견할 수 있기를 기대합니다.

2012년 8월 12일

지독히 더운 도쿄에서 가토 슈이치

차례

2장

일부일처제의 기원

메이지 시대의 연애 · 결혼 · 국가

3장

'일부일처제'라는 과학

남성의 체액이 여성의 체액에 섞인다?

4장

인류를 위해 연애를!

가정 · 페미니즘 · 우생학

5장

연애에서 전쟁으로

전전기(戰前期) 우생결혼의 모색

종장

'연애결혼'을 향해

일러두기

1. 외래어 표기는 국립국어원 규정에 따랐다.
2. 지은이와 협의하에 지은이주, 옮긴이주를 구분하지 않았다.
3. 본문에 나오는 책 등 참고자료는 가능한 우리말로 옮겨 표기하였다. 각주에 나오는 참고문헌은 한국어판본이 있는 경우 우선해 표기하고, 없는 경우 우리말로 옮겨 표기하였다.

서장

'연애결혼'의 시대

결혼의 행복

당신에게 '결혼'이란 무엇인가? 그 답은 사람마다 다를 것이다. 결혼을 하고 싶은지 하고 싶지 않은지, 이미 결혼한 상태인지 아닌지에 따라서도 답이 갈릴 것이고, 자녀가 있는지 이혼 경험이 있는지에 따라서도 답은 다를 것이다. 완전히 똑같은 인생이라는 게 존재하지 않듯이 결혼의 의미 또한 세상 사람의 수만큼 있음이 틀림없다.

하지만 기묘하게도 현실 세계에서 결혼을 수식하는 것은 늘 같은 틀에 박힌 하나의 기호이다. 말할 것도 없이 그것은 '시아와세'(또는 '행복')[1]라는 기호다.

---

1 행복을 일본어로 '시아와세(幸(しあわ)せ)' 또는 '고후쿠(幸福)'라고 하는데, 전자가 보통 그 순간의 기분을 나타낸다면 후자는 오래 지속되는 감정을 나타내는 데 쓰인다는 차이가 있다. 본문에 나열한 책 제목이나 광고에 쓰인 말은 '시아와세'이고, 이 글에서 지은이가 주로 사용하는 것은 '幸福'이라는 한자어이다.

웨딩드레스를 입은 젊은 여성에게 어머니인 듯한 목소리가 "행복해지는 거예요" 하고 말하는 결혼식장 광고, 연예인의 결혼을 알리는 여성 주간지 기사에는 '행복의 눈물', '행복한 결혼식 피로연', '행복한 결혼', '행복만을 바라보며……', '주위의 행복에 이끌려 결혼' 같은 문구가 춤춘다.

서점의 서가를 둘러보면 『30대에도 행복한 결혼을 할 수 있다!』, 『사랑과 결혼과 행복을 이루는 가장 좋은 방법』, 『연애와 결혼 — 행복해지기 위한 조건』, 『사랑만으로는 행복한 결혼을 바랄 수 없다』, 『행복한 결혼의 조건』, 『결혼선(線) 총망라 카탈로그 — 행복을 약속하는 손금 412』, 『이런 이름의 상대와 결혼하면 행복해진다』, 『결혼 · 행복 How to 움켜쥘까』, 『새 신혼 사전 — 약혼부터 새살림까지 둘만의 행복 가이드』 등 에세이에서 매뉴얼까지 결혼을 다루면서 '행복'이라는 말이 들어가지 않은 책을 찾아보기가 어려울 정도다.

만화의 세계에서는 순정 만화가 세분화되어 결혼물이니 주부물 같은 하위 장르가 만들어져 있는데, 대표적인 잡지 『Silky』(하쿠센샤白泉社)의 캐치프레이즈는 '연애 · 결혼 · 육아 행복 가득!'이고, 연애결혼 만화 명작선은 이름부터 꼭 집어서 『행복한 결혼』이다. 각 권마다 에메랄드, 루비 같은 보석 이름이 붙어 있는 것도 어쩐지 의미심장하다.

물론 인터넷에도 똑같은 기호는 넘쳐 난다. 결혼 운세를 점쳐 주는 한 웹사이트의 이름은 '행복의 나침반'. 다른 운세 사이트에서는 '행복한 결혼을 위한 101가지 지혜'를 가르쳐 준다. 결혼하는 친구에게 선사하는 시는 「행복 이야기」이고, 한 종교 단체 계통의 결혼상담소는 "참된 사랑으로 맺어져야 부부는 참된 행복을 얻을 수 있습니다"라고 한다(왜 그런지 온라인에서는 '시아와세'뿐 아니라 '고후쿠'라고 쓴 경우가 자주 눈에 띄지만, 여기에서 미묘한 뉘앙스의 차이까지는 문제 삼지 않겠다).

이렇게 '결혼=행복'을 싸구려로 마구 팔아 치우는 걸 보고 있으면, 결혼했기 때문에 불행해진 사람도 쓸어다 버릴 만큼 많을 텐데 하고 말해 주고 싶어서 좀이 쑤셔 온다. 그런 심술꾼은 필자만은 아닌 듯하다. 가족사회학자 야마다 마사히로(山田昌弘)는 최근 결혼난(만혼화와 미혼화) 배경을 여러 각도에서 분석한 뒤, 요컨대 '결혼=행복'이라고 굳게 믿어 버리는 것이 문제가 아닐까 하고 말했다. 결혼하지 않고 늘 즐겁게 사는 사람도 많고 결혼해서 한층 더 고독감이 깊어지는 사람도 있다는 야마다의 지적은 당연하다면 당연하다.[2] 그렇게 말하자면 결혼 관련 서적 중에는 요시무라 사쿠지(吉村作治)의 『내가 결혼을 그만둔 이유—행복해지고 싶다면 읽으세요』라는 비틀린 제목의 책도 있다.

하지만 생각해 보면 이 정도는 누구나 알고 있을 것이다. 그럼에도 결혼=행복이라는 조건반사가 사라지지 않는다면 아마 위와 같은 비판은 과녁을 빗나간 것이리라. '결혼'과 '행복'이라는 두 기호의 결합은 훨씬 뿌리 깊은 것임이 틀림없다.

혹시 행복이라는 어휘는 결혼생활이 순조로운 상태라기보다 그 이전의 결혼이라는 행위 자체에 붙들려 있는 것은 아닐까? 결혼해서 행복해지는 순서가 아니라 그야말로 결혼=행복인 것이다. 결혼 뒤의 생활이 잘되어 가는지 하는 수준의 행복과는 별개로, 결혼 자체가 행복이라는 식의 관념이 존재하는 것이다.

그렇다면 반대로 '불행'이란 결혼에 실패하는 것이 아니라 애당초 결

---

2 山田昌弘, 『結婚の社會學 : 未婚化・晩婚化はつづくのか』(야마다 마사히로, 『결혼의 사회학 : 미혼화・만혼화는 계속될까』), 丸善, 1996.

혼하지 않는 또는 하지 못하는 사태를 나타내는 것이나 다름없다. 이 예상에 딱 들어맞는 체험을 섹슈얼리티 연구자 이노 신이치(伊野眞一)가 써놓았다. 이노가 저 이시하라 신타로(石原愼太郞)와 토론하면서 "나는 특정한 라이프 스타일을 우선시하는 결혼제도에 회의적이고, 당신이 예전부터 선전하는 부성 중심의 결혼은 동경하지 않는다"라고 했더니 이시하라가 "(그러면) 불행해진다"라고 응수했다는 것이다.[3] 이시하라 신타로에게 아니, 불행한 결혼도 있다, 결혼했기 때문에 불행해진 사람도 있지 않느냐고 반문한들 아마 대화는 헛돌 것이다. 왜냐하면 그에게 불행이란 결혼의 내용이 아니라 결혼의 부재를 가리키기 때문이다.

하지만 그것은 어떤 불행일까? 아니 그보다 먼저 결혼 자체인 것처럼 여겨지는 행복이란 무엇일까?

연애결혼의 시대

그것에 대해 생각할 때 빼놓을 수 없는, 결혼과 깊이 융합된 또 하나의 기호는 바로 연애다.

우리는 '연애결혼의 시대'를 살고 있다. 의식조사 결과에 따르면, 연애결혼의 비율은 1960년대 후반 중매결혼을 앞지른 이래 착실히 증가하여 이제는 대다수 사람이 연애결혼을 하게 되었다(그림 1). 연애결혼을 하고 싶다고 대답한 사람의 비율은 매년 계속 증가하고 있으며, 그것도 젊

---

3 『アエラムック(78) : ジェンダーがわかる[아에라 무크(78) : 젠더를 알다]』, 朝日新聞社, 2002. 이시하라 신타로는 소설가 출신의 우익 정치가이다. 1968년 자민당 참의원으로 당선된 것을 시작으로 1995년까지 중의원의원(8선), 운수대신 등을 역임했고, 1999년부터 지금까지 제14~17대(4선) 도쿄도지사로 있다.

그림 1. 결혼 연차별로 본 연애결혼 · 중매결혼 구성 추이

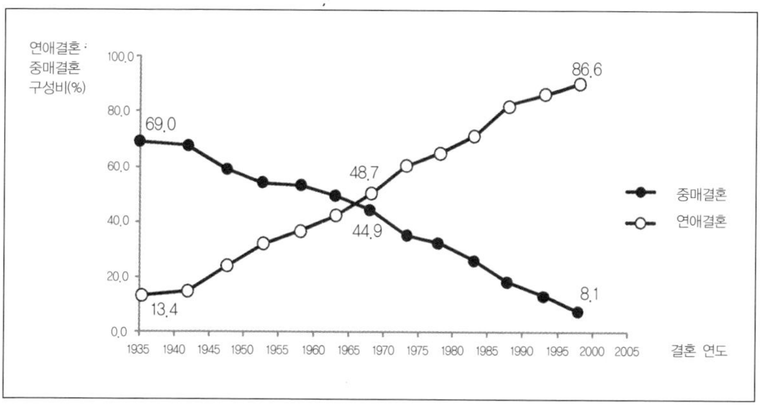

출처 제12회 출생동향기본조사 「결혼과 출산에 관한 전국조사 : 기혼자조사」(국립사회보장 · 인구문제연구소, 2002년 조사).

표 1. 연령별로 본 연애결혼을 희망하는 미혼자

(단위 : %)

	남자			여자		
	제9회 (1987년)	제10회 (1992년)	제11회 (1997년)	제9회 (1987년)	제10회 (1992년)	제11회 (1997년)
18~19세	68.0	77.8	75.3	72.0	80.4	83.8
20~24세	62.7	72.0	73.0	67.4	74.2	77.7
25~29세	45.0	57.1	62.6	46.6	60.5	66.8
30~34세	28.3	36.3	44.9	34.7	39.1	49.8
계	55.1	65.3	66.8	63.3	70.7	73.4

설문 "당신은 어떤 형태의 결혼을 바라고 있습니까?"에 대해 "① 연애결혼을 하고 싶다, ② 중매결혼을 하고 싶다, ③ 어느 쪽이든 상관없다" 중에서 ①이라고 답한 비율.

주 대상은 "언젠가는 결혼한다"고 답한 미혼자. 제11회 조사에서 "중매결혼을 하고 싶다", "어느 쪽이든 상관없다"라고 답한 사람의 비율은, 남자는 각각 0.6퍼센트, 31.3퍼센트, 여자는 각각 0.5퍼센트, 25.1퍼센트.

출처 제11회 출생동향기본조사 「결혼과 출산에 관한 전국조사 : 독신자조사」(국립사회보장 · 인구문제연구소, 1997년 조사).

표 2. 부부가 처음 만난 계기의 조사별 구성 비율

(단위 : %)

	조사(조사연도)	第8회 (1982년)	第9회 (1987년)	第10회 (1992년)	第11회 (1997년)	第12회 (2002년)
연애결혼	직장이나 일 관계로	25.3	31.6	35.0	33.5	32.6
	친구·형제 자매를 통해	20.5	22.4	22.3	27.1	29.7
	학교에서	6.1	7.0	7.8	10.4	9.8
	길거리·여행지에서	8.2	6.3	6.2	5.2	5.6
	서클·클럽·학원 등에서	5.8	5.4	5.5	4.9	4.8
	아르바이트에서	-	-	4.2	4.6	4.8
	어릴 적 친구·이웃	2.2	1.5	1.8	1.5	1.2
중매결혼		29.4	23.3	15.2	9.6	7.4
기타·미상		2.5	2.6	2.0	3.0	4.0
계		100.0	100.0	100.0	100.0	100.0

주 각 조사 시점으로부터 과거 5년 이내에 결혼한, 부부 모두 초혼인 경우에 대한 조사이다. 중매결혼이란 첫 만남의 계기가 '중매로', '결혼상담소에서'인 결혼을 말한다. 제8~9회 조사는 '아르바이트에서'라는 선택지가 없었다. 표본 수는 다음과 같다. 제8회(1,298), 제9회(1,418), 제10회(1,522), 제11회(1,296), 제12회(1,207).

출처 제12회 출생동향기본조사 「결혼과 출산에 관한 전국조사 : 부부조사」(국립사회보장·인구문제연구소, 2002년 조사).

은 층일수록 높다(표 1). 무엇보다 18~19세 여자의 연애결혼 희망률은 80퍼센트를 넘는다. 소녀들이 장래를 꿈꾸면서 '나는 어떤 남성과 맞선을 보게 될까……' 하고 생각하지는 않는다. 오늘날에는 이미 그냥 결혼이라고 하면 연애결혼인 것이다.

다만 이것은 연애결혼이라는 확고한 실체가 먼저 있어서 그것이 증가한 것은 아니라는 데 주의해야 한다. 애초부터 무엇이 연애결혼인가 하는 객관적인 정의 따위는 존재하지 않는다. 표 2의 조사에서는 연애결혼이 몇 개 유형으로 나뉘어 있지만, 부모와 친척이 하나부터 열까지 다 차려 놓고 자기는 몸만 가는 식의 정말 구식의 중매결혼 말고는 본인들이 그렇게 생각만 한다면 무엇이든 연애결혼이 될 수 있다. 친구의 소개며 커플링 파티,[4] 교제 잡지 등을 통해 처음 만나는 것은 보기에 따라 넓은 의미의 중매라고 하지 못할 것도 없지만, 당사자가 그렇게 생각하는 경우는 거의 없을 것이다.

반대로 '결혼상담소에서' 유형은 중매결혼에 포함되어 있지만, 객관적인 기능으로 보면 최근의 결혼상담소들은 분명히 결혼을 중개하면서도 더 미묘한 이미지와 레토릭을 구사하는 전략을 취해 이용자로 하여금 자기는 결국 연애결혼을 했다고 생각하게 만든다. 한 대규모 결혼중개업자의 광고에는 '연애와 결혼, 진지하게 의논할 수 있는 사람이 있습니까?', '첫 만남을 연애와 결혼으로 이어 가고 싶다' 같은 문구는 있어도 '중매'라는 말은 결코 나오지 않는다. 그렇기는커녕 '처음에는 결혼상담소인 줄 잘못 생각했지만……' 하는 내용이 이용자의 말이라면서 실려 있다. 대체 뭐가 다르다는 건지 모르겠지만, 이용자가 혼신의 힘으로 연애결혼을 추구하고 있다는 것만큼은 확실하게 느낄 수 있다.

실제로 만남의 실마리가 무엇이든 자신이 '연애에 기반해서 결혼'했다고 생각하는지에 관한 또 하나의 물음에 대해서는 중매결혼 부부의 80퍼센트 가까이가 "예"라고 답했다. 더 복잡한 것은 연애결혼 부부 중에서 같은 물음에 "아니오"라고 답한 사람이 몇 퍼센트 있다는 점이다. 처음에는 연애였는데 결혼할 무렵에는 이미 마음이 식어 버린 걸까? 아니면 일반적 기준으로 보면 연애결혼이지만, 자기 내면에 물어보았더니 '연애에 기반했다'고까지는 말할 수 없는 걸까? 이 역시 사정이 분명치 않다.

---

4 커플링 파티는 짝을 찾을 목적으로 남녀가 한곳에 모이는 파티를 말하는데, 대개 결혼중개업소에서 주관한다. 맞선 파티, 결혼 활동 파티라고도 부른다.

어느 쪽이 되었든 결국 정신의학자 오히라 겐(大平健)이 지적하듯이 예전부터의 '연애 · 중매라는 이항 대립' 자체가 급속히 의미를 잃고 있다.[5] 처음 만나게 된 계기가 무엇이든 그것을 연애결혼이라고 부를 수 있다. 그러니까 연애결혼이 늘어났다는 것은, 객관적으로 관찰 가능한 몇 가지 행동이 증가한 것이 아니라 사람들이 자기의 결혼을 연애결혼이라는 관념과 결부시키려 하게 되었다는 것이다. 이렇게 '연애결혼'이라는 말의 의미는 변질 · 확산되고 이제는 모든 결혼을 포괄하려 한다.

연애와 결혼은 별개?

흥미롭게도 같은 조사의 다른 곳에서는 미혼 남녀의 약 60퍼센트가 "연애와 결혼은 별개이다"라고 답했다(표 3. 덧붙이면 이 선택지는 2000년 제12회 조사에서는 무슨 이유에서인지 삭제되었다). 이것은 지금까지 보아 온 연애결혼의 일반화와 모순되지 않은가? 대체 어떻게 된 걸까?

문제의 열쇠는 이 응답을 두 가지 의미로 해석할 수 있다는 점에 있다. 하나는 '연애 상대와 반드시 결혼해야 하는 것은 아니다'라고 해석하는 것이다. 1970년대 이래 남녀 관계의 규범이 변한 결과, 연인으로 사귄 사람과 꼭 결혼해야 하는 것은 아니게 되었다.[6] 이런 의미에서 분명히 연애와 결혼은 분리되었다고 할 수 있다. 그러나 이대로는 모순이 남는다.

다른 한 가지 해석은 이런 것이다. '연애와 결혼은 별개'라는 명제에서는 열렬한 연애 끝에 결혼한다고 다 잘사는 것이 아니다, 또는 결혼 상

---

5 大平健, 『純愛時代』(오히라 겐, 『순애 시대』), 岩波文庫, 2000.

6 山田昌弘, 1996, 앞의 책(주 2).

표 3. 결혼 · 가족에 관한 미혼 남녀의 사고방식

(단위 : %)

결혼 · 가족에 관한 사고방식	남자			여자		
	찬성	반대	미상	찬성	반대	미상
a 평생 독신으로 지내는 것은 바람직한 생활방식이 아니다	57.7	36.0	6.2	49.1	45.7	5.2
b 남녀가 함께 산다면 결혼해야 한다	69.0	24.9	6.0	59.3	35.9	4.8
c 결혼 전의 남녀라도 애정이 있으면 성관계를 가져도 상관없다	81.8	11.7	6.6	81.3	13.2	5.5
d 결혼해도 배우자나 가족과는 별개인 자신만의 인생 목표를 가져야 한다	76.5	16.7	6.8	80.3	14.2	5.5
e 결혼하면 당연히 가정을 위해 자신의 개성과 생활방식을 반쯤 희생해야 한다	45.9	47.7	6.4	32.6	62.3	5.1
f 결혼 후 남편은 밖에서 돈을 벌고, 아내는 가정을 지켜야 한다	45.8	47.8	6.4	31.5	63.5	5.0
g 결혼하면 자녀를 가져야 한다	77.9	15.3	6.8	71.5	23.3	5.2
h 일단 결혼하면 성격 불일치 정도로 헤어져서는 안 된다	62.0	31.4	6.7	47.3	47.3	5.3
i 연애와 결혼은 별개다	63.9	29.5	6.6	57.9	37.0	5.2

주 대상은 18~34세 미혼자로, 남자 3,982명, 여자 3,612명이다. '찬성'은 '전적으로 찬성', '대체로 찬성'을 합계한 응답 비율이고 '반대'도 마찬가지이다.

출처 제11회 출생동향기본조사 「결혼과 출산에 관한 전국조사 : 독신자조사」(국립사회보장 · 인구문제연구소, 1997년 조사).

대로서의 미덕과 연애 상대로서의 매력을 겸비한 이성은 존재하지 않는다는 심리를 읽어 낼 수 있다. 그렇게 생각하면 연애결혼에 대한 기대와 연애와 결혼은 별개라는 응답 사이에 '타협'은 있어도 '모순'은 없다. 연애와 결혼은 별개라고 응답한 사람들이 중매결혼을 하는 게 아니라 역시 일반적 분류로는 극히 평범한 연애결혼을 한다. 즉 여기에서는 연애와 결혼이 분리되어 있는 것이 아니라 오히려 연애라는 관념이 이중화되어 있다. 사람들의 의식 속에서 평범한 결혼(=연애결혼)으로 이어지는 타협적 · 현실주의적 연애와 그런 결혼으로는 다 담아낼 수 없는, 마치

영화 같고 더 본격적인(?) 연애가 구별되어 있는 것이다.

이 가설이 맞는지 남녀의 차이가 있는지를 추적해 보는 것은 재미있겠지만, 유감스럽게도 이 책의 주제를 벗어난다. 현대의 결혼은 곧 연애결혼이라는 현실을 재확인할 수 있으면 족하다. '결혼 안 할지도 몰라 증후군'이나 '패러사이트 싱글'[7] 등 젊은 세대의 결혼과 거리 두기라고 할 만한 현상도 내게는 오히려 역설적으로 연애결혼이라는 관념이 얼마나 강한지를 입증하는 것으로 생각된다. 결혼해서 가난해지는 게 싫다는 이유로 언제까지나 부모의 비호 아래 살아가는 패러사이트 싱글만 해도, 끈덕지게 버티면서 팔자를 고쳐 줄 백마 탄 왕자님(또는 공주님)을 노리는 타산적 결혼을 소망하는 유형과는 다른 듯하다. 기생생물(패러사이트)이라 불리는 그들이라고 해서 이와아키 히토시(岩明均)의 명작 만화 『기생수』[8]에 나오는 일체의 감정을 갖지 않은 우주생물은 아니다. 호의를 품은 상대쯤은 있을 것이다. 또 생활수준만 생각한다면 거기에 맞는 결혼 상대는 찾을 수 있을지도 모른다. 하지만 연애 상대로 매력적이고 경제력도 충분한 상대를 찾자면 그건 어렵다. 어딘가에서 타협할 거였다면 일단은 독신인 편이 좋다는 것이리라. 물론 자기는 얼마나 매력적이고 조건이 괜찮은지는 완전히 제쳐 두고…….

---

7 '결혼 안 할지도 몰라 증후군'은 谷村志穂, 『結婚しないかもしれない症候群』(다니무라 시호, 『결혼 안 할지도 몰라 증후군』), 主婦の友社, 1991과 그해 제작된 같은 제목의 텔레비전 드라마로 유행한 말이고, 패러사이트 싱글은 성인이 되어서도 미혼인 채 부모와 동거하면서 부모의 경제력에 의존해서 살아가는 젊은이를 가리키는 말로, 山田昌弘, 『パラサイト・シングルの時代』, 筑摩書房, 1999(야마다 마사히로 저, 김주희 역, 『패러사이트 싱글의 시대』, 성신여자대학교출판부, 2009)로 널리 알려진 개념이다.

8 이와아키 히토시 저, 서현아 역, 『기생수』 전 8권, 학산문화사, 2003(岩明均, 『寄生獸』).

행복의 백 년 역사

이렇듯 연애결혼은 오늘날 결혼의 기본형이자 어떤 의미에서 당연한 것이 되었다. 그렇지만 그것은 목욕할 때는 발가벗는 것이 당연하다는 식의 소극적 의미에서가 아니다. 많은 사람은 연애결혼에 그 이상의 적극적 의미를 부여하고 있다. 그것이 '행복'이라는 기호의 난무를 낳고 있다. 그렇다면 사람들이 결혼에서 찾는 행복이란 구체적으로 어떤 것일까?

「국민생활 선호도조사」(1997년)에 따르면, 남녀 모두 압도적 다수가 결혼의 이점으로 고른 것은 '정신적 안정을 얻을 수 있다'는 선택지였다. 그다음이 '인간으로서 성장할 수 있다'로, 두 대답이 '어엿한 어른으로 인정받는다', '주위의 기대', '경제적 여유' 같은 실리적 회답을 상회한다.

결혼 상대한테 바라는 '조건'으로는 남녀 모두 '성격이 맞을 것'이 압도적 1위를 차지했고, '가정을 첫째로 생각할 것', '공통의 취미를 갖고 있을 것' 등이 그 뒤를 이었다. 다만 여성의 과반수는 남성에게 '수입의 안정'을 요구하고, 남성은 여성에게 '집안일을 잘해 낼 것'과 '용모'를 요구하는 경향이 조금 강했다.

여기에서 별 뜻 없이 쓰인 '가정'이라는 말에 주목해 보자. 니시카와 유코(西川祐子)가 지적하듯이 이것은 단순히 결혼한 뒤의 생활을 가리킬 뿐 아니라 '가정에는 반드시 부부와 자녀가 있어야 한다는 규범'이 뒷받침하는 관념이다.[9] 실제 앞의 「결혼과 출산에 관한 전국조사」에 따르면 지금도 70퍼센트 이상의 사람은 '결혼하면 자녀는 꼭 가져야 한다'는 생

---

9 西川祐子, 『近代國家と家族モデル』(니시카와 유코, 『근대 국가와 가족 모델』), 吉川弘文館, 2000.

각에 찬성하고, 또 부부=부모가 갖추어지지 않은 가정은 모자가정·부자가정이라는 식으로 딱지가 붙고 만다. 오타쿠 연구가인 오카다 도시오(岡田斗司夫)는 흥미로운 결혼론인 『후론(フロン)』[10]에서 자녀가 있는 가족만 '가족'이라고 부를 것을 제창하는데, 일본에서는 이미 '가정'이라는 말이 그런 뜻을 떠맡아 왔다.

이렇게 해서 사람들이 그리는 '결혼=행복'이라는 꿈의 대략적인 이미지가 떠오른다. 그것은 결혼에 이르는 경위로 보면 '연애결혼'이고, 부부가 정신적으로 공유할 수 있는 취미 등을 갖고 있고 자녀도 있는 '가정'이다(한 가지 덧붙이면 생활 형태로는 '남자는 일, 여자는 살림'이라는 성별 역할 분업에 기초한다). 그렇지만 이것은 아직 꿈의 표층에 지나지 않는다. '사람들은 연애결혼에서 무엇을 구해 왔는가, 그것은 어떤 행복이었는가' 하는 물음에는 우리는 이제 단 한 걸음을 내디뎠을 뿐이다.

나중에 상세히 보겠지만 이러한 연애·결혼·가정 이념이 일본 사회에 확립되기 시작한 것은 메이지 30년대(1897~1906)쯤이다. 그 이래 근본적인 변화가 생기지는 않았다고 생각된다. 물론 실태를 보면 이혼율 저하(근세 일본에서는 이혼율이 매우 높았다)며 여성취업률의 변화(1975년경까지 떨어진 뒤 다시 상승으로 돌아섰다), 만혼화에 따른 소자화(少子化)[11] 등 이런 저런 변화가 있었다. 하지만 사람들이 품고 있는 '연애·결혼·가정'이라는 혼연일체의 꿈은 그리 변하지 않았다. 오히려 메이지 시대에는 일부 혜택받은 사람만의 특권이던 꿈이 대중의 손에 닿게 되었다는 점, 그것이

---

10 岡田斗司夫, 『フロン: 結婚生活·19の絶對法則』(오카다 도시오, 『후론: 결혼생활·19가지 절대법칙』), 海拓舍, 2001. 제목 '후론'은 같은 발음인 '夫論(남편론)', '婦論(아내론)', '父論(아버지론)'을 아우른 것이라고 한다.

11 저출산 즉 출산 자녀 수의 감소를 가리킨다.

그림 2. 평생 독신으로 지내는 것은 바람직한 생활방식이 아니다

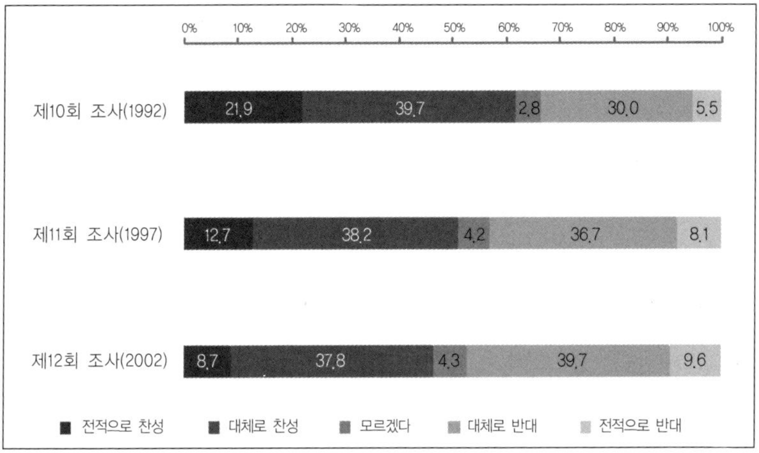

출처 제12회 출생동향기본조사 「결혼과 출산에 관한 전국조사 : 부부조사」(국립사회보장·인구문제연구소, 2002년 조사).

야말로 백 년 남짓한 세월 동안 최대의 변화였다고 해도 좋을 것이다.

연애결혼을 둘러싼 '꿈' 자체에 현저한 변화가 나타난 것은 아주 최근인 1990년대 이후이다. 만혼화가 진행됨과 아울러 의식 면에서도 결혼하지 않고 사는 방식에 대한 긍정적 시각이 조금씩 확산되었다(그림 2). 다른 한편 결혼에는 문자 그대로 꿈이 있다는 사고방식을 60퍼센트 이상의 사람이 긍정하고 있는 데서 엿볼 수 있듯이 연애·결혼·가정은 지금도 여전히 뿌리 깊은 꿈으로 존재하고 있다고 하겠다(그림 3).

이런 상황이 앞으로 어떻게 변해 갈지는 아직 알 수 없다. 단 한 가지 확실한 것은 우리가 메이지·다이쇼 시대의 사람들이 품었던 꿈의 연장선상, 그 끝에 서 있다는 점이다. 우리가 매우 당연한 일상으로 누리는 것을 그들은 눈부시게 바라보며 갈망하거나 그 앞에서 얼떨떨했을

그림 3. 결혼에 꿈을 품은 사람의 비율

'당신은 결혼하는 것에는 많은 꿈이 있다는 사고방식에 대해 어떻게 생각하십니까?'(하나만 선택)

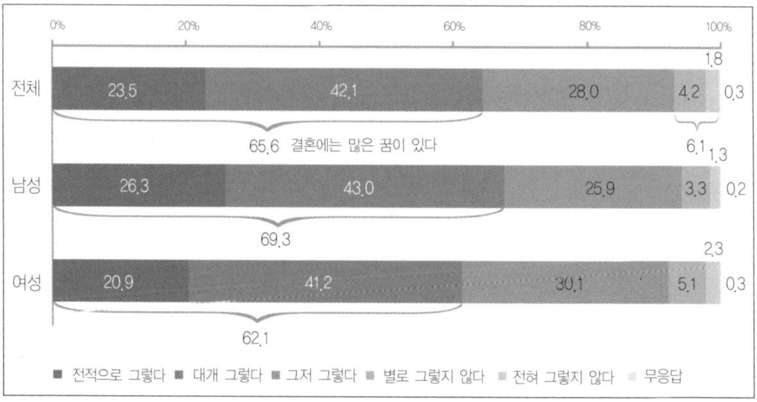

출처 2001년(헤이세이 13) 국민생활선호도조사 「가족과 생활에 관한 국민 의식」(내각부內閣府 국민생활국, 2001년 조사).

것이다. 그랬던 사람들의 생각이 쌓이고 쌓여 '연애 · 결혼 · 가정'이라는 꿈을 만들어 왔다.

그렇다면 그 심층을 파헤치기 위해서는 사람들이 암중모색으로 그것을 만들어 내려 하던 현장에 돌아가 볼 필요가 있지 않을까? 그것은 우리 자신이 지금 서 있는 자리를 다시 바라보는 일과도 이어져 있을 터이다. '현재'를 안쪽에서 바라보기만 해서는 그 시야 자체를 성립시킨 조건을 볼 수 없다. 역사를 거슬러 감으로써 꿈의 표면만 핥지 않고 깊은 곳에 감추어진 '잠재된 꿈'(지그문트 프로이트Sigmund Freud)의 수준에까지 파고들 수 있을 것이다.

그럼 이제 '연애결혼'의 원류를 향해서 조촐한 여행을 시작해 보자.

1장

'낭만적 사랑'이라는 제도

'연애결혼'으로의 도약

‘사랑’과 ‘연애’

사람은 누구나 사랑을 한다. 아니, 사람만이 아니다. 우에노동물원의 첫 번째 판다인 랑랑과 캉캉이 발정기가 되었을 때 『아사히신문(朝日新聞)』은 이렇게 썼다.

> 판다의 ‘사랑’이 시작되었다. 도쿄 우에노동물원의 랑랑(수컷, 9세 반)이 예년에 없이 거세게 달아오른 듯하다. 이것을 본 캉캉(암컷, 7세 반)도 안달복달해서 동물원 측은 18일 아침부터 두 마리를 ‘동거’시켰다. 1년에 며칠뿐인 칠석날 같은 판다의 사랑의 계절이 도래했다.
>
> —『아사히신문』 1978년 5월 18일

판다도 사랑을 한다. 특정한 타인이랄까, 다른 판다에게 마음이 이끌려 안달복달하는 것이다.

아니, 동물은 '사랑'이 아니라 그저 발정할 뿐으로 단순한 성욕에 불과한 거 아닌가 하는 사람이 있을지도 모른다. 그렇기도 하겠지만, 인간이 하는 사랑이란 얼마나 다른 것일까? 게다가 동물이라고 그렇게 단순하지는 않은 듯하다. 희귀한 종을 번식시키려고 암수 한 쌍을 한 우리에 넣어도 어느 한쪽이 상대를 싫어해서 교미에 이르지 못하는 일은 자주 있다. 분명 그들에게도 인간 못지않은 미묘한 기호와 궁합이 있는 것이다(어쩌면 최근의 인간보다 절조가 있을지도 모른다).

결국 인간의 사랑과 동물의 발정을 갈라놓는 절대적인 경계선은 없다. 동물도 인간도 사랑을 한다. 인간도 동물인 이상, 이것은 차라리 당연한 일일 것이다.

그렇다고는 해도 인간의 사랑 전부를 본능적인 성행동으로 환원하기란 무리일 것이다. 진화론에 근거한 심리학은 '사랑=발정' 메커니즘의 큰 틀을 밝혀내고 있지만, 이상하게 발달한 뇌를 가진 인간의 발정의 미세한 **구조**를 포착하기에는 번식 전략이라는 진화론적 개념의 그물은 너무 성기다. 소박하게 생각해 보아도 동물이 인간처럼 허락되지 않은 사랑에 괴로워해 동반 자살을 한다든지 성욕을 부정하고 순결을 지킨다든지 상대한테 마음을 고백하지 못해 애타게 고민한다든지 심지어는 그런 곡절을 소설로 써본다든지 하는, 티를 내는 행동—이것을 '문화'라고도 한다—을 하는 법은 없다.

인간의 사랑에는 그렇듯 성욕과 발정으로의 환원을 거부하는 불가해한 차원이 분명 있다. 바꾸어 말하면 인간의 사랑에는 '광기'가 깃들어 있다. 그런 '광기로서의 사랑' 또는 조금 온건하게 '열정적 연애'나 '낭만적 사랑'이라고 불려 온 것을 사랑 일반과 구별하여 연애라고 부르기로 하자.

인간의 연애의 여러 가지 양상을 훑어보는 데에는 20세기 프랑스의 문학평론가 롤랑 바르트(Roland Barthes, 1915~1980)의 『사랑의 단상』[12]이 지금도 가장 좋은 교과서다. 거기에서 바르트는 연애에 대해 논하는 것이 아니라 연애를 이야기한 고금의 담론을 종횡으로 인용하면서 몸소 연애 자체를 연기한다. 차례에 열거된 '구렁에 빠져 들어간다', '부재', '근사한', '변질', '고뇌', '무력화(취소)', '감추기', '육체', '헌사', '마귀', '살갗이 벗겨진' 등 흥미진진할 것 같은 레퍼토리 중에는 물론 '광기'라는 이름이 붙은 장도 마련되어 있다. 다만 바르트가 말하는 연애의 광기란 동물과 다르다는 것이 아니라 오히려 '일체의 사회성에서 차단된' 것, 즉 통상의 인간성에서 멀리 벗어났다는 또 하나의 굴절된 의미이지만.

물론 인간의 사랑이 전부 그런 뜻의 연애는 아니다. 내가 아는 사람 중에도 연애 끝에 자살하는 사람의 마음 따위 전혀 이해할 수 없다고 단언한 여성이 있지만, 더 인상적이었던 것은 전철 안에서 우연히 얻어들은 이런 대화다. 젊은 여성 서너 명이 이야기를 하고 있었는데 그중 한 명이 자기는 누군가를 좋아해 본 적이 없다고 말하자, 같이 있던 여성들이 "뭐?" 하고 놀랐다. 그런데 당사자는 "결혼해서 그 사람을 좋아하면 되지. 우리 언니도 그런데" 하고 태연자약하게 말하는 거였다.

그것은 개인 수준의 문제만이 아니다. 인간 사회에서 '연애'란 보편적인 현상일까, 아니면 특정 시대 · 지역 · 계층에만 존재하는 것일까? 이 물음을 둘러싸고 무수한 연애 연구가 이루어져 왔다. 그 전모를 소개하는 게 이 책의 목표는 아니지만, 그렇다고 완전히 무시할 수도 없다. 연애란 무엇인지를 어느 정도 분명히 해두지 않으면 '연애결혼'이라는 주

12 롤랑 바르트 저, 김희영 역, 『사랑의 단상』, 동문선, 2004(Roland Barthes, *Fragments d'un discours amoureux*).

제가 흐릿해져 버릴 테니까 말이다.

판다한테는 연애가 없으니까 연애결혼도 없다. 『아사히신문』은 판다의 교미를 가리켜 '결혼'이라는 표현을 썼지만 그것은 쉰세대의 농담 같은 비유일 뿐, 판다만이 아니라 동물이 결혼식을 올린다든지 혼인신고서를 제출한다는 이야기는 들어 본 적이 없다. 아니, 하고 싶은 말은 그런 게 아니다. 판다 커플이 어느 날 아침 갑자기 손을 마주 잡고 우에노 동물원의 소재지인 도쿄도 다이토구(台東區) 구청에 혼인신고를 하러 왔다 해도 그들에게 연애라는 문화가 없으므로 연애결혼은 될 수 없다.

연애는 보편적인가? 종래의 연애론은 이 물음에 대해 연애의 역사적·지역적 한정성을 강조하는 경우가 많았다. 이를테면 도쿠가와 시대 일본 사회에 사랑은 있었지만 연애는 없었다거나, 연애란 메이지 시대 서구에서 수입된 새로운 관념이라는 등. 이런 견해는 무엇보다 연애라는 일본어 자체가 기본적으로는 메이지 시대의 발명이라는 사정에 의거한다. 연애결혼으로 나아가기 전에, 먼저 이 장에서는 연애라는 관념에 대해 지금까지의 연구를 참조하여 정리해 두고자 한다.

연애라는 *말*

메이지 시대 근대 서구 사상의 세례를 받은 사상가들은 거기에서 발견한 '러브'라는 관념을 그때까지 일본 사회에 있던 '색(色)'이나 '정(情)'과는 전혀 이질적인 것으로 받아들였다. 거기에는 '육욕을 넘어선 정신성'이며 '남녀가 서로 사랑함'같이, 근세의 유곽[13] 문화가 몸에 밴 많은

13 일본사에서 '근세'란 대개 16세기 후반에서 1868년 메이지유신 이전까지의 도쿠가

남성은 생각지도 못했을 법한 고상한 문화가 적혀 있었기 때문이다. 적어도 그들한테는 그렇게 보였다.

그토록 새로운 사상을 표현하기 위해서는 그것에 걸맞은 새로운 어휘가 필요했다. 거기에서 선택된 것이 '연애'였다. 소고 마사아키(惣郷正明)와 히다 요시후미(飛田良文)의 노작 『메이지 시대 어휘 사전(明治のことば辭典)』(도쿄도출판東京堂出版)에 따르면 도쿠가와 시대 말기 메더스트(Walter Henry Medhurst, 1796~1857)의 『영화자전(英華字典)』[14]에 등장한 것이 이 말의 가장 이른 쓰임이라고 한다. 그 영향을 받아서인지 1871년 새뮤얼 스마일스(Samuel Smiles, 1812~1904)가 쓰고 나카무라 마사나오(中村正直, 1832~1891)가 옮긴 『서국입지편(西國立志編)』[15]에서도 사용되었지만, 이것은 단 한 군데뿐으로 그나마 '연애하다(戀愛スル)'라는 동사형 용법이었다. 당시는 신기하게 보였을 이 '연애(戀愛=レンアイ)'라는 말이 일본어로 정착하기까지는 이후 10년이 넘도록 여러 시행착오가 필요했다.

몇 가지 보기를 들어 보자. 1886년 일본 최초의 근대소설이 된 쓰보우치 쇼요(坪內逍遙, 1859~1935)의 『당세서생기질(當世書生氣質)』에 등장하는 너무나도 유명한, "일단 사랑했다면 끝까지 러브하는 게 좋지 않을까(一旦愛した位なら, 飽くまでラブするがいゝぢやないか)"라는 대사에서 '러브'는 동사이고 또 '애(愛)'로 옮겨져 있다. 여전히 쓰보우치는 러브를 '의중인(意中

와 시대, 즉 에도 시대를 가리킨다. 유곽은 성매매 여성을 두고 손님을 받는 집이나 그런 집들이 밀집한 구역을 말한다.

14 메더스트가 중국 상하이에서 간행한 두 권짜리 영어·한자 사전 *English and Chinese Dictionary*(2vols., Shanghae : Mission Press, 1847~1848)를 가리킨다.

15 새뮤얼 스마일스의 *Self Help*(1859)를 나카무라 마사나오가 이런 제목으로 옮겼고, 이후에 『自助論』이라는 번역도 나왔다. 한국에는 최남선의 발췌역 『자조론』(1918년), 홍난파의 『청년입지편 : 일명 자조론』(1923년) 등으로 소개되었다.

人)', '연정(戀情)', '색(色, いろ)' 등으로 옮기고 있고 어쨌든 '연애'는 나오지 않는다.

일본 최초의 문명사적 역사서로 이름 높은 『일본개화소사(日本開化小史)』의 다구치 우키치(田口卯吉, 1855~1905)는 1886년 저작 『일본의 취향과 정교(日本之意匠及情交)』에서 봉건적인 남녀 관계를 비판하고 "남녀의 참된 사랑은 완전히 평등한 것"이라는 매우 근대적인 주장을 전개했다. 하지만 남녀 관계를 표시하는 데에는 '정교(情交)', '애(愛)', '애정(愛情)', '연착(戀着)'같이 예전부터 있던 어휘를 쓰고 있으며 역시 '연애'는 한 번도 등장하지 않는다.

나중에 연애지상주의의 정점으로 새로운 세대에 충격을 준 기타무라 도코쿠(北村透谷, 1868~1894)[16]조차 1887년 수기에서 아직 '연애'라고는 하지 않고 "가장 두려워해야 할 러브의 아귀도(餓鬼道)"라는 무서운 말로 자신의 고민을 드러냈다(「'기타무라 몬타로의' 일생 중 가장 처참했던 일주일《北村門太郎の》一生中最も悽慘たる一週間」). 지금 우리에게 '그대를 러브하고 있습니다' 하는 식의 말은 무척 징그럽지만, 기타무라 도코쿠로서는 그렇게 쓸 수밖에 도리가 없었다. 그때 그에게 '연애'라는 말은 아직 가슴에 딱 와 닿지 않았던 것이다.

야나부 아키라(柳父章)에 따르면 일본어 사전에 '연애'가 등장한 것은 후쓰가쿠주쿠(佛學塾)의 『불화사림(佛和辭林)』(1887년)에서 프랑스어 AMOUR의 번역어가 "연애(戀愛). 종애(鍾愛). 호애(好愛). 애(愛). 사랑받는 사람(愛セラ

16 일본의 시인이자 평론가. 본명은 기타무라 몬타로. 한때 자유민권운동에 참가하기도 했으나, 1888년 스키야바시(数寄屋橋)교회에서 세례를 받고 이시자카 미나(石坂ミナ)와 결혼했다. 이후 근대적 연애관을 표명한 평론으로 일본 문학계에 큰 반향을 일으켰고, 1894년 25세를 일기로 자살했다.

ルゝ所ノ者)"이라고 되어 있는 것이 최초이다.[17] 이후 메이지 20년대(1887~1896)에 '연애'는 유행어가 되었고 급속히 일반화되었다. 현시점에서 최대의 일본어 사전인 『일본국어대사전(日本國語大辭典) 제2판』(쇼가쿠칸小學館)에 따르면, '애련(愛戀)', '연모(戀慕)' 같은 다른 번역어 후보를 물리치고 '연애'가 우세해진 것은 1889년경부터였다고 한다. 그러나 영어·일본어 사전에서 LOVE를 '연애'로 옮긴 것은 1915년 사이토 히데사부로(齋藤秀三郎, 1866~1929)가 엮은 『숙어본위 영화중사전(熟語本位英和中辭典)』이 최초이고, 다이쇼 시대 말에 가서도 일대 베스트셀러 『근대의 연애관(近代の戀愛觀)』의 저자 구리야가와 하쿠손(廚川白村, 1880~1923)은 지금의 제이팝(J-Pop) 빰치도록 영어 섞인 일본어로, 유명한 여성 가수 야나기와라 뱌쿠렌(柳原白蓮, 1885~1967)이 남편을 버리고 연인한테 달려간 사건을 논평하면서 여전히 "인간임을 자각하는 자로서 러브 없는 결혼 생활을 계속한다는 것은 인페르노(지옥)다"라고 쓰고 있다(『아사히신문』, 1920년 10월 30일).

기예(氣銳)의 영문학자였던 구리야가와 하쿠손은 아마 '러브'와 '연애'의 어감 차이에 특히 민감했을 테지만, 그렇다고 하더라도 이런 예들에서는 LOVE를 번역한 '연애'가 그리 쉽사리 일본어로 받아들여지지 않았음을 엿볼 수 있다.

연애의 승리

하지만 최종적으로는 '러브'도 '정교'도 아니고 '연애'가 최후의 승자가

17 야나부 아키라 저, 서혜영 역, 『번역어 성립사정』, 일빛, 2003, 99쪽(柳父章, 『飜譯語成立事情』). 『불화사림』은 노무라 야스유키(野村泰亨) 등이 번역하고 나카에 조민(中江兆民)이 교열한 1887년 후쓰가쿠주쿠 간행의 프랑스어·일본어 사전을 가리킨다.

되었다. 어째서일까? 어디까지나 직관적인 가설이지만, 이 신조어가 고대로부터의 '연(戀)'과 '애(愛)'라는 말이 각각 담당해 온 중층적인 뉘앙스를 잘 살리면서도 새로운 사상을 표현했기 때문이 아닐까? 아무리 새로운 말이 멋지다고 해도 일반인에게는 수수께끼였을 '러브'로는 낙착되지 않았다(지금과 달리 메이지 시대 사람들은 외국어를 어떻게든 일본어로 옮기려고 노력했다). 그런 점에서 이미 있는 한자를 조합하면서도 신선한 '연애'라는 말은 전통문화와 서구 문명의 틈바구니에서 우왕좌왕할 수밖에 없었던 메이지 시대 사람들의 감성에 꼭 들어맞았던 게 아닐까?

앞서 말한 『일본국어대사전』에 따르면 『만엽집(萬葉集)』[18]에서 '연'이란 "사람, 어떤 곳, 식물, 계절 등을 그리워하는 것"인 동시에 "이성(때로는 동성)에게 특별한 애정을 느껴 그리워하는 것"을 의미한다(손에 잡히는 대로 일본어 사전을 몇 가지 뒤져 보았지만 동성에 대한 사랑까지 제대로 설명한 것은 쇼가쿠칸 사전뿐이었다).

한편 '애'는 본래 부모자식 · 형제 등이 서로 아끼는 것을 의미했지만, 나중에 불교 용어로 "무엇을 탐내어 집착하는 것, 욕애(欲愛 : 성욕) · 유애(有愛 : 생존욕) · 비유애(非有愛 : 생존을 부정하는 욕망)의 삼애(三愛) 등"도 나타내게 되었다고 한다. 이쪽은 꽤 부정적인 뉘앙스다.

그런데 이들을 전부 뒤섞어 놓고 보면 어떨까? 확실히 '연애 영화' 같은 말의 어감과 통하는 애절하면서도 복잡한 느낌이 전해져 오지 않는가? 아마 이렇게 파악하는 것은 기타무라 도코쿠 같은 선구자들이 거기에 부과했던 의미로부터는 동떨어져 있을 것이다. 나중에 보겠지만 기

18 현존하는 일본에서 가장 오래된 와카집(和歌集)으로 주로 7세기 후반에서 8세기 초의 노래들을 담고 있다.

타무라 도코쿠는 러브를 더 정신주의적인 것으로 이해했기 때문이다. 하지만 말이라는 것은 그것을 지탱하는 문화 전체로부터 떼어 낼 수 없다. 결국 러브라고 쓰든 연애라고 옮기든 일본어로 편입된 시점에서 벌써 영어의 LOVE와는 뭔가 다른 것이 되어 버렸다. 나아가 유행어가 되어 사회에 정착해 가는 과정에서 그것은 어디까지나 일본어로서의 '연애'로 변신해 갔던 것이다.

연애의 기원

그렇다면 메이지 시대의 선구자들은 '연애'를 어떤 사건으로 이해했을까? 그것을 파악하는 데에는 먼저 본래(?)의 서구적 연애의 유래에 대해 짚고 가는 게 도움이 될 것이다. 하지만 서구 연애사라는 터무니없이 넓은 늪에 빠져 드는 것을 피해 여기에서는 주로 드니 드 루주몽(Denis de Rougemont)의 고전적 명저 『사랑에 대하여』[19]에 의거하면서, 아주 엉성한 이미지만 대충 그려 보기로 하자.

루주몽에 따르면 근대사회에서 꽃피운 낭만주의적 연애의 원류는 중세 음유시인들이 노래한 기사와 귀부인의 궁정식 연애에서 찾아볼 수 있다고 한다. 왕과 귀족들이 부의 원천인 토지를 둘러싸고 이해타산이 소용돌이치는 정략결혼을 거듭하고 끊임없는 항쟁과 전쟁으로 지새던 12세기경, 기사들은 그런 풍속에 반기를 들고 순수한 연애에 입각한 절조를 내세워 연애와 결혼은 양립하지 않는다고 선언했다. 그렇다면 연

19 『사랑에 대하여』는 1959년 일본에서 번역서로 출간된 제목이며, 1939년 출간된 원제는 *L'Amour et l'Occident*(사랑과 서양)이다.

애란 무엇보다 먼저 세속적 타산과 물질적 욕망에 얽매인 결혼제도에 대한 반항으로 탄생한 셈이다.

덧붙여 낭만주의적 연애의 두 번째 특징으로 들 수 있는 것은 육욕에 대한 정신성의 우위다. 루주몽은 궁정식 연애의 기묘한 성격으로 연애가 "결혼과 양립하지 않을뿐더러 사랑의 '충족'과도 양립하지 않음"을 지적했다. "궁정식 연애의 법도는 이런 정열이 '현실이 되는' 것을, 다시 말하면 마음에 둔 여성을 완전히 소유하는 것을 거부하기 때문이다." 빙빙 돌려 말했지만, 사랑의 '충족'이란 요컨대 섹스를 말한다. 혐오스러운 결혼제도를 뛰어넘어 마침내 두 사람은 방해꾼을 물리친다. 그러나 그와 그녀는 거기에서 갑자기 서로의 육체를 거세게 탐한다든지 해서는 안 된다. 부도덕하다는 문제가 아니다. 두 사람에게는 세상의 도덕 따위는 이제 상관없지 않은가? 그게 아니라 그런 짓을 하면 모든 게 허사가 되어 버리기 때문이다. 충족되는 순간부터 연애는 순수성을 잃고 썩기 시작한다.

루주몽이 말하는 연애의 이런 특징은 현대의 연애결혼이나 경박한 연애관과는 완전히 동떨어진 듯이 보이지만, 적어도 관념 차원에서는 꼭 그렇다고 단정할 수 없을 것이다. 예컨대 중년 남녀의 짧은 플라토닉 러브를 그린 소설 『매디슨 카운티의 다리』[20]가 열광적으로 받아들여진 것은 이런 열정적 연애의 기본 구조에 충실한 스토리의 힘 때문은 아닐까? 연애는 결혼 바깥에 있고 게다가 충족되지 않음으로써 순수한 연애가 된다.

---

20 로버트 제임스 월러 저, 공경희 역, 『매디슨 카운티의 다리』, 시공사, 2002(Robert James Waller, *The Bridges of Madison County*).

군소리지만 그런 '순애(純愛)'가 육욕에 뒤얽힌 남녀 관계보다 맑고 담백하다고 생각하는 것은 어린애들이나 할 법한 오해다. 수없이 많은 장애에 가로막혀 자꾸만 지연되는 엑스터시. 처음 만난 그날로 해버렸다는 식의 경박한 연애에 비해 이쪽이 훨씬 농밀하게 고조되는, 참으로 징그러운 연애임은 말할 나위 없다.[21]

오히려 관념상의 차이가 두드러지는 것은 기사도적 연애와 고대 일본의 사랑 사이다. 그것은 어느 쪽이 더 열렬한가 더 애틋한가의 문제가 아니다. 그런 의미에서는 일본 고대문학이 그리는 사랑은 종종 놀랍도록 낭만적이고 열정적 연애로서 자격을 충분히 갖추고 있다. 예컨대 가토 슈이치(加藤周一, 1919~2008)는 "『고사기(古事記)』에서 가장 아름답고 감동적인 대목은 거의 모두가 사랑 이야기"라면서, 특히 친오누이 사이의 사랑이 들통 나서 오빠 가루노미코가 유배를 당하자 누이동생 오이라쓰메가 그 뒤를 따라가는 이야기를 들고 있다.[22]

"두 사람은 유배지에서 껴안으며 사랑하는 사람이 없다면 집도 나라도 아무런 뜻이 없을 것이라는 노래를 읊고 죽는다. 그 최후는 거의 바그너의 「사랑의 죽음」의 관현악을 생각나게 할 것이다. 혹은 지카마쓰의 미치유키의 샤미센(三味線)을. …… 죽음으로 완성되는 사랑이라는 사

21 지은이는 뒤에 나오는 기타무라 도코쿠식의 무겁고 진지한 '戀愛'와 구별해서, 그 말이 가벼운 의미로 사용되는 현재의 풍조를 비꼬아서 가타카나 표기 'レンアイ'를 썼다고 한다.

22 19대 인교(允恭) 천황과 오시사카노오나카쓰히메노미코토(忍坂之大中津比賣命)의 맏아들 기나시노가루노미코(木梨之輕王)는, 몸의 빛이 옷을 뚫고 배어 나올 정도로 아름다워서 소토리노이라쓰메(衣通郎女)라고 불린 친누이 가루노오이라쓰메(輕大郎女)와의 불륜이 발각되어 인교 천황 사후에 실각, 이요(伊予)로 유배되었는데, 여동생 가루노오이라쓰메가 그를 뒤쫓아 와 그곳에서 둘은 동반 자살을 했다고 한다.

고방식은 『고사기』에서부터 『소네자키 정사(曾根崎心中)』까지 면면히 이어져 온 것 같다."[23]

하지만 나는 여기서 가토 슈이치가 무심하게 쓴 "두 사람은 유배지에서 껴안으며"라는 대목에 주목하고자 한다. 여기에는 사랑의 '충족'이 있다. 이 장면에서 오빠 가루노미코가 부르는 노래를 들어 보자.

> 남들 몰래 내가 찾아가는 누이를, 남모르게 내가 울며 그리워하는 아내를, 오늘 밤만은 마음 편히 그 살을 어루만지는구나.

> 조릿대 잎을 치는 우박 소리처럼, 분명히 동침한 뒤에는 헤어져도 (상관없다) 사랑스럽게 확실히 자기만 했다면, 베어 둔 풀처럼 뿔뿔이 흩어지려면 흩어져도, 확실히 자기만 했다면.[24]

여기에서는 연인인 누이의 살결을 어루만지는 것과 동침하는 것이 얼마나 멋진 일인지 높이 찬양된다. 죽음으로 완성되는 점은 공통적이라

---

23 가토 슈이치 저, 김태준·노영희 역, 『일본문학사 서설 1』, 시사일본어사, 1995, 51~52쪽(加藤周一, 『日本文學史序說 1』), 번역문을 일부 수정. 「사랑의 죽음(*Liebestod*)」은 바그너(Richard Wagner)의 오페라 「트리스탄과 이졸데(*Tristan und Isoldet*)」에서 이졸데가 트리스탄을 따라 죽는 장면에 나오는 아리아이고, '미치유키(道行)'는 가부키에서 사랑하는 남녀가 동반 자살(情死, 일본어로는 心中)하러 가는 장면을 말한다. 『소네자키 정사』는 1703년 오사카의 간장가게 종업원인 도쿠베에와 유녀 오하쓰가 소네자키 숲에서 동반 자살한 실제 사건을 다룬 도쿠가와 시대의 유명한 작가 지카마쓰 몬자에몬(近松門左衛門)의 작품이다(한국어본은 지카마쓰 몬자에몬 저, 최관 역, 『소네자키 숲의 정사』, 고려대학교출판부, 2009).

24 오노 야스마로 저, 권오엽·권정 역, 『고사기 하』, 고즈윈, 2007, 139쪽(太安万呂, 『古事記』)에서 수정하여 인용.

고 해도 이렇게 육체적 교접이 정신적 애정과 분리되지 않고 솔직하게 긍정되는 점에서 그것은 역시 정신성에 편중된 연애와도, 유교 도덕에 얽매인 '정사(情死)'와도 이질적인 사랑이었다고 생각된다.[25]

한편 열정적 연애의 세 번째 특징은 남녀가 서로 사랑하는 것이다. 음유시인들이 노래한 '지순한 사랑'은 아직 전적으로 귀부인에 대한 남자 쪽의 일방적인 숭배였지만, 서구에서 궁극의 열정적 연애의 신화가 된 트리스탄과 이졸데의 이야기에서는 서로 사랑하는 두 사람이 상대를 생각하는 모습이 아름답게 그려져 있다. 베디에(Joseph Bédier, 1864~1938)가 변형한 이야기에 대해 번역자 사토 데루오(佐藤輝夫)는 "켈트족의 전설을 받아 최초로 이야기를 꾸민 작자는 음유시인들의 신비하거나 관념적인 일방통행식 사랑의 시로는 만족할 수가 없었던" 것이라고 해설을 붙였다.[26]

기존 결혼제도에 대한 반항, 육욕을 초월한 정신성, 남녀가 서로 사랑함. 일단은 이 세 가지를 서구에서 유래한 전형적인 낭만적 사랑을 구성하는 요소로 짚어 두겠다.

---

25 정사(동반 자살)가 유교 도덕에 얽매였다는 것은, 유교적 도덕이 결혼을 남녀 개인의 애정이 아니라 부모의 결정에 따른 집안끼리의 일로 규정했기 때문에 남녀 간의 사랑이란 결혼제도 바깥에서만(예컨대 유곽의 여성들과만) 싹텄고, 그런 이루지 못할 사랑에 대한 고민이 동반 자살로 이어지곤 했다는 뜻이다.

26 트리스탄과 이졸데에 대한 중세 전설을 베디에가 현대어로 옮긴 *Le roman de Tristan et Iseut*(1900)에서 내용을 조금 바꾼 것을 두고 한 말이다(Iseut는 Isoldet의 프랑스어 표기). ジョゼフ·ベディエ 著, 佐藤輝夫 譯, 『トリスタン·イズー物語』, 岩波文庫, 1985(개정). 참고로 이 책의 한국어판으로는 조제프 베디에 저, 이형식 역, 『트리스탄과 이즈』, 지만지고전천줄, 2008.

연애의 발견?

이런 연애 개념을 일본에서 사상언어로 정착시키고, 또 스스로 생활에서도 구현하려 고투했던 일본 근대 연애지상주의의 선구자가 기타무라 도코쿠였다.

기타무라 도코쿠가 연애에 대한 자신의 사상을 처음으로 명확하게 언어화한 것은 1892년 『여학잡지(女學雜誌)』 2월호에 발표한 「염세 시인과 여성(厭世詩家と女性)」에서다. "연애는 인생의 열쇠다. 연애가 있고 나서 인생이 있다"는 날카로운 단언으로 시작하는 이 난해한 글은 시마자키 도손(島崎藤村, 1872~1943)과 기노시타 나오에(木下尙江, 1869~1937) 같은 문학청년들에게 "대포를 맞은 듯한" 충격을 주었고, 기타무라 도코쿠를 일약 주목할 사상가로 등장시켰다. 발표 무대 『여학잡지』는 당시 아직 지식층 지향의 기독교 계몽 잡지 성격이 강해 독자층이 한정되어 있었지만, 기타무라 도코쿠의 문장은 이런 문학자들을 통해 깊고 광범한 영향을 지속하게 되었다.

기타무라 도코쿠는 이렇게 말한다. 어린아이처럼 천진난만하게 '상상 세계'에 사는 시인은 강대한 '현실 세계'와의 싸움에 져서 '염세가'가 된다. 그때 그를 구제하는 것이 연애이다. 연애란 상상 세계의 패장(敗將)이 틀어박힐 수 있는 현실 세계 내부의 유일한 아성이다.

그렇다면 그토록 멋진 연애란 어떤 경험일까? 기타무라 도코쿠의 실감 나는 기술은 오늘날에도 여전히 신선하다.

> 남녀가 서로 합하여 하나가 되고 난 새벽에는, 하늘에 가는 구름에도 표정이 있는 것 같고 숲에서 우는 새소리에도 모두 가락이 있는 듯하며, 어제

라는 과거는 몇십 년 지난 옛일 같고, 오늘이라는 현재는 몇 대에 걸친 실존같이 느껴져…….

누군가를 사랑하게 된 순간부터, 그때껏 잿빛으로 부옇게 흐려 있던 세계가 갑자기 무수한 색채로 술렁거리며 생생한 감촉을 되돌려 준다. 그렇게 충만된 영원한 현재……. 낭만주의적인 동시에 알베르 카뮈(Albert Camus)의 실존주의 같기도 하고 — 실은 기타무라 도코쿠도 '실존'이라는 말을 썼다 — 존 레넌(John Lennon)이 오노 요코(Ono Yoko)에게 바친 사랑 노래 「오 마이 러브(Oh My Love)」를 떠올리게도 하는 — 당신을 만나서 / 나는 비로소 눈을 뜨게 되었어 / 나는 슬픔을, 꿈을, 생명을, 사랑을 느껴 / 내 세계에서는 모든 게 명료해[27] — 근사한 문장이다. 기타무라 도코쿠의 글은 확실히 연애라는 특별한 경험의 핵심을 포착하고 있다.

다음 달 『여학잡지』에 게재된 「풍류를 논하며 「갸라마쿠라」[28]까지(粹を論じて『伽羅枕』に及ぶ)」에서는 한층 체계적인 연애론이 전개되었다. 「갸라마쿠라」는 오자키 고요(尾崎紅葉, 1868~1903)의 작품인데, 여기에서는 도쿠가와 시대의 남녀 관계를 상징하는 것으로 인용되고 있다. 거기에 그려진 '풍류(粹)' 즉 남자는 여자에게 진심으로 반하면 안 되고 육체적 쾌

---

27 지은이가 조금 생략, 변형한 것 같다. 본래 가사는 "Oh my love for the first time in my life / My eyes are wide open …… I feel the sorrow, oh I feel dreams / Everything is clear in my heart / I feel the life, oh I feel love / Everything is clear in our world"이다.

28 「갸라마쿠라」는 한국에서 '이수일과 심순애' 이야기로 널리 알려진 번안소설 「장한몽」의 원작인 「금색야차(金色夜叉)」의 작자 오자키 고요의 1890년 작품이다. 제목 '갸라마쿠라'는 목침에 서랍을 달아 향을 넣을 수 있게 한 것으로, 유녀들이 사용한 물건이다.

락에만 머물러야 한다는 미학을 기타무라 도코쿠는 격렬히 부정하고, 연애의 '맹목성'과 '서로 사랑하는 것'을 칭송했다.

기타무라 도코쿠에게 이런 연애관을 가져다준 것은 기독교의 경험이다. 그는 교회에 다니고 성서를 읽음으로써 알게 된 서구적 연애의 관념이 일본 사회에는 일찍이 존재한 적이 없다고 생각했다. 그런 인식에 입각하여 그는 '연애'를 칭송하는 한편, 근세 일본의 '풍류'를 거절한 것이다.

아마 이런 사회 비판에는, 젊어서 현실의 정치 운동으로부터 도피했던 기타무라 도코쿠로서는 그것을 보상한다는 의미가 있었을 것이다. 그러나 분명히 그의 연애 담론은 그 뒤 일본 사회에 정치 운동 이상의 영향을 끼쳤다. 연애는 서구의 발명품이고 일본은 근대가 되어 그것을 수입했다는 기타무라 도코쿠의 연애관은 지금도 여전히 연애론의 주류가 되고 있다. 그 영향력은 강해서, 예컨대 서구적 연애를 비판하고 도쿠가와 시대의 이로코이(色戀) 문화를 재평가하는 사에키 준코(佐伯順子)도 역사관 자체는 자기가 비판하는 기타무라 도코쿠와 공유한다고 할 수 있다.[29]

이런 틀 자체를 근본적으로 비판한 사람은 비교문학자인 고야노 돈(小谷野敦)이다.[30] 고야노는 우선 연애에 대한 루주몽식의 설명이 "남성의

29 佐伯順子, 『遊女の文化史 : ハレの女たち』(사에키 준코, 『유녀의 문화사 : 공공의 여성들』), 中公新書, 1987 ; 『「色」と「愛」の比較文化史('색'과 '애'의 비교문화사)』, 岩波書店, 1998. '이로코이(色戀)', '색정(色情)', '호색(好色)' 등의 말은, 기본적으로 육체적 사랑에 근거한 서로에 대한 감정과 상냥한 태도 등을 뜻한다. 이렇게 근대 이전 일본에서는 남녀 간의 사랑 자체를 부정적으로 보지는 않았지만, 엄격한 신분 질서와 가문에 따른 결혼이 지배적이던 시대에 그런 사랑은 대개 결혼제도 밖에서만 가능했다는 한계가 있다.

30 小谷野敦, 『〈男の戀〉の文學史』(고야노 돈, 『'남성의 사랑'의 문학사』), 朝日選書, 1997 등.

사랑과 여성의 사랑에 구별을 두지 않거나 서로 사랑하는 상태를 무의식중에 기준"으로 삼은 결과, 짝사랑 특히 기사도적 연애의 모티프 중 하나였을 '남성의 사랑' 곧 '특정한 여성을 사랑해서 헌신하는 남성'을 시야에서 제외해 버린 점을 공격한다. 더욱이 일본에서도 중세문학에서는 '남성의 사랑'이 많이 그려진 점, 게다가 거기서는 근대의 낭만주의적 연애로 통하는 사랑의 '예측 불가능성'이나 '사건성'이 훌륭하게 포착되어 있는 점을 지적한다.

하지만 그런 사랑 이야기는 도쿠가와 시대에 들어서면 쇠퇴하기 시작해, 17세기 교호(享保)의 개혁[31] 이전까지는 근근히 일본 문화에 잔향을 남겼지만 도쿠가와 시대 후기가 되면서 완전히 스러져 버렸다. 그것을 대신해 등장한 것이 사랑 따위는 전적으로 여성의 문제이고 남성은 진지하게 깊이 빠져 들지 않는다는 풍류 관념으로 일관된 '색도(色道)'였다. 그것은 또한 전적으로 유곽을 무대로 비참한 처지를 필사적으로 견디며 살아가는 이름 없는 유녀들을 희롱하는 여성 멸시 문화이기도 했다. 메이지 시대에 유입된 서구(기독교) 문화의 영향을 받아, 연애라는 이름 아래 이런 색도 문화에 대한 비판이 일어난 것은 사실이다. 하지만 그것이 이전의 일본에 연애가 없었음을 의미하지는 않는다.

박람강기로 뒷받침된 고야노 돈의 예리한 논의가 옳다면, 메이지 시대 일본에서 선구자들이 연애를 전적으로 서구에서 유래했다고 생각한 것은 근세 이전의 문화사에 무지한 탓에 생긴 착각인 셈이다. 그것은 수입과 발견이 아니라 도쿠가와 시대에는 잠들어 있던 정서의 부활이었는

31 8대 쇼군(將軍) 도쿠가와 요시무네(德川吉宗, 1716~1745년 재위)가 주도한 재정 안정에 주안을 둔 개혁을 말한다.

지도 모른다. 하지만 적어도 육욕에 대립하는 정신성의 강조는 기독교를 경유한 현상은 아니었을까 하는 의문이 남는다.

이런 문제를 깊이 파고드는 것은 흥미롭지만 다른 기회를 기약할 수밖에 없다. 일단 여기서는 루주몽의 도식이 연애사를 포착했는지 여부를 떠나, 그것이 기타무라 등의 연애 관념과 잘 합치하고 있다는 사실에 주목하려 한다. 그들의 역사상이 맞든 그르든, 그렇게 이해된 연애야말로 근대 일본의 '연애 · 결혼 · 행복'이라는 삼위일체의 형성에 깊은 영향을 주어 왔다는 사실 자체에 대해 더 생각해 보려는 것이다.

연애와 결혼의 모순

메이지 20년대(1887~1896)의 일본에서 '연애'가 발견되었을 때 연애는 '결혼'과 어떤 관계에 놓여 있었을까? 그 답을 찾을 열쇠는 역시 기타무라 도코쿠에게 있다. 왜냐하면 기타무라는 연애의 선구자인 동시에 연애와 결혼 사이에서 생겨나는 모순을 누구보다도 예리하게 체현한 사람이기 때문이다.

연애의 멋짐을 드높이 찬양한 「염세 시인과 여성」에서 벌써 균열은 모습을 드러냈다. 앞서 인용했듯이 연애에 고양된 기분을 생생하게 그려 낸 글에 이어서, 기타무라는 갑자기 '혼인'이라는 무거운 짐에 대해 말하기 시작한다. 연애를 통해 남녀가 '합일'하면 그때까지는 인연이 멀었던 '사회'가 갑자기 코앞에 닥쳐온다. 마음에도 두지 않았던 의식(儀式)이며 의무가 달려든다. 이렇게 시인은 "상상 세계로부터 현실 세계의 포로가 되어 상상 세계의 자유를 잃고 현실 세계에 속박된다. 풍류가의 말로써 이를 한마디로 표현하자면 혼인은 사람을 속화(俗化)시키고 마는 것이다." 이렇게 해서 기타무라 도코쿠는 연애의 관점에서 혼인을 단죄한다. "연애가 염세가를 쉽게 현혹시키듯이, 혼인은 염세가를 아주 쉽게 실망시킨다." 이어서 이런 '속화'를 받아들이는 것이 인간으로서의 성숙이라고는 하면서도 현실의 결혼에 대한 '환멸'을 계속 써 내려갔다.

기타무라 도코쿠와 이시자카 미나(石坂ミナ, 1865~1942)의 연애가 시작된 것은 1887년으로 기타무라가 19세, 이시자카가 22세일 때였다. 이듬해에 결혼했으니까 「염세 시인과 여성」이 발표될 당시는 결혼 4년째였던 셈이다. 인류학자 헬렌 피셔(Helen Fisher)에 따르면 결혼 4년째에 이혼이 많은 데에는 진화론적 근거가 있다지만,[32] 어쨌든 기타무라 도코쿠는 공교롭게도 현실의 결혼 생활에 한창 환멸을 느끼면서 혁명적인 연애 예찬을 썼다. 그런 상황에서 돌이켜 봄으로써 예전의 연애가 한층 더 이상화된 면도 있을 것이다.

기타무라 도코쿠가 나빴던 것은, 결혼에 대한 환멸을 전적으로 여성 탓으로 돌린 점이다. '염세 시인'은 세속의 혼인에 매이거나 하지 않는 자다. 그러나 여성은 '감정의 동물'이고 질투가 심해서 잘되어 갈 수가 없다는 등 써서는 안 될 말을 써버렸다. 그러고 보면 역시 명문(名文)으로 이름 높은 「처녀의 순결을 논함(處女の純潔を論ず)」(1892년 10월)에서도 어째서 여성만이 순결해야 한다는 걸까? 「염세 시인과 여성」보다 1년 반 뒤에 아내 미나에게 보낸 편지에 "남편이 가난해지면 아내가 도와준다고 했는데, 나는 가난해져서 아내한테 원망과 불평을 듣는다"라고 자기의 경제적 무능은 제쳐 두고 원망하는 말만 써 내려가고 있다.

---

32 헬렌 피셔 저, 최소영 역, 『왜 사람은 바람을 피우고 싶어 할까』, 21세기북스, 2009 (Helen Fisher, *Anatomy of Love*).

우에노 지즈코(上野千鶴子)는 이런 점을 날카롭게 지적해서 '서로 사랑함'을 내세운 기타무라 도코쿠의 연애관이 본질적으로는 "여성에 대한 책임 전가와 응석"으로 가득 찬 '독선'적인 것에 불과했다고 단칼에 쳐버린다.[33] 결론으로는 전적으로 정당한 지적이다 싶지만, 여기서는 조금 더 기타무라 도코쿠 편에 서서 그 좌절의 의미를 밝혀 보자.

기타무라 도코쿠가 연애에 근거한 결혼을 실천한 것은 역시 동시대의 맥락에서는 돌출 사건이라고 인정하지 않을 수 없다. 「염세 시인과 여성」보다 3년 뒤 이즈미 교카(泉鏡花, 1873~1939)가 발표한 「사랑과 혼인(愛と婚姻)」(『태양太陽』 제1권 제5호)과 비교해 보면, 그 점을 잘 알 수 있을 것이다. 이즈미 교카는 결혼은 개인이 사회적인 압력에 져서 하는 것으로 무아(無我)로서의 완전한 사랑은 결혼하지 않는 경우에만 성립하므로, 결혼이란 모두가 말하는 만큼 멋진 것은 아니라고 논한다. 이것만 보면 기타무라 도코쿠의 논지와 비슷해 보이지만 그렇지 않다. 왜냐하면 이렇게 결혼을 공격하는 이즈미 교카가 염두에 둔 것은 중매결혼뿐으로, 연애 끝에 결혼에 이르는 것은 상정조차 하지 않았기 때문이다. 애당초 이 글에는 '연애'라는 말은 등장하지 않는다.

이즈미 교카는 결혼이라는 제도 자체가 '사랑'을 불가능하게 만드는 "잔혹하기 짝이 없는 형법"이라고까지 말한다. 개인보다도 집(家)[34]이 우

---

33 上野千鶴子, 『發情裝置 : エロスのシナリオ』(우에노 지즈코, 『발정 장치 : 에로스의 시나리오』), 筑摩書房, 1998.

34 '집(家)'은 호주와 (나머지, 즉 호주 이외의) 가족으로 구성되고 호주는 집을 통솔한다. 하나의 '집'은 하나의 호적에 등록되고(家=戶), 주로 장남이 호주 지위를 상속하며 차남 이하는 결혼하면 분가하게 하는 등의 제도를 통해 가의 형태는 일정하게 유지된다. 이것은 에도 시대 무사 계급의 가부장제와 근대적 부부 중심 가족 그리고 메이지 시대의 가족국가관이 결합된 산물이다.

선시된 당시의 상황에서는 그런 견해에 분명 현실감이 있었을 것이다. 하지만 리스 모턴(Leith Morton)이 지적하듯이 '결혼=이에(家)제도'[35·36]와 '사랑=개인'을 끝까지 대립시킨 이즈미 교카의 담론은 "도쿠가와 시대의 진부한 의리와 인정의 갈등을 재탕했을" 뿐이었다고도 할 수 있다. 도쿠가와 시대의 유곽 문화에 깊이 물든 이즈미 교카의 사랑 개념에는 연애가 차지할 자리는 없었다.

그런 결혼관과 비교하면 기타무라 도코쿠가 연애와 결혼을 연결짓고자 한 것이 진정 새로워 보일 것이다. 설사 그것이 결국은 남성의 자기중심적 환상에 불과했다고 하더라도 말이다. 분명히 기타무라 도코쿠에게는 여성을 객체로 취급하는 데 불과한 근세적 풍류 관념을 뛰어넘은 상상력이 있었다. 결혼 전 미나한테 보낸 편지에서 그는 미나를 '벗'이라고 부르고, 그녀는 벗이기 때문에 자기 삶의 비참함을 살펴서 마음의 괴로움을 위로해 줄 "도덕상의 의무"를 지고 있을 거라는 애달픈 호소를 써 놓았다. 그런 말이 보여 주는 것은 분명히 "여성은 남성에 대해 수동적으로만 애정을 표시할 수밖에 없다는 사상과는 전혀 별개"일 터이다.[37]

그럼에도 불구하고, 아니 바로 그렇기 때문에 연애에서 결혼으로 나

---

35 법률적인 좁은 뜻의 이에(家)제도란 1898년 메이지민법으로 성립되었다가 1947년 민법 개정으로 폐지된 제도이다.

36 リース・モートン, 「総合雑誌『太陽』と『女學雑誌』に見られる戀愛觀 : 1895~1905年」, 鈴木貞美 編, 『雑誌『太陽』と國民文化の形成』(리스 모턴, 「종합잡지 『태양』과 『여학잡지』에 보이는 연애관: 1895~1905년」, 스즈키 사다미 편, 『잡지 『태양』과 국민문화의 형성』), 思文閣出版, 2001. 신분과 가격(家格)에 맞게 부모가 정해 준 결혼은 봉건적 질서에 따른 '의리', 그런 사회에서 예외적으로 개인 사이에 생긴 애정을 '인정'이라고 할 수 있겠다.

37 黑古一夫, 『北村透谷論 : 天空への渴望』(구로쿠 가즈오, 『기타무라 도코쿠론: 천공에의 갈망』), 冬樹社, 1979.

야간 기타무라 도코쿠의 환멸은 그에게 깊은 상처를 입혔다. 결혼한 뒤의 부부가 현실에서 구할 수 있는 '잔잔한 사랑'을 단지 무거운 부담일 뿐이라며 거부하고, 남녀가 서로에게 자기 분신을 발견하는 '열광적 사랑'에 대해서만 연애로서의 가치를 인정한 기타무라는 바로 그렇게 연애의 광기 — 러브의 아귀도! — 를 격렬하게 살아갔기 때문에, 그것이 '결혼'과 양립할 수 없음을 깨닫고 현실 사회로부터 제 몸을 지킬 '아성'을 빼긴 채 때려눕혀져야 했다. 혹시 드니 드 루주몽의 주장처럼 연애의 기원이 본래 결혼에 대립하는 데 있었다면, 기타무라 도코쿠는 그 도전과 좌절의 경험을 통해 연애의 원형을 드러내 보였다고 하겠다.

연애결혼의 시작

이렇게 기타무라 도코쿠가 봉착한 "연애와 결혼의 모순"을 일본문학자 노구치 다케히코(野口武彦)는 "대단히 두려운 문제"라고 부르고 있다. "연애라는 것은 보통 결혼에 의해 종착점에 도달한달까 클라이맥스에 이르는" 것일 텐데, 기타무라 도코쿠는 그것을 부정하고 "연애는 만약 결혼이라는 종착점에 도달한다면 더 이상 연애가 아니게 된다는 테제를 매우 심각하게 제기하고 있"기 때문이라는 것이다.[38]

하지만 그렇다면 지금 우리 주위의 '연애결혼'이란 대체 무엇일까? 벌써 백 년도 더 전에 기타무라 도코쿠에 의해 그 불가능성이 분명히 드러났음에도 조금도 손상되지 않고 계속 번식해 온 이 '연애결혼'이란?

---

38 野口武彦, 『近代日本の戀愛小說』(노구치 다케히코, 『근대 일본의 연애소설』), 大阪書籍, 1987.

대답은 간단하다. 기타무라 도코쿠와 이시자카 미나의 결혼은 연애결혼 따위가 아니었다. 틀에 박힌 연애와 남들 같은 결혼을 격식에 맞게 잘 이어 붙여서 안정된 '행복'을 손에 넣기 위한 의례가 오늘날의 연애결혼이라고 한다면, 기타무라 도코쿠 등의 고지식한 폭주와 자기 파괴가 그것과 같을 리는 없다. 그런 의미에서 기타무라는 근대 일본 사회에서 연애결혼의 선구자임과 동시에 이단자이며 파괴자였다고 할 것이다.

실은 당시 서구에서도 이미 연애와 결혼은 대립하지 않았다. 중세 이래 낭만주의적 연애와 결혼제도의 대립 관계는 차츰 완화되고 변질·유착되어 연애결혼의 원형을 이루었다. 구체적인 과정은 지역과 계층에 따라 너무 다양해서 도저히 뭉뚱그릴 수 없지만, 적어도 19세기에는 이미 연애결혼이 정착된 듯하다. 어쩌면 훨씬 더 이른 시기의 일이었는지도 모른다. 예컨대 앨런 맥팔레인(Alan Macfarlane)은 영국의 문학 작품·결혼 지침서·편지·재판 기록 등 광범위한 자료를 섭렵한 끝에, 낭만주의적인 '열정적 연애'에 근거한 결혼이 16세기까지는 벌써 꽤 널리 침투했다고 주장한다.[39]

이런 연애결혼에서 연애는 정열로 가득 차 있다는 의미에서 여전히 낭만주의적이었지만, 당연하게도 더 이상 육체 부정과 결합된 정신주의를 동반하지는 않았다. 맥팔레인이 낭만적 연애의 비밀을 남김없이 표현한 사례로 든 17세기 어느 여성의 편지에는 "정신과 육체에 대한 애착처럼 결합된 애정"이라는 구절이 보인다. 사회사학자 마르탱 세갈랑(Martine Segalen)이 그려 낸 근세 프랑스 농촌의 '연애 관계'도, 19세기의 민

---

39 Alan Macfarlane, *Marriage and Love in England : Modes of Reproduction 1300-1840*(앨런 맥팔레인, 영국에서의 결혼과 사랑: 재생산의 양식, 1300~1840), Blackwell, 1986.

속학자들이 "거친 포옹"이라며 눈살을 찌푸린 데서도 알 수 있듯이 세련되지 않은 친밀한 육체적 접촉과 직결되어 있다.[40]

물론 금욕주의가 소멸한 것은 아니다. 결혼한 뒤에도 육체의 교접을 거부하는 종파는 지금도 있고, 일본에서도 '쇼엔(湘煙)'이라는 호로 알려진 시인 기시다 도시코(岸田俊子)와 그 남편 나카지마 노부유키(中島信行)는 열렬한 기독교적 순결사상을 관철해서 평생 성적 교섭을 갖지 않은 일화를 남기고 있으므로, 개개인의 마음먹기(?)의 문제일지도 모른다. 하지만 그것이 예외적인 사태일 수밖에 없다는 것은 분명하다.

그것이 결혼인 한 이윽고 권태가 생길 것이며, 또 집안 살림이나 일가친척과의 관계라는 현실 세계의 속박에 얽매이게 되는 것은 어쩔 수 없다. 거기에서 여전히 순수한 연애의 광기를 동경한다면 기타무라 도코쿠처럼 좌절할 수밖에 없고, 결혼 생활의 안녕을 구할 거라면 정열이 빠져나간 '잔잔한 사랑'에 만족해야 한다. 그리고 기타무라 도코쿠 이후 연애·결혼론의 대부분은 후자의 길을 밟아 온 것이다.

가정(home)의 사상

연애와 결혼의 모순은 이렇게 길들여져 현실 세계의 일부로 차츰 편입되었다. 그런 의미에서, 나중에 대중적 현상으로 번성하는 연애결혼은 오히려 기타무라 도코쿠가 꿈꾸었던 남녀 합일의 이상이 좌절한 지점에서 시작되었던 것이다.

---

40 Martine Segalen, *Mari et femme dans la société paysanné*(농촌 사회에서의 남편과 아내), Flammarion, 1980.

기타무라를 세상에 내놓은 『여학잡지』의 발행인 이와모토 요시하루(巖本善治)의 사상에서는 그렇게 무해하게 된 연애결혼 관념의 원형을 볼 수 있다.

벌써 메이지 시대 초엽부터 서양 여성교육론의 영향을 받은 사람들 사이에서는 여성의 주체성을 일절 인정하지 않던 도쿠가와 시대 이래의 '여훈(女訓)'에 대한 비판이 높아지고 근대적 여성교육의 중요성이 주장되기 시작했다. 나카무라 마사나오 등에게 배운 뒤 기독교 신앙을 갖게 된 이와모토 요시하루도 그런 사조를 체현한 인물 가운데 한 명이었다.

1885년 겨우 23세의 나이로 기독교적 이념에 근거한 여성교육의 보급과 향상을 목표로 『여학잡지』를 창간한 이와모토 요시하루는 두 달 뒤에는 메이지여학교(明治女學校)의 교감에 취임하여 메이지 시대 후반의 사상·교육계에 큰 발자국을 남겼다. 시마자키 도손이 기타무라 도코쿠와 해후한 것도 이와모토의 집에서였다. 덧붙이자면 이와모토의 아내는 버넷(Frances Hodgson Burnett)의 작품 「소공자」의 번역으로 인기를 모은 와카마쓰 시즈코(若松賤子)인데, 이와모토는 그녀를 본명인 가시코(嘉志子)에서 따서 '가시상'이라고 정중하게 불렀다고 한다.[41]

이런 이와모토 요시하루의 사상을 상징하는 것이 '가정(家庭, home)'이라는 관념이었다. 가정이라는 어휘 자체는 이와모토가 고안한 것이 아니다. 1873년 문부성 포달(布達)에 이미 "아동과 가정의 교육을 돕기 위해……"라는 말이 보이고, 후쿠자와 유키치(福澤諭吉, 1834~1901)는 1876년 잡지 『가정총담(家庭叢談)』을 창간했다. 하지만 그것이 서양식의 'home'

41 버넷의 소년소설 *Little Lord Fauntleroy*(1886)를 와카마쓰 시즈코가 「소공자(小公子)」라는 제목으로 번역해서 남편이 내던 『여학잡지』에 1890~1891년 연재했다.

이라는 관념과 겹쳐지며 퍼져 간 것은 1885년 『여학잡지』 제5호(「여성의 지위婦人の地位 하」)에서 이와모토가 "해피 홈"이라는 표현을 쓴 무렵부터라고 생각된다. 다만 그때는 이 말을 아직 "행복한 가족"이라고 옮겼다. '가정'이라는 말이 정착된 것은 조금 더 나중의 일이었던 듯하다.

그렇다면 이와모토가 그린 가정의 새로움이란 무엇이었을까? 형태로 보면 그것은 부부와 자녀 그리고 부계친족이라는 혈연으로 맺어진 자들로 한정된 공간으로, 이제 전근대처럼 종이나 머슴은 포함되지 않았다. 동시에 거기에는 규율에 얽매인 무가(武家) 가족과는 달리 "일가의 단란"이며 "가정의 화락(和樂)", 곧 가족 성원끼리의 정서적 교류에 높은 가치가 부여되었다.

이와모토 요시하루가 근대적인 여성교육을 추진한 것도 이런 가정을 만들어 내는 중요한 일원인 여성의 능력을 높이 평가했기 때문이다. 이런 점에서 그것이 반드시 여성을 개인으로서 존중하는 사상은 아니었음을 알 수 있을 것이다. 즉 남녀의 평등에 입각해서 차별적인 성별 역할 규범을 부정하는 것이 아니라, 오히려 남녀별로 다른 특성이 있음을 전제하고 그 위에서 우량한 자녀를 길러 내기 위해 어머니인 여성에게도 교육이 필요하다는 '현모론(賢母論)'이 그 토대였다. 이와모토가 쓴 『여학잡지』 창간호 사설에는 그런 사고방식이 명쾌하게 드러나 있다. 그것은 여성이 남성에게 예종하는 한 일본은 아직 개화된 나라라고 할 수 없다는 통렬한 사회 비판을 포함하고는 있지만, 동시에 "구미(歐美)의 여권(女權)"뿐 아니라 "일본 종래의 부덕(婦德)"도 필요하다는 절충적인 내용이었다.

비단 이와모토뿐 아니라 메이지 시대 여성교육론의 주류는 이른바 '양처현모'론이었다. 여기에서 '뭐야, 근대적 여성교육 어쩌고 하면서 낡은 사상을 달고 다니는 거야?' 하고 지레짐작은 하지 않았으면 한다. '가정'

과 '양처현모'라는 짝을 이루는 이념에는 틀림없이 성별 분업이며 남성 가장의 우위라는 낡은 측면이 포함되어 있다. 하지만 현재의 시각에서 그런 한계를 왈가왈부해 본들 생산적이지는 않을 것이다. 동시대의 맥락에서 이와모토의 연애론과 여성론이 매우 참신했던 것은 사실이다. 그는 「여성의 지위」(1885년)에서 부부 사이에 '참사랑'이 있어야 함을 주장했고, 「모처론(母妻論)」(1889년)에서는 여성은 전부 결혼해서 아내가 되어야 한다는 의견에 철저하게 반대했다. 오히려 진짜 문제는 바로 이런 사상의 **새로움** 쪽에 있는 것이 아닐까? 그렇게 파악할 때야말로 과거를 단순히 단죄하고 장송(葬送)하는 대신, 현재의 우리 자신에게 이어진 것으로 이해할 수 있지 않을까?

그렇다면 이와모토로 대표되는 가정 / 양처현모론에 비친 새로운 사태란 무엇일까? 그 초점은 '근대국가'에 있다.

노헤지 기요에(野辺地清江)가 추적하고 있듯이 "자유주의적 개인주의"의 입장에서 출발한 이와모토 요시하루의 사상은 메이지 20년대(1887~1896)의 민법전 논쟁, 제국헌법, 「교육칙어(教育勅語)」의 반포라는 일련의 절차에 의해 천황을 정점으로 하는 가부장제 국가의 틀이 확립되어 가는 것에 밀착하기라도 하듯이 차츰 국가주의적인 방향으로 변화해 갔다.[42]

---

42 野辺地清江, 『女性解放思想の源流 : 巖本善治と『女學雜誌』』(노헤지 기요에, 여성해방사상의 원류: 이와모토 요시하루와 『여학잡지』), 校倉書房, 1984. '민법전 논쟁'이란, 뒤에도 나오지만 1888년 프랑스민법에 근간한 민법 초안이 내각에 제출되자 개인을 민법상의 여러 행위의 주체로 인정한 이 법안이 전통의 미풍양속을 해친다는 비판이 제기되면서 일대 논쟁으로 발전한 것을 말한다(결국 민법은 대폭 수정을 거쳐 1898년에야 공포되었다). 대일본제국헌법은 1889년 2월 11일 공포되어 1890년 11월 29일 시행되었고, 식민지기 내내 일본제국 교육의 기본 방침이 된 메이지 천황의 「교육칙어」는 1890년 10월 30일 반포되었다.

이것은 무엇보다도 'home'이라는 말의 자리매김에서 분명해진다. 청일전쟁 1년 전인 1893년, 이와모토는 home — 여기에서는 '실가(室家)'라고 옮겼다 — 의 단란은 목적이 아니라 그 성원이 일가를 위해 헌신한 결과로 얻어지는 것이라고 말하면서, 집에서 아내의 입장을 국가와 국민의 관계에 빗대어 논했다. 이듬해 조선의 동학혁명이 일어나고 일본의 조선출병이 이루어져 전시 태세로의 움직임이 급박해지던 가운데, 기타무라 도코쿠는 자살을 선택한다(5월 16일). 한편 『여학잡지』는 전의 고양(戰意高揚)과 후방 지키기를 내걸고 급격하게 전쟁 협력으로 기울어져 갔다.

이와모토 요시하루의 이런 궤적을 변절이라고 불러도 틀리지는 않을 것이다. 하지만 여기에서는 오히려 초기부터 일관된 한 가지 차원에 주의를 기울이고 싶다. 그러니까 이와모토가 찬미한 가정에는 처음부터 '국가'가 짙게 배어 있었다. 앞서 언급한 「모처론」에서 그는 여성의 잠재능력을 찬양하는 동시에 "국가의 길사태평(吉事太平)을 파괴하는" 식의 혼인이라면 하지 않는 게 좋다고도 쓰고 있는 것이다.

1900년대 연애와 결혼의 이념

이렇게 이와모토 요시하루가 국가·전쟁에 대한 책임 부담을 강화하면서도 다른 한편 계속해서 연애를 긍정적으로 이야기하고 있었다는 것은 흥미롭다.

고나가이 데루코(小長井晃子)가 밝혀냈듯이 1900년대 들어 『여학잡지』는 발행 횟수가 감소하는 중에도 연애에 관한 기사는 늘렸다. 그 내용 또한 선진적인 것으로, 예컨대 「연애의 진실(戀愛のまこと)」에서 이와모토

는 '육체의 욕망'은 '자연의 요구'이므로 그것을 무시하는 것은 잘못이라면서 성의 문제를 연애에 포함시킬 것을 주장했다. 또 1903년부터 이와모토 요시하루의 뒤를 이어 『여학잡지』의 편집인 겸 발행인이 된 아오야기 유비(青柳有美)는 사랑은 직업을 얻는 것과 마찬가지로 인생의 대사이므로 교육이 필요하며, 그러기 위해서는 '연애 교과서'가 있어야 한다는 독특한 주장을 전개했다.[43] 하지만 어느 쪽이 되었든 기타무라 도코쿠 이후 『여학잡지』에서 찬미된 연애는 가정과 잘 융합된 온당한 것으로 반사회적 요소는 거의 발견되지 않는다.

1895년 창간되어 10만 부 내외라는 압도적 발행 부수를 자랑하던 일본 최초의 종합잡지 『태양』에 대해서도 같은 말을 할 수 있다. 이와모토는 거기서도 '가정'란의 편집·집필을 담당했는데(1896~1902), 리스 모턴에 따르면 "『태양』에서 연애는 거의 반드시 결혼이라는 맥락 속에서 이야기되고, 기타무라 도코쿠의 「염세 시인과 여성」과 마찬가지로 결혼에 초점을 두고 있어서, 과연 그런 접근이 가장 실제적이라고 간주되었음을 알 수 있다"고 한다.[44] 아동취학률이 급상승하고 문자해득률의 향상으로 신문이며 잡지의 사회적 영향력이 증대하던 메이지 30년대(1897~1906)에 이와모토 요시하루는 현실 생활에 뿌리내린 연애사상을 폭넓은 독자에게 유포했다.

다만 모턴의 논지에는 몇 가지 의문이 있다. 유곽 문화를 중심으로 한

43 小長井晃子, 「『女學雜誌』にみる〈戀愛〉觀の一面」(고나가이 데루코, 「『여학잡지』에서 본 '연애'관의 일면」), 『國文目白』 35, 日本女子大學, 1986. 1885년 창간된 『여학잡지』는 한때 연간 10만 부 넘게 발행되기도 했으나, 1900년대 들어 위축되었고 1904년 2월 제526호로 폐간되었다.

44 リース・モートン, 2001, 앞의 논문(주 36).

에도 시대의 연애관에 대해 기독교 도덕의 영향을 깊게 받은 기타무라 도코쿠나 이와모토 요시하루 등 메이지 시대의 개혁자는 그 중점을 부부간의 사랑 곧 가정으로 옮겨 놓으려 했다는 견해는 기본적으로 옳다. 다만 이상주의적인 '열광적 사랑'을 버리지 못한 탓에 그 실천에 좌절한 기타무라 도코쿠와, 연애의 이념 자체를 온건하게 바꾸어 현실 사회에 적응시킨 이와모토 요시하루는 역시 구별하고 싶다. 리스 모턴은 『태양』에 게재된 「형제자매의 사랑」이라는 익명의 글에 주목해서, 애정이 넘치는 가족 안에서 자라남으로써 남성은 여성에 대한 '거룩한 사랑'을 알게 된다는 내용이 "기타무라 도코쿠의 주장에서 실마리를 얻었다지만, 정열을 순종적인 것으로 만들어 가족이라는 이데올로기로 변환하는 논리에서는 (기타무라 도코쿠가 보여 준) 연애의 혁명적 성질이 완전히 지워져 버렸다"고 쓰고 있는데, 이것은 이와모토에게도 꼭 들어맞는 말이 아닐까?

일부일처제라는 초점

그런데 이런 가정의 이념 또한 연애와 마찬가지로 반드시 서구로부터의 수입품이었다고만은 할 수 없는 면이 있다. 간노 사토미(菅野聡美)가 지적하듯이 거기에는 집(家)의 공동 경영자인 부부의 '화목'과 '화합'을 말하는 도쿠가와 시대의 도덕의식과 연속성이 있을지도 모른다. 또 간노는 "부부가 서로 사랑하는 것은 꼭 연애결혼의 주장인 것도 아니다. 결혼의 계기는 어떻든 '결혼하고 나서는 부부가 금슬 좋게'라는 이야기인 것이다"라고도 썼다.[45]

---

45 菅野聡美, 『消費される戀愛論 : 大正知識人と性』(간노 사토미, 『소비되는 연애론 : 다

분명히 메이지·다이쇼 시대의 가정은 아직 연애결혼과 직결되지 않았다. 다만 우에노 지즈코가 야나기타 구니오(柳田國男, 1875~1962)의 『메이지·다이쇼사 세태 편(明治大正史世相篇)』 등에 근거해서 정리한 것처럼[46] 근세까지 일본 인구의 8할을 차지했던 일반 농민층에서는 가격(家格)이나 재산에 구애되는 상층계급의 정략결혼과는 무관하게 지역공동체의 일상적 만남 속에서 서로 좋아하게 된 남녀가 결혼하는 것이 아주 보편적이었다면, 넓은 의미의 연애결혼은 반드시 증가 일로를 걸어온 것이 아니라 역사 속에서 부침을 거듭해 왔을지도 모른다. 하지만 이것은 연애라는 관념 자체의 역사와도 이어진 문제여서 여기서 결론지을 수는 없다.

오히려 간노 사토미의 논의에서 주목하고 싶은 것은 에도 시대와 메이지 시대의 차이는 "일부일처제의 주장뿐"이라는 지적이다. 그것은 연애결혼이라는 문제의 맥락을 연애라는 감정의 영역에서 결혼이라는 사회적 제도의 영역으로 옮겨 놓는 효과를 갖고 있기 때문이다.

결혼이란 사람을 독신 시절과는 다른 법적·경제적·사회적 관계 속으로 던져 넣는 복잡하고 기괴한 제도다. 생판 남남이던 사람끼리 생활과 재산을 공유하며 자녀를 키우는 일이 개개인의 감정 문제로 그칠 수 없음은 어떤 의미에서는 당연하다. 아무리 낭만적인 결혼을 꿈꾸었던 사람이라도 그 점은 인정하지 않을 수 없을 것이다. 물론 이런 것은 전

이쇼 시대 지식인과 성』), 青弓社, 2001.

46 上野千鶴子, 「「戀愛結婚」の誕生」, 吉川弘之 外, 『(東京大學公開講座) 結婚』(우에노 지즈코, 「'연애결혼'의 탄생」, 요시카와 히로유키 외, 『(도쿄대학공개강좌) 결혼』), 東京大學出版會, 1995. 여기 언급된 야나기타 구니오의 책은 김정례·김용의 역, 『일본 명치·대정시대의 생활문화사』, 소명출판, 2006(특히 제8장 연애 방법의 변천).

혀 새로운 발견이 아니다. 기혼자라면 누구나 서로 사랑하는 두 사람이라는 관념만으로는 정리되지 않는 결혼이라는 것의 까다로움을 매일 통감하고 있을 테니까 말이다.

그렇다고 해도 역시 기묘하지 않은가? 우리는 누군가와 친구가 되었다고 해서 일일이 관공서에 신고를 하지는 않는다. 혹시라도 그런 신고를 강제당한다면 무섭게 느껴질 것이다. 그것은 우리가 친구 관계를 사적인 것으로 간주하고, 또 사적이니까 가치 있다고 생각하기 때문이다. 그렇기 때문에 정치가처럼 타산적으로 사람을 사귀는 것은 추한 일이 되는 것이다. 그러면서도 우정 이상으로 개인적이고 사적인 문제이며 그렇기 때문에 특별한 가치를 갖고 있다고 믿고 있을 결혼은, 국가로부터 승인받지 않으면 불안해서 견딜 수 없는 것이다. 여기에는 분명히 의식의 균열이 있다. 사(私)와 공(公), 개인과 국가, 내면과 제도의 갈등. 그리고 그런 갈등은 연애결혼에서 가장 깊어질 터이다. 그러나 현실에서 사람들은 그런 갈등을 느끼지도 못하는 것처럼 보인다.

무엇보다 결혼과 관련된 일본 특유의 문제는 '호적'이라는 ― 일본과 일본에게 강요당한 몇몇 나라에만 존재하는 ― 이에제도를 동반한 인신 관리 시스템에 매어 있다는 점이다. 게다가 그것은 전전(戰前) 국가주의의 잔재이기는커녕 오히려 최근으로 올수록 영향력이 점점 강해지고 있다.

가령 요 몇 년간 연예인의 결혼 발표를 예로 들어 보면 그들 다수가 결혼은 곧 '입적(入籍)'이라고 간주하는 최근의 관행[47]에 충실히 따르고

---

47 결혼의 등록제도와 그것에 근거한 법률혼/사실혼의 구별 등은 근대 민법의 근간이지만, 특히 일본과 식민지였던 한국에서 혼인은 문서상의 혼인신고에 의해서만 성립할 뿐 혼인신고 때는 당사자의 출두나 구두의 의사표시는 필요하지 않다. 이런 혼인신고는 쌍방 중 한쪽(주로 여성)의 호적 이동, 즉 상대방 호적으로의 '입적'으

있거나 그런 관행을 주도하고 있음을 알 수 있다. 고이즈미 교코(小泉今日子)와 나가세 마사토시(永瀬正敏)(그 뒤 이혼), PUFFY의 요시무라 유미(吉村由美)와 TM Revolution의 니시카와 다카노리(西川貴教)(그 뒤 이혼), 나카야마 미호(中山美穂)와 쓰지 히토나리(辻仁成)(2004년 5월 현재 계속 중) 등에게 공통된 것은 '입적'을 갖고 '결혼'이라고 공언했다는 것이다. 스포츠 신문의 기사 제목에는 "스가 시카오(スガシカオ) 결혼! 작년 9월 입적" 같은 것도 있었다(2002년 4월). '전격 입적'이라는 묘한 말도 완전히 정착된 듯하다.

이 중에는 결혼식을 올리지 않은 경우도 있고 아직 함께 살고 있지 않은 경우도 있다. 그러니까 그들이 결혼이라고 부르는 사건의 실질은 어딘가의 지방자치체 사무소에 '혼인신고서'라는 서류를 제출하고, 그것에 근거해서 '호적'을 옮기게 되었다는 것뿐이다. 반면 도쿄 도내(都内)에서 회사원 남성과 함께 살고 있던 가수 이와사키 히로미(岩崎宏美)의 경우는 '결혼'이 아니라 '동거'로 보도되었다. 오늘에는 역시 입적하지 않은, 그러니까 국가에 신고하지 않은 남녀 관계는 결혼으로 간주되지 않는 것이다.

이렇게 우리는 결혼의 본질을 호적이라는 공적 서류에서 찾는 데 길들여져 버렸다. 통계적으로 보더라도 일본에서는 법적으로 신고된 결혼이 압도적 다수를 차지하고 있다. 이것은 이른바 사실혼이 너무 많아져서 결혼제도를 보완할 PACS(민사연대계약)[48] 같은 새로운 제도가 필요해

로 귀결되므로 '입적=결혼'이라는 관념이 성립되는 것이다. 한쪽의 일방적 혼인신고에 따른 예전의 혼인 관련 사기나 요즈음의 단기간의 맞선 해외여행을 통한 국제결혼(및 위장결혼)도 문서 위주의 이런 혼인신고제도의 맹점을 이용한 것이다.

48 '민사연대계약(民事連帶契約)' 또는 '시민연대협약' 등으로 번역되는 Pacte civil de solidarité 는 법률적으로 혼인하지 않고 동거하는 이성·동성 커플에게 파트너끼리의 상속권 인정 등 법률적 혼인 관계에 준하는 권리를 인정하여 공증하는 제도로, 1999년 11월부터 프랑스에서 시행되고 있다.

진 프랑스 같은 나라와는 전혀 다른 사태이다. 왜 그렇게 다른지 묻는 것은 일본에서 개인과 국가의 관계라는 무거운 물음으로 이어질 텐데, 지금 거기에 섣부른 답을 내놓고 싶지는 않다.

다만 한 가지 확실한 것은 이사야마 요타로(諫山陽太郎)가 예리하게 지적하듯이, 일본에서 호적이란 이미 단순한 공적 서류가 아니라 말하자면 도덕의 원천으로서 일본인의 정신을 옭아매는 무엇인가가 되었다는 것이다.[49] '호적이 더럽혀진다' 같은 표현은 다름 아닌 그 징후이다.

근대 일본의 가정과 국가의 끊으려야 끊을 수 없는 관계에 대해서는 그 밖에도 많은 논의가 축적되어 왔다. 니시카와 유코처럼 근대 가족을 "근대 국민국가의 기초 단위"라고 거침없이 정의해 버리는 논자가 있을 정도다.[50] 그런 틀 속에서 고야마 시즈코(小山静子)는 근대의 여성교육이 여성들을 어디까지나 '어머니'로서 "대량의 '질 좋은' 국민 양성"에 공헌하게 만드는 것을 주목적으로 했음을 엄밀하게 논증했다.[51]

이 책 또한 니시카와나 고야마와 공통된 인식에 서 있으면서, 그러나 그녀들과는 다른 각도에서 가정, 나아가 연애결혼과 국가의 관계를 조명해 보고자 하는 시도에 다름 아니다.

---

49 諫山陽太郎, 『家・愛・姓 : 近代日本の家族思想』(이사야마 요타로, 『이에・사랑・성: 근대 일본의 가족사상』), 勁草書房, 1994.

50 西川祐子, 2000, 앞의 책(주 9).

51 小山静子, 『良妻賢母という規範』(고야마 시즈코, 『양처현모라는 규범』), 勁草書房, 1991.

2장

일부일처제의 기원

메이지 시대의 연애·결혼·국가

결혼=가족론의 공백

일본 사회에는 결혼과 가족을 말하는 어휘가 늘 넘쳐 난다. '싸움에 진 개',[52] '패러사이트 싱글', 부부별성(夫婦別姓),[53] 일란성 모녀,[54] 유아 학대, '결혼 안 할지도 몰라 증후군', 소자화, 만혼화, 불륜, 아그네스 논쟁,[55] 황

---

52 사카이 준코(酒井順子)의 에세이 『負け犬の遠吠え(싸움에 진 개의 큰소리)』(講談社, 2003)에서 30대 이상이고 미혼이며 자녀가 없는 여성은 아무리 미인이고 직업이 있어서 자신은 행복하다고 말해도 싸움에 진 개가 멀리 도망쳐서 크게 짖는 것에 불과하다고 한 데서 비롯된 말로, 2004년 일본의 대유행어가 되었다.

53 일본 민법에서는 결혼하면 부부는 어느 한쪽으로 성(姓/氏)을 통일하게 되어 있는데, 그것을 거슬러 부부가 각기 결혼 전의 성을 유지하며 살자는 논의를 말한다. 1990년대 이래 민법 개정안 등의 방식으로도 여러 차례 논의되고 있다.

54 사춘기를 지난 딸과 어머니가 서로 의존하는 관계를 말한다.

55 1987년 홍콩 출신 가수 겸 탤런트 아그네스 찬(Agnes Chan)이 젖먹이를 데리고 방송국에 나온 것이 언론에 포착된 것을 계기로, 여성이 어린아이를 데리고 출근하는 것에 대한 논쟁이 일본 사회에 확산되었다.

혼이혼, 모자유착,[56] 뉴 패밀리,[57] 가정 내 폭력……. 지난 20년 동안만 해도 갖가지 화제가 미디어를 달구어 왔다.

하지만 그런 담론이 결코 다루지 않는 '공백'이 있다. 그것이 '일부일처제'다. 얼마쯤 과격한 척하는 담론도 본격적으로 논하지는 않는다. 일부일처제란 지금의 '연애결혼'을 지탱하는 가장 깊은 토대이자 거의 보이지 않게 된 전제이다.

이렇게 말하면, 아니 그럼 '불륜' 붐은 어떻게 된 거냐는 반론이 나올지도 모르겠다. 불륜이야말로 진정 일부일처제에 대한 반역이 아닌가 하고 말이다. 확실히 텔레비전 드라마 「금요일의 아내들에게(金曜日の妻たちへ)」가 화제를 독차지했던 1983년경부터 '불륜'이라는 말이 항간에 넘쳐 나 어느새 일상어로 정착되었다. 사이몬 후미(柴門ふみ), 야나기사와 기미오(柳澤きみお), 곤도 요코(近藤洋子) 등 '청년층 이상, 중년층 이하'의 독자에게 인기 있는 작가들의 만화는 당연한 듯이 불륜 관계를 그리고 있고, 불륜이면서 순애라는 남녀 관계를 그린 미국과 일본의 소설 『매디슨 카운티의 다리』(일본어역 1993년)와 『실락원』(1995년)[58]은 모두 베스트셀러가 되었으며 영화와 텔레비전 드라마로 만들어져 '불륜 붐'을 불러일으켰다.

이제 불륜은 일과성 붐이 아니라 일종의 연애 패턴으로 사회적으로 인지되고 정착되고 있는 것처럼도 보인다. 회사 동료한테 '나, 불륜에 빠

56 어머니와 자식의 지나친 상호 의존을 말한다. 마마보이와 비슷하지만, 딸에 대해서도 쓴다.

57 일본의 전후 베이비붐 세대를 '단카이 세대(団塊の世代)'라고 하는데, 1970년대 이들이 결혼해서 이룬 부부 중심적 핵가족을 이전의 전통적 확대 가족과 비교해서 '뉴 패밀리'라고 불렀다. 좀 더 자유로운 가치관을 가진 세대의 가족이라는 뜻이다.

58 와타나베 준이치 저, 홍영의 역, 『실락원』, 창해, 1997(渡辺淳一, 『失樂園』).

졌어' 하는 말을 들어도 별로 놀라지 않게 된 것이 아닐까? '회사란 모두 불륜 상대를 찾으려고 다니는 듯한 곳'이라고 하는 사람까지 있다. 회사 근무라는 걸 해본 적이 없는 나는, 회사라는 데가 과연 그렇게 지독한 곳인지 한 번쯤 잠입해 보고 싶다고 멋대로 상상해 볼 뿐이지만, 그거야 어찌 되었건 이런 사례는 전혀 일부일처제를 뒤흔들지 못한다. 그렇기는커녕 불륜이라는 행위는 어디까지나 일부일처제의 토대 위에 비로소 성립되는 것에 불과하다(더 엄밀히 말하면 일부다처든 일처다부든 뭐라도 성 규범을 포함하는 결혼제도가 있다면 각각에 따라 불륜은 있을 수 있겠지만, 여기서는 이야기를 너무 복잡하게 하지 않기 위해 일본의 현행 결혼제도인 일부일처제에 초점을 맞추고자 한다).

소박한 의문에 입각해 돌이켜 보자. 모두가 그렇게 불륜을 저질렀다든지 지금도 저지르고 있다면 일부일처제 따위 없애 버리면 되지 않을까? 누구나 여러 상대와 결혼해도 되는 제도로 바꾸면 될 것이다. 그렇게 되면 누가 누구랑 몰래 만난다든지, 남편의 불륜을 알게 된 아내가 어째선지 자기 남편이 아닌 상대 여성에게 가정을 파괴하지 말라고 소리를 지르거나 머리채를 잡고 휘두른다든지(이미지가 빈곤해서 죄송하다), 부모가 이혼해서 아이들이 상처를 입는다든지, 반대로 좀처럼 이혼이 안 되어서 오히려 상처가 된다든지, 그런 일체의 익살극은 없어질 게 아닌가?

그러나 실제로 그런 논의가 활발해질 일은 없다. 아무리 열심히 더블 불륜이며 트리플 불륜에 정력을 쏟는 사람이라도 결혼이 곧 일부일처제라는 틀 자체를 무너뜨리려 하지는 않는다. 생각건대 그들 / 그녀들 대다수는 어디까지나 일부일처의 결혼을 전제로 하면서 그것으로부터의 부분적 도피로 불륜을 저지르는 데 불과할 것이다.

어디까지나 남성에게 한정된 이야기지만, 그것은 근대의 산업화된 성매매가 단순한 성욕 처리가 아니라 부부 사이에서는 얻을 수 없는 연애

비슷한 감각을 부여해 왔고, 일부일처의 근대 가족을 이면에서 보완하면서 증식했다는 사실과 겹쳐 있다.[59] 이성애자 남성 측에서 본 불륜이란, 여성 일반에 대한 성적 억압이 느슨해진 결과 기혼 남성이 아내가 아닌 다른 여성과 성관계를 갖기가 쉬워진 조건 아래 성매매의 기능 중 일부를 옮겨 놓은 데 불과한 것일지도 모른다. 물론 기혼 여성의 불륜도 같은 조건에 뿌리내리고 있지만, 본래 남성의 성행동에는 여성보다 더 큰 자유가 허용되었으므로(성도덕의 이중 기준) 양자의 관계는 비대칭적이다.

어찌 되었든 불륜은 일부일처제의 근간을 뒤흔들지 않는다. 다만 무척 드물게 그 상식에 정면으로 도전하는 대담한 인물이 출현하는 경우가 있다. 「금요일의 아내들에게」의 여운이 다 가시지 않았을 즈음 무려 삼중혼이라는 것이 들통 나서 세상을 놀라게 했던 전 일본 국가대표 배구 선수 미쓰하시 에이자부로(三橋榮三郎)는 그 뒤 어떻게 되었을까?

메이지 초기의 축첩제

이토록 일본 사회에 강고하게 뿌리를 내린 것 같지만, 사실 일부일처제가 확립된 것은 그렇게 오래된 일이 아니다. '문명개화'를 구가한 메이지 초기에는 남성 한 명이 처와 첩이라는 여러 명의 여성을 품에 안은 '축첩제'가 만연했다. 그런 상황을 바로잡고 서양과 같은 결혼제도를 정비하는 것은 개명파 지식인들에게 긴급한 과제였다.

하야카와 노리요(早川紀代)에 따르면 일본에서 축첩의 관행이 확산된 것은 일부다처제를 긍정하는 유교가 침투함에 따라서였다고 한다. 도쿠

---

59 알랭 코르뱅 저, 이종민 역, 『창부』, 동문선, 1995(Alain Corbin, *Les filles de noce*).

가와 시대 초기가 되자, 쇼군이며 다이묘(大名)는 '측실(側室)'을 자택에 동거시키고 부유한 조닌(町人)은 별택(別宅)에 첩을 앉혀 놓았다. 시대가 더욱 내려옴에 따라 더 넓은 범위의 신분과 계층에 속한 남성이 첩을 갖게 되어, 마침내는 (혼자 첩을 앉힐 만큼 돈이 없는 경우에는) 여러 남성이 첩 한 사람을 공유하면서 날짜를 정해 (첩의 집에) 드나드는 일도 행해졌다.[60]

이렇게 보면 첩이란 정말이지 남성의 성욕 처리를 위한 도구인 듯하지만, 그것은 사태의 반쪽에 불과하다. 분명히 한편으로는 성을 팔기만 하는 '매춘부'로서의 기능이 있었지만, 다른 한편으로는 상층 무사 계급에게 첩이란 '집(家)'을 유지하기 위한 이른바 '생식 장치'이기도 했다. 뜻밖에 첩의 이런 이중적 위상은 메이지 시대에 들어서 더욱 명확해졌다. 1870년(메이지 3) 제정된 메이지 국가 최초의 형법전 「신율강령(新律綱領)」은 첩을 처와 같은 이친등(二親等)으로 인정함으로써[61] 실질적으로 일부다처제를 합법화했다. 게다가 도쿠가와 시대에는 금지되어 있던 바 첩을 정처(正妻)로 격상(?)시키는 것이 인정되었고, 1873년 8월 다조칸(太政官)[62] 지령에서는 호적에도 첩을 처 다음에 기재하도록 정했다.

---

60 早川紀代, 『近代天皇制國家とジェンダー : 成立期のひとつのロジック』(하야카와 노리요, 『근대 천황제 국가와 젠더 : 성립기의 한 가지 논리』), 青木書店, 1998. 쇼군은 막부의 우두머리, 다이묘는 지방의 영주, 조닌은 도시의 부유한 상인·수공업자를 가리킨다.

61 우리가 일상생활에서 촌수라고 부르는 친족 간의 원근을 일본식 법률 용어로는 '친등(親等)'이라고 한다. 부모·자식 간은 일친등, 형제간은 이친등인데, 현행 일본 민법에서는 배우자에 대해서는 친등을 따지지 않지만 「신율강령」에서는 처와 첩을 이친등으로 계산했다. 다음 문단에 나오는 처와 첩의 범죄에 대한 처벌의 차이 이야기는 오늘날의 존속 범죄에 대한 가중처벌과 같은 것으로, 서양 근대의 평등사상보다는 유교적인 존비친소(尊卑親疎)사상의 영향 아래 있는 것이다.

62 1868년 메이지유신 직후에 설치되어 입법·사법·행정을 총괄한 메이지 초기의 최고 행정기관. 1885년 내각제도가 도입되면서 폐지되었다.

가족법학자 아리치 도루(有地亨)가 지적하듯이 보통 근대화의 이미지와는 정반대로, 이렇게 메이지유신 이후 오히려 "첩의 지위는 비약적으로 높아졌"다.[63] 물론 그것을 여성의 지위 향상으로 착각하기에는 성급하다. 이 모든 것은 근세 이래 여성 전체의 지위가 극도로 낮았던 상황 속에서의 이야기에 불과하고, 또 첩이 처와 여러 의미에서 동등한 권리를 부여받았을 리도 없다. 예컨대 남편에 대한 첩의 범죄에는 처보다 한 단계 무거운 형벌이 부과되었고, 반대로 첩에 대한 남편의 범죄는 처에 대한 범죄보다 몇 단계 가볍게 다루어졌다.

그러니까 메이지 정부의 목표는 첩의 지위를 높이는 데 있지 않았다. 그게 아니라 생식 기계로서의 여성을 효율적으로 이용함으로써 '집'의 계속을 보장하고 국가의 기반을 강화하는 것이 문제였다. 말하자면 처와 첩에 의한 생식 태그매치인 셈이다. 축첩제란 (아마) 많은 남성이 싱글벙글하며 떠올릴 주지육림 월드 따위가 아니라 가부장제라는 정치 시스템의 일환이었다.

전근대의 일부일처제론

아니나 다를까 입법자들도 일부다처제는 나쁘다고 생각했는지 축첩은 일부다처가 아니라고 우겨 보려고 했다. 그러나 아무리 생각해도 실질적으로는 축첩이나 일부다처나 비슷한 데다가 어느 쪽이든 여성을 멸시하는 제도라는 것은 부정할 수 없다. 그러므로 당연히 일부다처제를 비판하는 의견은 일찍부터 제기되었다.

---

63 有地亨, 『家族制度研究序說』(아리치 도루, 『가족제도연구서설』), 法律文化社, 1966.

이른 시기의 비판으로는 봉건사회의 래디컬한 비판자로서 현재 재평가되는 18세기의 사상가 안도 쇼에키(安藤昌益, 1703~1762)의 논의가 있다. 『통도진전(統道眞傳)』에서 안도는 중국의 성군 요(堯)가 또 다른 성군 순(舜)에게 자기 누나와 여동생을 각각 처와 첩으로 주었다는 고사를 인용하면서, 그것은 자연 우주의 도에 거스르는 잘못이라고 통렬히 비난했다. 하늘과 바다가 일체이듯이 남녀로 이루어진 부부 한 쌍이 일체인 것이 자연의 참된 길이고, 이것을 깨뜨린 일부다처는 인간을 금수의 수준으로 타락시킨다는 것이다.

여기에서 안도는 남녀평등이라기보다는 오히려 이기주의 비판의 관점에서 축첩제에 반대하고 있다. 그것만 보면 플라톤의 『국가』 이래 서양의 전체주의적 유토피아사상이라고 해도 통할 생각인 듯싶지만, 자세히 읽어 보면 상당히 방향이 다르다.

예컨대 르네상스기 유토피아사상을 대표하는 캄파넬라(Tommaso Campanella)의 『태양의 나라』[64]는 '공공의 사랑'을 방해하지 못하도록 사적 소유 및 부부·친족과 같은 고정적인 인간관계를 전면 부정하는 '태양 시민'들의 사회를 그리고 있다. 거기에서는 모든 여성은 모든 남성에 의해 공유되며 — 그 반대는 아니라는 점이 특색이지만 — 시민은 모두 혈연을 따지지 않고 서로 '아버지', '아들', '형제'라고 부르는 것이다.

안도가 말한 '나'의 부정에는 이렇게 정치학적이거나 행정학적인 시각이 보이지 않는다. 거기 있는 것은 세상 모든 것은 음양이라는 불가사의한 에너지에서 나온다는 세계관(음양오행설)뿐으로, 남녀 관계에 대해서도 그런 관점에서 신화적으로 이야기되는 것에 불과하다. 말하자면 남녀란

---

64 Tommaso Campanella, *La citta del sole*(토마소 캄파넬라, 『태양의 나라』), 1602.

자연 우주의 도가 곡물(穀物)의 정(精)을 통해 인간 남녀가 되었다, 남녀란 소우주로서 남자가 없으면 여자가 없고 여자가 없으면 남자가 없으며 남녀가 없으면 우주라는 것도 없다, 그러므로 우주와 남녀란 "대소가 나아가고 물러나는 하나의 참된 기(大小の進退の一眞氣)"를 이룬다는 식이다(인용은 노구치 다케히코의 현대어역).

재미있게도 안도는 네덜란드의 일부일처제를 칭찬했지만 그것은 결과적으로 의견이 일치했을 뿐, 가능한 한 성욕을 억누르려고 하는 기독교의 도덕관과 '곡물의 정'에서 생겨난 남녀가 대등한 한 쌍이어야 한다는 자연관은 그 근거가 전혀 다르다.

어느 쪽이 되었든 안도 쇼에키와 같은 생각은 도쿠가와 시대에는 완전히 소수파였다. 또 메이지 시대에는 완전히 잊혀진 사상가였던 안도의 주장이 「신율강령」에 대한 반대 의견으로서 힘을 가질 수도 없었을 터이다. 그런 반대 의견은 다른 곳에서 즉 서양 문명에서 가져오지 않을 수 없었다. 그런 발상을 매개하여 일본에서 일부일처제 옹호의 담론 공간을 개척한 최대의 선구자는 후쿠자와 유키치였다.

후쿠자와 유키치의 선구적 일부일처제론

후쿠자와 유키치라고 하면 일본 근대사상의 당당한 챔피언으로, 1만 엔권 지폐에 초상이 실릴 정도니까 일본 역사상에서도 첫째 둘째를 다투는 유명인일 것이다. 하지만 실제로 그가 무슨 말을 했는지 묻는다면 『학문의 권장(學問のすすめ)』(1870년) 첫머리의 "하늘은 사람 위에 사람을 만들지 않고, 사람 아래 사람을 만들지 않는다"는 유명한 말 정도밖에 떠오르지 않는 사람이 많지 않을까? 이 말은 일본 근대 인권사상의 개막

을 알리는 명언이 되었지만, 후쿠자와가 논한 것은 천하국가와 학문뿐만은 아니다. 그는 또한 연애와 결혼과 남녀 관계에 대해서도 당시로서는 선진적인 사상을 전개했다.

젊은 후쿠자와 유키치는 일찍이 메이지유신 전야에 축첩제를 통렬히 비판하면서 일부일처가 서로를 대등하게 존중하는 가족이야말로 '하늘의 도'에 어울리는 것이라고 주장했다(『서양사정 외편西洋事情外篇』, 1868년). 그 기본적인 사고방식은 평생 변함이 없어서 쉰이 넘어서도 그는 결혼 전의 남녀가 자유로이 교제할 수 없는 것은 좋지 않다고 했고(『남녀교제론男女交際論』, 1886년), 결혼 후의 부부 사이가 이래저래 소원해지기 쉬운 것을 경계했다. 후쿠자와가 보기에 부부가 서로 사랑하고 존경하는 것이야말로 "천하 만세 백덕의 큰 근본(天下萬歲百德の大本)"이었다(『일본남자론日本男子論』, 1888년).

이렇게 후쿠자와는 남녀의 기본적인 평등을 인정하고 일부일처제를 드높이 칭송했다. 다만 일부일처제와 학문을 권장한 그였지만 '연애결혼'을 권장했다고까지는 말할 수 없다. 만년의 『신녀대학(新女大學)』에서도 부모가 구해 온 결혼 상대 후보를 당사자가 평가해서 최종적으로 결정하는 게 좋다는 둥 미적지근한 제안을 하고 있다(1899년). 그 밖에도 오늘날의 눈으로 보자면 결국은 여성의 주요한 역할을 가정에 한정한다든지 양가(良家)의 자녀를 보호하기 위해 창부의 필요성을 주장한 것 등 후쿠자와 유키치의 남녀평등사상에서 한계와 모순을 짚어 내기란 어렵지 않다.

그래도 여자가 오로지 남자의 성욕 처리용이자 생식 장치로 취급되던 당시로서 후쿠자와가 시대의 수준을 훨씬 뛰어넘은 존재였다는 데에는 변함이 없다. 어쨌든 『신녀대학』을 금서로 지정하는 여학교까지 있었던 시대였으니까 말이다.

첩과 만세일계

그런 후쿠자와도 첩을 공인한 「신율강령」에 대해 눈에 띄는 발언은 하지 않았던 모양이다. 어디까지나 현실 정치로부터 거리를 두고 장기적인 관점에서 사회 개혁을 호소하는 데 전념했기 때문일지도 모른다. 법 개정을 호소했던 이른 시기의 움직임으로는, 1872년 11월 사법경(司法卿) 에토 신페이(江藤新平, 1834~1874)가 사법대보(司法大輔)[65] 후쿠오카 다카치카(福岡孝弟, 1835~1919)와 연명으로 정부에 제출한 「부부의 규범에 대한 문의(夫婦ノ儀ニ付伺)」라는 문서가 있다. 일부일처제야말로 '천리자연(天理自然)의 도리'에 근거한 '성법(性法)의 큰 뜻'이며, 종래의 관습대로 첩을 가족과 함께 살게 한다든지 정처와 같이 이친등으로 보는 것은 '성법의 이(理)'를 거스르는 행위라고, 그들은 축첩제를 준엄하게 비판했다.

성법은 현대식으로 말하면 '자연법'이다. 에토 신페이는 프랑스법을 연구하고 당시 일본 정부에서 고용했던 프랑스인 법률가 조르주 부스케(Georges Bousquet)의 자문을 받아 민법전 편찬에 힘을 쏟았다. 다만 이 시기의 '성(性)'이라는 말에는 유교적 의미에서 '인간 본성'에 가까운 어감도 있으므로 이것만으로 에토가 서구적 자연법사상을 체득했다고 단정지을 수는 없다. 에토 신페이는 옛 사가번(佐賀蕃)의 번사(蕃士)로 존황양이(尊皇攘夷)운동에 투신, 메이지 신정부에서는 요직을 맡았고, 사이고 다카모리(西鄕隆盛, 1828~1877)·이타가키 다이스케(板垣退助, 1837~1919) 등과 정한론을 주장했지만 받아들여지지 않자 사직했다. 나중에 이타가키 등과 민선의원 설립 건의서를 정부에 제출하고 다시 즉시 조선을 정벌하자고 주장

---

65 사법경은 법무부 장관, 대보는 차관에 해당한다.

하면서 사가의 난을 일으켰지만, 정부군에 진압되고 체포되어 처형당했다. 그렇게 파란만장한 일생을 불살랐던 그의 사상을 깊이 파고드는 것은 여기에서의 과제가 아니다. 하지만 적어도 조르주 부스케가 첩제도 폐지를 요구하자, 에토가 "반드시 금지한다"고 답하고 곧바로 행동에 옮긴 것만큼은 틀림없는 사실이다.

그러나 에토 신페이 등의 요구는 곧바로 실현되지 않았다. 정부 안에서 저항에 부딪힌 것은 말할 것도 없지만, 민간에서 축첩제를 인정하는 사고가 뿌리 깊었다. 가장 큰 이유는 '집'을 유지하기 위해 부계의 자손을 확보해야 한다는 것이었지만, 특히 황실의 존속이라는 명제가 활발하게 선전되었던 것은 주목할 만하다. 당시 신문의 독자 투고에도, 일부일처제가 바람직하지만 첩을 폐지하면 황족의 혈통이 옹색해지지는 않을까 걱정을 토로한 내용이 많았다고 한다.

이 점을 근거로 하야카와 노리요는 메이지 초기의 남녀 관계를 둘러싼 논의에서는 "사회 도덕이 국가의 독립과 직결"되어 있음을 강조했다.[66] 이것은 신문의 독자 투고뿐 아니라 후쿠자와 유키치며 에토 신페이 같은 지식인에게도 꼭 들어맞는다. 일부일처제에 찬성인가 반대인가 하는 입장의 차이 이전에 양쪽 다 메이지 일본이라는 '국가'와 일본인이라는 '인종' 또는 '민족'한테 어느 게 바람직한가 하는 물음의 구조를 공유했고, 다만 서로 다른 것은 국가·민족의 구체적 존재 방식에 대한 전망과 그것을 지탱하는 단위로 가족과 개인 어느 쪽을 중시해야 할 것인가 하는 판단뿐이었다. 누구도 '연애'와 '결혼'과 '가족'을 사적인 것이라고는 생각하지 않았다.

66 早川紀代, 1998, 앞의 책(주 60).

하지만 남녀 관계를 둘러싼 논의가 그런 틀 속에 편입되었다는 것은 과연 부국강병을 내세운 메이지 시대만의 특징이었을까? 그 답은 이 책에서 조금씩 분명해져 갈 것이다.

일부일처제를 향한 힘든 싸움

일부일처제의 확립을 요구하는 소리가 차츰 높아져 가는 가운데, 모리 아리노리(森有禮, 1847~1889)가 1874년 발표한 『축첩론(蓄妾論)』 그리고 이듬해 이루어진 히로세 오쓰네(廣瀨阿常)와의 '계약결혼'은 특히 큰 화제를 모아 "세상을 깜짝 놀라게 했다"고 한다.[67] 다만 도쿄부 지사 오쿠보 이치오(大久保一翁, 1817~1888) 앞에서 후쿠자와 유키치를 증인으로 삼아 부부가 "오로지 서로 존경하고 서로 사랑하며 부부의 도를 지킬 것"을 명기한 계약서를 교환한 이 퍼포먼스가, 흔히 이야기되듯이 일본 최초의 계약결혼인지는 확실치 않다. 또 이시이 겐도(石井研堂, 1865~1943)는 그 전해에 뉴욕영사관의 도미타 데쓰노스케(富田鐵之助)라는 인물이 '부부계약서'를 만들어 아내가 맡아 두는 방식의 혼례를 거행했다는 것을 기록하고 있기 때문이다.

이런 움직임에 뒷받침되어 법 개정이 조금씩 진행되었다. 형법에서는 1880년, 호적법에서는 1886년 마침내 '첩'은 폐지되었다. 하지만 처의 간통은 처벌하지만 남편의 간통은 불문에 부치는 등 불평등은 여전히 남아 있었고, 무엇보다 현실에 있는 축첩이 갑자기 사라질 리 없었으므로 일부일처제의 확립을 요구하는 운동은 그 뒤로도 계속되었다. 다만 메

67 石井研堂, 『明治事物起源』(이시이 겐도, 『메이지 시대 신문물의 기원』), 橋南堂, 1908.

이지 시대 초기에는 명륙사(明六社)[68]에 모인 남성 지식인들이 주역이었으나, 중엽이 되자 기독교도와 그 주변 사람들, 무엇보다 여성들이 주축이 되었다.

그중에서도 큰 움직임은 1888년 야지마 가지코(矢島楫子, 1833~1925)를 회장으로 하는 도쿄여성교풍회(東京婦人矯風會)가 원로원에 제출한 일부일처제 건의였다. 또 1892년부터는 그 후신인 일본기독교여성교풍회(日本基督教婦人矯風會)도 일부일처제 청원운동을 전개했다. 도쿄 혼고 고마고메(本郷駒込)의 빵집 안주인이 이 청원을 신문에서 읽고 "나는 남편의 첩살림 등으로 10년 넘게 단 하루도 유쾌하고 즐거운 마음을 가져 본 적이 없습니다"라고 하면서 교풍회 입회를 희망했다는 에피소드를 가네코 사치코(金子幸子)가 적어 두었다.[69] 일부일처제에 대한 생각이 여성들에게 널리 공유되었음을 엿볼 수 있다.

이렇게 연애와 마찬가지로 새로운 결혼제도의 구상 또한 기독교의 뒷받침을 받았다. 차차 폐창운동으로 전개되어 갈 이런 운동을 적극적으로 지지한 『여학잡지』의 이와모토 요시하루가 기독교의 영향 아래서 출발했고 근대적 연애의 예찬가였다는 것은 앞서 말한 바 있다. 다구치 우키치는 자유로운 남녀 교제의 필요성을 주장하면서, 부모로서는 딸의

---

68 1873년 후쿠자와 유키치, 모리 아리노리, 가토 히로유키(加藤弘之, 1836~1916), 나카무라 마사나오, 니시 아마네(西周, 1829~1897), 니시무라 시게키(西村茂樹, 1828~1902), 쓰다 마미치(津田眞道, 1829~1903), 미쓰쿠리 슈헤이(箕作秋坪, 1826~1886), 스기 고지(杉亨二, 1828~1917), 미쓰쿠리 린쇼(箕作麟祥, 1846~1897) 등 당대의 명사들이 모여 조직한 일본 최초의 계몽학술단체이다. 이듬해부터 기관지 『명륙잡지(明六雜誌)』를 발행했다.

69 金子幸子, 『近代日本女性論の系譜』(가네코 사치코, 『근대 일본 여성론의 계보』), 不二出版, 1999.

몸이 걱정일 테니 소녀들한테 기독교 신앙을 갖게 한 다음 학교에 보내라고 설파했다(『일본의 취향과 정교』).[70] 기독교의 가르침으로 품행을 바르게 하고 교육으로 지식을 늘려 가면 남자와 사귀어도 무모한 행동을 하지 않게 될 테니 괜찮다는 것이다. 지금의 이런 저런 기독교계 대학에 다니는 학생들과는 상관없는 이야기인데, 당시가 정말 다구치의 말대로였는지는 알 수 없다. 다만 나름대로 꽤 진지하게 이런 말을 할 수 있었다는 것 자체가 메이지라는 시대의 특징이기는 했다.

기독교와 일부일처제

이런 움직임에 대해 천황을 정점으로 가부장제 국가의 건설을 꾀하는 반대 세력이 팔짱만 끼고 있었을 리는 없다. 일부일처제의 근대적 가족제도에 반대하는 그들은 그런 생각의 토대를 이루는 기독교 자체에도 공격을 가했다.

1890년 민법전 논쟁에서 호즈미 야쓰카(穗積八束, 1860~1912)가 "민법이 나와서 충효가 망한다"라고 부르짖은 일은 잘 알려져 있는데, 호즈미는 근대 유럽에서 발전한 기독교가 "집이란 한 남자와 한 여자의 자유계약(혼인)이라는 냉담한 사상"을 가지고 일본 전통의 '조선교(祖先教)'를 파괴하고 있다고 비판했다. 또 그해 10월 「교육칙어」가 반포된 직후 개최된 '칙어봉독회' 석상에서 제국대학[71] 교수인 나이토 지소(內藤恥叟, 1826~1902)는 일본의 혼인제도는 전통의 일부다처제가 아니면 안 된다고 당당하게

70 田口卯吉, 『日本之意匠及情交』(다구치 우키치, 『일본의 취향과 정교』), 1886.

71 1897년 교토제국대학이 설립되기 전까지 제국대학은 도쿄에 하나뿐이었고, 이름도 그저 '제국대학'이었다.

연설했다고 한다(『여학잡지』 제240호). 이것은 도덕이라는 것의 상대성을 보여 주는 좋은 예일 것이다. 유교사상을 신봉하는 나이토한테는 일부다처제야말로 도덕적인 것이고, 일부일처제 따위는 「교육칙어」에서 말하는 일본의 아름다운 '조상의 유풍(遺風)'을 더럽히는, 경멸해야 마땅한 사교(邪敎)의 가르침에 불과했다. 오늘날에는 이런 것을 정정당당히 주장할 정치가나 학자는 없겠지만, 제멋대로의 생각을 도덕이라는 그럴싸한 말로 밀어붙이려는 나이토의 자세에는 성교육을 금압하는 데 몰두하는 현대의 보수 정치가와 통하는 바가 있다. 공교롭게도 나이토 지소는 이런 생각에 입각해서 수많은 '수신(修身)' 교과서[72]를 썼다.

하지만 가치관을 따지기 전에 '기독교' 대 '일본의 전통'이라는 대립 도식은 역사의 이해로서는 너무 단순하다. 분명 16세기 기독교(가톨릭의 예수회)가 전래된 이래 일본 열도를 찾은 수많은 선교사가 세련된 일본 문화를 높이 평가하면서도 성과 결혼 풍속의 문란함을 한결같이 통렬히 비난한 것은 사실이다. 받아들이는 쪽에서도 그 점을 의식했다고 보이는데, 도요토미 히데요시(豊臣秀吉, 1537~1598)가 예수회 선교사 오르간티노(Gnecchi-Soldi Organtino)에게 "일부일처제 따위 꽉 막힌 이야기만 하지 않는다면 (기독교도) 꽤 괜찮은 교이기는 한데" 했다는 일화가 남아 있다. 하지만 이미 설명했듯이 축첩제는 오히려 근세 들어서 확대되었고 메이지 시대가 되면서부터 법제로 강화되었다. 본래 근세 이전까지 일본 열도에는 통일된 혼인제도 따위는 존재하지 않았으므로, '일본의 전통' 등으로 일괄해서 말할 수 있을 리도 없다. 많은 가족사 연구자가 논하듯이

72 식민지기의 '수신'은 오늘날 한국 초·중·고교의 '바른생활', '도덕', '윤리' 과목에 해당한다.

전근대 일본 열도에는 매우 다양한 결혼·가족 형태가 존재했고, 일원적인 이에제도는 1898년 민법에서 비로소 완성되었다. 호즈미 야쓰카 등이 마음에 그린 것 같은 일본의 전통이란 그것을 과거에 투영한 것으로, 실제로는 존재한 적이 없는 '유토피아'에 지나지 않았다.[73] 그것은 정치적 투쟁에서 '전통'이 문제가 될 때 종종 생겨나는 전형적인 '전통 날조'의 한 예이다.[74]

덧붙여 두자면 희대의 호색가로 "그 궁전을 하나의 큰 유곽으로 만들었고 미모의 젊은 여성치고 그의 손아귀에서 빠져나갈 수 있는 사람이 없었다"고까지 일컬어진 도요토미 히데요시가 일부일처제를 받아들일 리는 없었다.[75] 그러기는커녕 도요토미 히데요시는 1589년 교토의 니조야나기마치(二條柳町)에 게이세이야(傾城屋)라는 유곽을 만들어 근세 이래 국가가 관리하는 성매매 시스템을 시동시킨 장본인이었다.

기독교의 결혼관

여기에서 조금 샛길로 빠져 기독교의 결혼 규범을 간단히 살펴보고자 한다. 『구약성경』에는 일부일처제 따위와는 동떨어진, 피비린내 나는 음탕한 세계가 그려져 있다. 왕가의 사람들이 여동생을 속여서 강간하

---

73 諫山陽太郎, 1994, 앞의 책(주 49).

74 홉스봄(Eric Hobsbawm)이 제안한 'invention of tradition'이라는 개념을 일본에서는 '만들어진 전통(創られた傳統)', '전통의 고안(傳統の案出)', '전통의 날조(傳統の捏造)' 등으로 옮긴다. 에릭 홉스봄·테런스 레인저 저, 박지향 역, 『만들어진 전통』, 휴머니스트, 2004(Eric Hobsbawm & Terence Ranger, *The Invention of Tradition*) 참고.

75 松田毅一, 『豊臣秀吉と南蠻人』(마쓰다 기이치, 『도요토미 히데요시와 남만인』), 朝文社, 1992.

고 형제를 죽이고 공중 앞에서 발가숭이가 되는 전대미문의 이야기가 차례차례 펼쳐진다. 그중에서도 압권은 다윗왕인데 여러 명의 후궁한테서 많은 자녀를 얻었고, 아들 솔로몬왕에 이르러서는 무려 '왕비 7백 명과 후궁 3백 명'을 안았다고 한다(「열왕기 상」 11장 3절). 어지간한 도요토미 히데요시도 그 발밑에도 미치지 못할 스케일이다. 참고로 이 점에 대해서는 그런 무절제한 짓을 했기 때문에 솔로몬왕은 파멸했다는 해석도 있지만, 성서학에 문외한인 나의 솔직한 감상으로는 솔로몬왕이 신의 노여움을 산 것은 외국 여성들을 통해 알게 된 이교의 신들을 숭배했기 때문이지 특별히 많은 여성과 교접했기 때문은 아닌 것으로 생각된다.

여기에 반해 『신약성경』에 이르면 상황은 일변하여 '남녀 간의 서열=가부장주의'와 '일부일처제의 해소불가원칙'(즉 이혼 금지)이라는 결혼의 2대 원칙이 확실해진다.[76] 이 원칙을 둘러싸고 여러 세력이 줄다리기를 해온 것이 기독교적 결혼의 역사였다고 할 수 있겠다(기독교라고 싸잡아 말하지만, 다양한 조류가 있어서 모르몬교처럼 일부다처제를 실천하는 이단도 있다. 여기에서는 어디까지나 역사적 주류에 대해 생각해 보려 한다).

'일부일처제의 해소불가원칙'에 따른 결혼은 당사자의 합의를 통해서만 성립하고, 게다가 그 합의의 원리는 신의 법이라고 간주된다. 이런 관념은 12~13세기의 기독교 신학이 결혼을 '성사(聖事, sacrament)'로 만든 데에서 정점에 달했다. 하지만 여기에 모순이 포함되어 있음은 쉽게 알아차릴 수 있을 것이다. 사이가 나빠진 부부가 합의하여 이혼하고 싶어

76 若尾祐司, 『近代ドイツの結婚と家族』(와카오 유지, 『근대 독일의 결혼과 가족』), 名古屋大學出版會, 1996.

도 '결혼의 해소불가원칙'에 따라 제약을 받게 되는 것은 어째서인가? 이혼의 합의 또한 '신의 법' 아닌가? 마침내 종교개혁에 의해 결혼이 탈성사화되고 순수하게 당사자 간의 합의에 근거한 것으로 탈바꿈함으로써 이 모순은 해소되어 이혼의 자유가 증대되었다.

다만 "성서로 돌아가라"를 모토로 한 종교개혁에는 예전의 낡은 윤리를 부활시킨 면도 있으므로, 종교개혁을 통해 곧바로 근대적 일부일처제와 자유의지에 의한 연애결혼이 확립되지는 않았다. 특히 루터파의 결혼관은 구태의연해서 "남편과 아내가 정신생활도 서로 나눌 수 있다는 생각"과는 무관하고, 기껏해야 "결혼의 해소불가원칙을 고수하면서 그 성사적 성격을 배제하고 간통이나 '악의의 유기(遺棄)'에 한해 판결에 의해 이혼을 인정한" 데 불과했다고 한다.[77] 루터가 성직자(주임사제)가 아내를 갖는 것을 인정한 일은 유명한데, 그 주장을 읽어 보면 확실히 그는 이렇게 쓰고 있다.

> 모든 재속사제(在俗司祭)는 아내가 있어야 하는데, 그것은 심신이 약해서가 아니고 오히려 가정이 필요하기 때문입니다.[78]

요컨대 '아아 마누라가 해주는 밥 먹고 싶다' 하는 것과 같은 수준의 이야기다. 그것도 여기서 '약함'이라는 것은 결국 성욕을 이기지 못한다는 것인데, 그 점에 대해 루터는 이런 말도 하고 있다. 여성을 곁에 두는

---

77 若尾祐司, 1996, 앞의 책(주 76).

78 마르틴 루터 저, 원당희 역, 『독일 기독교 귀족에게 고함』, 세창미디어, 2010, 93쪽 (Martin Luther, *An den christlichen Adel deutscher Nation von des christlichen Standes Besserung*).

것은 상관없지만 아내로서는 안 된다, 즉 남자와 여자를 둘만 있게 하면서 잘못을 범해서는 안 된다고 하는 것은 마치 '짚과 불'을 함께 두면서 그래도 불을 때면 안 된다고 하는 것과 마찬가지의 생트집이다.[79] 남자의 욕망에 불을 붙이는 것은 여자니까 남자는 나쁘지 않다는, 전형적인 아전인수 격의 상투어다.

하지만 결혼제도에 미친 종교개혁의 영향은 실로 다양했다. 재세례파 특히 퀘이커파는 "영혼 사이에는 아무 차별도 없으므로 성에 어떤 차별도 두지 않는다. 성은 다만 우애의 담지자이다"(윌리엄 펜William Penn)고 하여 "동료와 친구들이 모인 앞에서 양성의 단순한 합의 선언에 근거하는 결혼이라는 새롭고 혁명적인 형식"을 만들어 냈다고 한다.[80] 이런 움직임에 대항한 가톨릭 측도 트리엔트공의회[81]에서 성사로서의 결혼이라는 교의를 확립하면서도 이혼을 어느 정도는 인정하는 방향으로 타협을 보였다(다만 재혼은 불가). 이렇게 근대의 기독교는 전체적으로 결혼·이혼에서 당사자의 의지를 존중하는 방향으로 움직여 왔다.

---

79 마르틴 루터, 2010, 앞의 책(주 78), 93쪽.

80 若尾祐司, 1996, 앞의 책(주 76). 퀘이커교는 1647년 영국의 조지 폭스(George Fox)가 창시한 급진적 개신교파로, 일체의 성직을 인정하지 않음으로써 스스로를 '친우회(親友會, Society of Friends)'라고 불렀다. 이들은 영국에서 탄압을 받았지만 1781년 윌리엄 펜이 찰스 2세의 허락을 얻어 신대륙의 펜실베이니아(Penn의 이름과 그가 원한 'Sylvania'라는 이름이 합쳐짐)를 개척, 퀘이커교도들이 그리 이주하면서 종교의 자유를 얻었다.

81 (세계)공의회란, 가톨릭교회에서 전 세계의 주교와 신학자들이 모여 신앙·윤리 등의 중요한 문제를 의결하는 회의를 말한다. 트리엔트공의회(Concilium Tridentinum)는 루터의 종교개혁에 대처하기 위해 소집되어 1545~1563년 이탈리아 북부 트리엔트(현재의 트렌트)에서 열렸다. 끝내 프로테스탄트의 동참을 끌어내지는 못했지만, 루터가 제기한 신학적 문제들에 대한 가톨릭교회의 입장을 재확인했고 결과적으로 가톨릭교회의 내적 정비와 통합을 이룩했다.

예수회의 제2인자 프란시스코 하비에르(Francisco Xavier, 1506~1552)가 일본에 왔을 때 이미 기독교의 남녀 관계관은 이런 변화의 도상에 있었다. 즉 한평생 같은 상대와 백년해로할 것을 강요하는 '절대적 일부일처제'가 완화되어 이혼과 재혼도 조건적으로 인정하는 '상대적 일부일처제'가 대두하였다. 게다가 예수회는 가톨릭 안에서는 성에 대해 비교적 관용적인 사고방식을 가지고 있었다고 한다. 물론 그들이 정조 관념을 매우 중요시한 것은 틀림없지만, 이제 성교는 오로지 생식을 위해서가 아니면 안 된다는 아우구스티누스주의와 같은 완고함을 버리고 부부 사이라면 쾌락을 목적으로 하는 교접은 소죄(小罪)에 불과하다고 보았던 것이다.[82]

두 가지 일부일처제

이런 구별에 입각해서 본다면 메이지 시대 일본에서 요구된 일부일처제는 분명 상대적 일부일처제였다. 기독교여성교풍회의 일부일처제 청원에도 남편의 간통을 아내의 이혼 청구 사유로 인정하라는 요구 사항이 포함되었다. 일본의 일부일처제가 기독교 도덕의 영향을 받은 것은 틀림없다고 하더라도, 그때쯤이면 벌써 기독교 자체가 원래의 초월적 정신주의로부터 변질되어 세속 및 육욕과 타협을 거치고 있었다. 그런 상대적 일부일처제조차 메이지 시대 일본인에게는 충격적일 만큼 숭고하게 생각되었다는 것은 당시 일본 상황과의 격차에서 빚어진 결과에

82 ウタ・ランケ-ハイネマン 著, 高木昌史・松島富美代・高木万里子 譯, 『カトリック教會と性の歴史』(Uta Ranke-Heinemann, *Eunuchen für das Himmelreich. Katholische Kirche und Sexualität* · 우타 랑케하이네만, 『가톨릭교회와 성의 역사』), 三交社, 1996.

지나지 않는다.

그 가운데 주목해야 할 예외적인 한 사람이 후쿠자와 유키치이다. 만년의 후쿠자와는 당시 일본의 이혼율이 세계에서 손꼽힐 정도로 높은 것을 탄식하여 "개벽 이래 오늘에 이르기까지의 진보에서는 일부일처 해로동혈(偕老同穴)이 최상의 윤리라고 인정되며, 만일 여기에 등을 돌린다면 인간이 아닌 동물로 배척할 만하다"라면서 절대적 일부일처제의 입장을 관철했다(『후쿠옹 백화 福翁百話』, 1897년). '해로동혈'이란 부부가 죽을 때까지 금슬 좋게 지내는 것을 말한다. 후쿠자와 유키치는 이혼을 인정하지 않고 남녀 모두 (배우자를) 사별했을 때만 재혼해도 좋다고 주장했다. 그외에 이와 비슷한 생각은 잡지 『일본인(日本人)』과 신문 『일본(日本)』을 낸 특이한 일본주의자 스기우라 주고(杉浦重剛, 1855~1924)의 일부일처론에서 보인다. 스기우라도 "남편은 평생 두 아내를 취하지 않고 아내는 죽을 때까지 두 남편을 맞지 않으며 이로써 진정한 일부일처설을 실현하게" 할 것을 주장하고 사별한 경우에도 앞서 간 배우자를 그리워하며 살아야 한다고 했다. 다만 (자녀가 없어서) "조상의 혈통을 이어 갈 수 없는 경우"에는 재혼을 인정해도 좋다는 등 '집'의 가치를 강조한 점에는 수구적인 뉘앙스가 짙게 배어난다(『도쿄아사히신문東京朝日新聞』, 1900년 5월 20일 사설).

그런데 『후쿠옹 백화』에서 후쿠자와는 '미망인(未亡人)'이라는 일본어를 비판하고 있다. 그것은 남편을 여읜 여성이 마치 "남편과 함께 죽었어야 할 텐데 이상하게 살아남은 사람"처럼 간주하는 풍습에서 성립한 말이라는 것이다. 그로부터 백 년 넘게 지난 지금도 여전히 이 말이 당당히 통용되는 현실을 생각하면 여성을 남성의 부속물처럼 취급하는 문화의 변함없음에 한숨이 나오려고 한다. 동시에 후쿠자와 유키치라는 인물의 예리함에는 새삼 놀라게 된다. 이런 철저함이 어디서 유래하는지는 흥미로운 문제지만 여기서 더 파고들 여유가 없다.

어쨌든 후쿠자와 같은 사고방식은 일부일처제론의 주류가 아니었다. 나중에 다이쇼 시대에 들어서 독일의 윤리사상가 푀르스터(Friedrich Wilhelm Foerster, 1869~1966)의 '한평생에 걸친 엄격한 일부일처의 결합'이라는 사상이 번역·소개되었을 때[83] 연애에 대해 많이 논했던 문학자 혼마 히사오(本間久雄, 1886~1981)는 "이론적으로도 실제적으로도 어차피 신시대에 적응하는 바가 없다"며 그것을 거부해 버렸다.[84] 푀르스터한테는 일부일처제에 반하는 것으로 보인 '자유이혼'론도 일본에서는 오히려 일부일처제와 일체를 이루는 것으로 이해되었다. 그리고 바로 그렇게 느슨해진 상대적 일부일처제였기 때문에, 마찬가지로 희박해진 연애 관념과 융합해서 가정의 버팀목으로 기능하게 되었던 것이다.

설령 처음부터 절대적 일부일처제가 수입되었다고 하더라도 일본 사회에 뿌리내릴 가능성은 거의 없었을 것이다. 지금의 일본인은 미국의 이혼율이 높은 데 놀라지만, 후쿠자와 유키치가 탄식했듯이 메이지 전기까지의 사정은 정반대로 일본은 이혼이 용이하고 그 수도 월등히 많은 나라로 알려져 있었다. 게다가 최근 연구에서 속속 밝혀지고 있듯이 반드시 남편=남성만이 일방적으로 이혼권을 행사할 수 있었던 것도 아니어서 아내가 이혼 소송을 제기한 사례며 이혼에 합의하지 않은 아내를 감금한 남편이 유죄 판결을 받은 판례가 보인다고 한다.[85] 이런 사회

---

83 フェルスター著, 大日本文明協會 編,『結婚と兩性問題』(푀르스터 저, 대일본문명협회 편,『결혼과 양성 문제』), 大日本文明協會, 1916.

84 本間久雄,『婦人問題十講』(혼마 히사오,『여성 문제 10강』), 東京堂, 1923.

85 山中至,「江戸時代・明治前期の離婚法」, 有地亨・老川寛 編,『離婚の比較社會

적 관행은 메이지 시대에도 이어져 1873년 다조칸 포고는 아내가 이혼 소송을 제기할 수 있음을 확인하고 있다.

물론 경제적으로 자립하기가 극히 곤란했던 당시 여성들이 쉽게 이혼을 청구했을 리 없지만, 원치 않는 결혼 생활에서 탈출하는 수단으로서 이혼과 재혼의 권리는 여성들로서는 결코 양도할 수 없는 것이었다. 따라서 일부일처제 주장이 여성의 지위 향상이라는 이념과 맺어져 있는 이상, 적극적 의미에서 상대적 일부일처제가 아니면 안 되었다.

일부일처제에서 폐창으로

이미 보았듯이 축첩제가 법제도의 무대 전면에서 물러간 뒤에도 메이지 원훈(元勳) 다수가 첩을 끼고 있었다는 것은 유명한 이야기다. 메이지 시대를 대표하는 출판인 구로이와 루이코(黑岩淚香, 1862~1920)는 거기에 주목해서 1898년 신문 『만조보(萬朝報)』에 각계 명사의 축첩 실태를 폭로하는 스캔들 기사를 연재하기 시작했다. 이 「축첩의 실례(蓄妾の實例)」는 곧 인기를 끌었고 켕기는 데가 있는 유명인들을 떨게 만들었다. 색을 밝히기로 유명한 이토 히로부미(伊藤博文)는 아침마다 맨 먼저 이 기사를 확인했다고 한다.

같은 해에 근대적 가부장제 국가 건설의 최종 단계로 교부된 메이지 민법(친족 편 · 상속 편)을 보면 법제도적인 면에서도 아직 남성 우위의 일부다처적인 요소가 불식되지 않았음을 알 수 있다. 이를테면 아내의

史』(야마나카 이타루, 「에도 시대 · 메이지 전기의 이혼법」, 아리치 도루 · 오이카와 히로시 편, 『이혼의 비교사회사』), 三省堂, 1992.

간통은 곧바로 이혼 사유가 되는 데 반해, 남편의 간통은 상대 여성의 남편이 소를 제기해서 간통죄에 처해진 경우에만 아내가 이혼을 제기할 수 있는 사유가 되었다(그러니까 남편의 간통 상대가 미혼 여성일 경우에는 아내가 이혼을 청구할 수 없었다). 이것은 아무리 봐도 불공평하다고 할 수밖에 없다.

그러니까 이후로도 일부일처제의 확립을 요구하는 담론/운동이 존속한 데는 그럴 만한 이유가 있다. 그래도 법제도의 변화에 대응하여 거기에 대한 비판의 의미가 변화되었다는 것은 간과할 수 없다. 즉 메이지 후기 이래 일부일처제라는 말은 문자 그대로의 혼인법제를 가리킨다기보다 오히려 성도덕에 초점을 맞추는 쪽으로 전환해 간 것이다(현재의 상황이 그 연장선상에 있음은 말할 나위도 없다).

일본기독교여성교풍회가 일부일처제의 건의에서 폐창운동으로 활동 방향을 바꾸어 간 것은 그런 전환을 상징한다.

이미 다루었듯이 일본에서 공창제도의 역사는 도요토미 히데요시까지 소급되지만, 프랑스를 비롯한 유럽 여러 나라의 국가적 성매매 통제를 본뜬 근대적 공창제도는 메이지 초기인 1870년대에 정비되었다. 그중에서도 1872년 '마리아 루스호 사건'—2백여 명의 청국인 노예를 싣고 요코하마항에 입항한 페루 국적 기선 마리아 루스호에 대해 일본 정부가 노예 해방을 명령했다가 일본의 창기(娼妓)도 노예가 아닌가 하는 반박을 받았다—에 대응해서 급거 만들어진 「창기해방령」은 기만적인 이름과 정반대로 이후 공창제도의 기초를 굳게 다진 법령이다. 그것은 명목상으로는 창기가 자유롭게 폐업할 수 있도록 했지만, 전차금(前借金)[86]

86 전차금(前借金)이란 부모가 딸을 팔면서 미리 받은 몸값으로, 이후 창기는 자기

이라는 부모의 빚에 매인 창기들에게 아무런 변제 수단을 주지 않아, 실제로는 이 빚 때문에 성매매에서 벗어날 수 없었던 여성들을 자유의지에 의한 매춘부라고 호도했다. 사실 당시 정부로서는 창기들의 자유의지를 존중해서 원치 않는 성매매에서 해방시키려는 의지 따위는 있지도 않았다. 후지메 유키(藤目ゆき)가 명확하게 지적하듯이 오히려 국가야말로 징세라는 방법으로 성매매업자들에게 기생하면서 창기들을 착취하는 주체였던 이상, 그것은 당연한 일이었을 것이다.[87]

이런 상황에 대해 1880년 군마현(群馬縣)에서 기독교인 현의원들이 폐창 청원을 제출하면서 폐창운동이 시작되었다. 군마에서의 투쟁 결과, 마침내 1891년 「폐창령」을 얻어 내자 운동의 영향은 전국으로 파급되었다. 일본기독교여성교풍회의 활동은 이런 흐름을 더 밀어붙이는 것이었다.

일본기독교여성교풍회에 의한 폐창운동의 의의에 대해서는 복잡한 문제가 있다. 예전에는 여성의 성을 수탈하는 성매매에 대한 저항이라고 긍정적으로 평가되어 왔지만, 근년에는 성매매의 자유를 주장하는 언론을 배경으로 엄격한 비판이 가해지는 일도 많아졌다. 성의 상품화를 무조건 긍정하는 의견에 안이하게 편승하려는 것은 아니지만, 폐창운동의 약점은 명백하다고 나는 생각한다. 사회운동으로서는 성매매 금지를 막무가내로 호소했을 뿐, 여성들을 원치 않는 성매매로 떠밀어 넣은 이에 제도의 압력이며 빈곤을 낳는 현실의 사회구조를 어떻게 변혁할 것인가 하는 문제의식은 결여하고 있었다. 하지만 그보다 더 뿌리 깊은 문제는

수입으로 그 전차금을 갚아 나가야 한다. 터무니없는 빚을 지워서 달아날 수 없게 만드는, 오늘날에도 사용되는 인신매매의 상투적 수법이다.

87 후지메 유키 저, 김경자 · 윤경원 역, 『성의 역사학 : 근대 국가는 성을 어떻게 관리하는가』, 삼인, 2004, 96~97쪽(藤目ゆき, 『性の歴史學』).

'순결'을 찬미하는 성도덕관에 근거하여 성매매 여성들을 '추업부(醜業婦)', '천업부(賤業婦)'라고 부르며 비난한 것이다. 1892년부터 시작된 「재외국매음부단속법(在外國賣淫婦取締法)」 제정 청원에서는 해외로 밀항해서 성매매를 하는 여성들을 '일본의 오욕'이라고까지 매도했다.

당시에도 이미 그런 자세에 대한 비판의 소리가 있었다. 일본의 페미니즘사상을 개척한 『청탑(青鞜)』[88] 사람들은 일본기독교여성교풍회 폐창운동의 "오만함과 천박함을" 비판했고(이토 노에伊藤野枝, 1895~1923), 자신들의 '여성운동'과는 다른 "기독교적 통속 도덕의 고정관념에서 출발한 공허한 문자의 나열"(히라쓰카 라이초平塚らいてう, 1886~1971)이라고 일축했던 것이다.

---

88 1911년 9월부터 히라쓰카 라이초 등이 발행한 월간지이다. 일본 최초의 여성 작가 동인지로 제목 '青鞜'은 18세기 이래 영국에서 여성 작가들을 지칭했던 'blue stocking'에서 온 말이라고 한다.

3장

'일부일처제'라는 과학

남성의 체액이 여성의 체액에 섞인다?

도착자라는 종족

19세기 서구에서는 새로운 '종족'이 태어났다. '도착자(倒錯者)'라고 불린 그들은 생식과 무관한 성을 몰래 즐기는 사람들, 예컨대 동성과의 성애나 동물과의 교접 아니면 사디즘이나 마조히즘 등 과잉한 성애를 좋아하는 사람들로, 건전한 인간 사회에서는 위험한 병리 현상으로 배척받게 된다. 그전까지 일탈적인 성행동은 '소도미(sodomy)'라는 이름 아래 단죄되었다. 18세기 영국에서는 남자끼리 금욕적 집단생활을 하는 예수회가 소돔의 소굴이라는 비난을 받기도 했다.[89] 그렇지만 그런 비난은 문자 그대로 '죄'라는 종교적인 차원으로, 소도미는 도착이라는 병리학적 관념과는 이질적인 것이었다.

---

89 Alan Bray, *Homosexuality in Renaissance England*(앨런 브레이, 『르네상스기 영국의 동성애』), Gay Men's Press, 1982. '소도미'는 『구약성경』「창세기」에 나오는 소돔과 고모라 이야기에서 따온 말이다.

무엇보다 중요한 것은 병리학화된 도착 관념이 한 사람의 '본질'을 가리키게 되었다는 점이다. 예컨대 동성과 섹스를 즐기는 사람들은 단지 금지된 행위를 한 정도가 아니라 그때부터 '동성애'라는 병든 욕망의 소유자 곧 '동성애자'로 범주화되는 것이다. 동성애만이 아니다. 독일의 정신의학자 크라프트에빙(Richard Freiherr von Kraft-Ebing)은 성적 도착을 상세하게 분류해서 목록을 작성했다. 거기에는 사디즘, 마조히즘, 페티시즘, 시간증(屍姦症), 성욕항진증, 성욕결핍증 등 우리에게도 익숙한 명칭이 나열되어 있다.[90] 이렇게 해서 19세기 끝 무렵에는 일탈적 욕망에 사로잡힌 사람들이 말하자면 다른 종족으로 간주되게끔 되었다.

다이쇼 시대 일본도 그런 영향을 받아 성과학자들은 앞다투어 병리로서의 동성애를 논하기 시작했다. "이성애는 자연"이고 "동성애는 부자연"이라든가[91] 동성애란 "일종의 선천성 이상으로 간주해야 할 것"[92]이라는 담론이 활자 매체에 넘쳐 났고 점점 널리 퍼져 갔다. 그 과정은 아직 상세히 밝혀지지 않았지만, 적어도 다이쇼 후기에는 '동성애=반(反)자연'이라는 관념이 성과학의 범위를 넘어 문예 세계에도 정착된 듯하다.

예컨대 야스다 다카시(安田孝)는 요시야 노부코(吉屋信子, 1896~1973)와 다니자키 준이치로(谷崎潤一郎, 1886~1965)의 소설에 나타난 레즈비언의 묘사에서 그것을 읽어 내고 있다.[93] 요시야가 그린 여성들은 결국 이성

---

90 Richard Freiherr von Kraft-Ebing, *Psychopathia Sexualis*(리하르트 프라이헤르 폰 크라프트에빙, 『성적 정신병』), 1886.

91 澤田順次郎, 『神秘なる同性愛』(사와다 준지로, 『신비한 동성애』), 1920.

92 田中香涯, 『女性と愛欲』(다나카 고가이, 『여성과 애욕』), 1923.

93 安田孝, 「女が女を愛するとき」, 吉田司雄 外, 『妊娠するロボット : 1920年代の科學と幻想』(야스다 다카시, 「여자가 여자를 사랑할 때」, 요시다 모리오 외, 『임신하는 로봇: 1920년대의 과학과 환상』), 春風社, 2002에 수록.

애야말로 '인류의 자연'이라는 관념을 받아들여 자기 몸에 흐르는 '반자연의 무서운 피'를 이겨 내고 이성을 사랑해야 한다고 각오하고(「어느 어리석은 자의 이야기或る愚しき者の話」, 1925년), 다니자키 소설의 한 등장인물은 여성끼리는 "아무리 열렬히 사랑한다 해도 자연에 거스르는 일이니까" 결국은 이성애를 이길 수 있을 리가 없다고 탄식한다(「만卍」, 1930년 연재 완료).[94] 이런 용법이 쌓이고 쌓여, 처음에는 번역에 사용되는 신조어였던 '동성애자'라는 일본어가 지금도 여전히 사회적 차별과 뒤얽히면서 존속하게 된 것이다.

'완전한 자손'을 위해

성적 도착의 병리학화와 함께 '성'의 또 한 가지 측면인 '생식'을 둘러싼 담론에도 변용이 일어났다. '유전'이라는 개념의 등장이었다.

물론 그전에도 부모의 성질이 자녀에게 전해진다는 사실은 누구나 알고 있었다. 하지만 그것은 막연한 인식에 불과했고 과학이라기보다는 인위를 뛰어넘은 자연의 법칙에 대한 경외나 체념으로 이어져 있었다. 유전은 그런 상식에 과학적 지식으로서의 무게를 더해 주는 한편, 거기에서 신비성을 벗겨 버렸다. 그리고 더욱 큰 전환이 일어났다. 그때까지는 과거에서 현재에 이르는 선(線)으로만 파악되던 혈통의 이미지가 재편되어 자손의 성질을 인위적으로 조작하는 미래로의 전망이 열린 것이다.

일본에서 최초로 그런 감각을 가지고 유전이라는 말을 쓴 사람 또한

94 다니자키 준이치로 저, 김춘미 · 이호철 역, 『만(卍) · 시게모토 소장의 어머니』, 문학동네, 2012, 103쪽(谷崎潤一郎, 「卍」 · 「小將滋幹の母」), 번역문을 일부 수정.

후쿠자와 유키치였을 것이다. 그는 일찍이 1875년에 쓴 「교육이라는 힘(教育なる力)」에서 "사람의 능력에는 천부유전의 재현이 있어서 결코 그 이상이 될 수는 없다"라고 했지만, 그런 생각이 명확한 모습을 갖춘 것은 1882년 「유전의 능력(遺傳之能力)」에서다. 조금 길지만 중요한 대목이므로 그대로 인용해 보자.

> ……사람의 병에 유전이 있고 체격과 육체적 능력에 유전이 있으며 용모와 목소리에 유전이 있고 기예(技藝)와 취미에도 유전이 있다. 그렇다면 그 도덕성과 지력에만 유독 유전이 없을 리 있겠는가? ……홋카이도(北海道) 토인(土人)[95]의 아이를 키워 글을 익히게 해서 시간과 재물을 허비하며 온갖 고생을 다해 가르친들 그가 성업(成業)한 뒤에 우리 게이오기주쿠(慶應義塾)의 상등 교원이 될 수 없음은 분명하다. 분명히 본인한테는 죄가 없다. 조상 대대로 정신을 연마한 적이 없어서 유전상 지덕이 결핍되었기 때문이다…….
>
> ―「유전의 능력」

『학문의 권장』 초편으로부터 꼭 10년 후의 글이다. 후쿠자와 유키치의 일반적 이미지를 상징하는 "하늘은 사람 위에 사람을 만들지 않고 사람 아래 사람을 만들지 않는다"는 평등사상과, 인간의 능력은 하나부터 열까지 유전에 의해 결정되므로 '홋카이도 토인'을 아무리 교육해도 잘

95 '토인'은 문자 그대로는 그 지역의 토착민·원주민을 가리키지만, 근대 일본제국의 팽창 과정에서 특히 식민지의 원주민을 경멸하여 부르는 말로 굳어졌다. 식민지 조선에서도 홋카이도·타이완·오키나와·미크로네시아(남양군도) 등 조선 이외 다른 식민지의 원주민을 차별하는 말로 이 말이 사용되었고, 아직까지 한국어에 차별적 명칭으로 남아 있다.

될 수가 없다는 차별사상의 격차는 충격적이다. 하지만 이것은 결코 그 때만의 혼동은 아니었다. 본래 후쿠자와가 사람의 '아래와 위'라고 비판한 것은 도쿠가와 막부의 신분제도였고 그런 인습에 사로잡히지 말고 개개인의 능력을 활용해야 함을 호소한 것이 『학문의 권장』이었다. 따라서 그 '능력'이 유전적으로 결정된다고 하더라도 신분제도 비판과는 조금도 모순되지 않는다.

후쿠자와는 평생 이런 '유전적 결정론'으로 일관했다. 하지만 여기에서 특히 주목하고 싶은 것은 그가 「유전의 능력」 이후 더욱 실천적인 전망을 이야기했다는 점이다. 제자 다카하시 요시오(高橋義雄)가 출판한 『일본 인종 개량론(日本人種改良論)』(1884년)에 붙인 서문에서 '국권 확장'을 위해 '혈통 유전의 미(美)를 선택'하도록 국민이 마땅히 노력해야 한다고 언급한 것을 시작으로, 『일본 여성론(日本婦人論)』(1885년)에서는 "남녀의 체질을 개량해서 완전한 자손을 얻는 법"을 논했다. 또 만년의 『후쿠옹 백화』에 실린 「인종 개량(人種改良)」이라는 에세이에서는 다음과 같이 '배우자의 선택'에 대해 구체적으로 논했다. 인간의 능력은 유전으로 결정되므로 "인간의 혼인법은 가축 개량법을 본받아 좋은 부모를 선택하여 좋은 아이를 낳게 하는 새로운 궁리"를 해야 한다, 구체적으로는 먼저 "강한 자와 약한 자, 지혜로운 자와 어리석은 자의 잡혼"을 근절하고, 정신적·육체적으로 열등한 자에게는 결혼을 금지해서 "자손의 번식을 방지"하는 동시에 우수한 자들을 '정선(精選)'해서 서로 결혼시키면 된다. 이것이야말로 일본 최초의 과학적 유전관에 근거한 '우생결혼'의 전망이었다.

생식을 조절해서 인류의 '질'을 개량하려는 발상에 영국의 프랜시스 골턴이 '우생학'이라는 이름을 붙인 것은 1883년의 일이다. 하지만 이미 그보다 앞선 1871년 골턴의 사촌이자 진화론의 창시자인 다윈(Charles

Darwin)은 생물 진화의 원동력으로, 암컷을 둘러싼 경쟁에서 이긴 우수한 수컷만이 생식 기회를 얻어 자손을 남길 수 있는 '성 선택'이라는 아이디어를 제안하고 그것을 인간에게도 적용했다. "인간은 배우자 선택을 통해 자손의 체질과 신체 구조뿐만 아니라 지적 능력과 도덕적 자질에 무언가 기여할 수도 있다."[96] 젊은 시절 오가타 고안(緒方洪庵, 1810~1863)의 데키주쿠(適塾)[97]에서 네덜란드의 의학을 접했고 그 뒤로도 의학과 자연과학에 대한 관심을 잃지 않았던 후쿠자와 유키치는 이런 동시대의 과학사상을 과감히 섭취하면서 그것을 일본 사회에 응용할 것을 생각했다.

그런 한편 후쿠자와는 예전부터 해오던 일부일처제와 남녀가 서로 사랑해야 한다는 주장을 잊지는 않았다. 그것을 인종 개량과 끼워 맞추면 후쿠자와식 결혼 규범이 만들어진다. 「인종 개량」에서 그는 다음과 같이 말하기도 했다. 외모가 아무리 아름다운 남자나 여자라도 혈통에 유전병의 의심이 있다면 매우 두려울 것이다. 따라서 "짝을 정하는 것은 남편이나 아내로서 좋아하는 사람을 고르는 동시에 그가 아비나 어미로서 적당한지에 주의하는 것이 특히 중요하다." 애정으로 맺어진 부부가 국가를 지탱하는 기반이 되고 동시에 유전적으로 선량한[98] 자손을 낳아서

---

96 찰스 다윈 저, 김관선 역, 『인간의 유래 2』, 한길사, 2006, 570쪽(Charles Dawin, *The Descent of Man, and Selection in Relation to Sex*, 1871).

97 데키주쿠는 1838년 오가타 고안이 오사카에서 의사로 개업하면서 란가쿠(蘭學, 당시 네덜란드를 통해 들어온 서구의 의학과 과학 기술을 가리켜 부른 이름)를 가르치기 위해 세운 사설 학교(塾)이다. 본 이름은 그의 호를 딴 '데키테키사이주쿠(適々齋塾)'이며, 지금의 오사카대학의 기원 중 하나로 꼽힌다. 후쿠자와 유키치는 1855~1857년 이 데키주쿠에서 란가쿠와 서양 의학을 배웠다.

98 우리말에서 '선량하다'는 주로 품성에 한정된 말이지만, 여기에서 '유전적으로 선량하다'는 것은 심신이 모두 우수하다는 뜻을 가지고 있다. 조금 낯선 느낌이지만 당대 일본의 여러 필자가 쓴 표현이기에 그대로 옮기기로 한다.

장래 국가 발전에 공헌하는 것이 후쿠자와가 생각한 결혼의 의의였다.

이렇게 후쿠자와는 일부일처제와 우생학(인종 개량)을 융합하여 연애와 결혼을 '자손', '종족', '인구'라는 거시적인 문제와 연결짓는 발상을 개척했다. 하지만 그는 한층 나아간 세계를 꿈꾸었는지도 모른다. 「인종개량」을 계속 읽어 보자. 우수한 자손을 신속히 번식시키기 위해서는 "한 남자가 여러 여자를 접하는 것은 물론, 짝을 정하는 형편에 따라 한 여자가 여러 남자를 겪어 보는 것도 괜찮다." 그렇게 해서 우수한 남녀만 골라 자손을 남기기를 2백~3백 년쯤 계속하면 석가나 공자나 그리스도, 뉴턴(Isaac Newton)이나 가토 기요마사(加藤清正)를 자유자재로 만들어 낼 수 있을 것이다. 용모도 아리와라노 나리히라(在原業平)나 오노노 고마치(小野小町) 정도는 보통이 된다. 심지어는 아리와라노 나리히라와 미야모토 무사시(宮本武藏), 오노노 고마치와 도모에 고젠(巴御前)이라는 식으로 서로의 장점을 혼합하여 더 완벽한 인간을 만들어 내는 것조차 어렵지 않을 터이다.[99] 일부일처제라는 도덕조차 넘어선 생명 조작의 유토피아. 후쿠자와는 객쩍은 소리에 불과하다고 미리 양해를 구했지만, 이런 이야기를 쓸 때 그의 붓끝은 다른 대목에서보다 펄펄 날고 있는 것 같다.

모리 아리노리가 생각한 '혈통'과 '신체'

후쿠자와 유키치와 함께 초기의 일부일처제론을 주도했던 모리 아리

99 아리와라노 나리히라는 헤이안(平安) 시대의 귀족 시인이자 호색남으로 『이세 모노가타리(伊勢物語)』의 주인공의 모델이라고 한다. 오노노 고마치는 역시 헤이안 시대의 여성 시인으로 미인의 대명사이고, 미야모토 무사시는 전설적인 사무라이다. 도모에 고젠은 헤이안 시대의 여성 무장(武將)이라고 알려져 있다.

노리는, 분명하게 우생학을 말하지는 않았지만 역시 결혼을 '생물학화' 한 사상가 중 한 명이다. 초대 문부대신으로 교육제도 개혁에 수완을 발휘하는 등 현실 사회에 미친 직접적 영향에서는 후쿠자와를 상회할지도 모른다. 이 모리 아리노리라는 인물은 어쨌든 스케일이 크달까 나쁘게 말하면 엉뚱한 인물이었던 듯, 당시의 상식가들이 황당해할 만한 주장을 차례차례 행동으로 옮겼다. 근대화를 위해 일본어를 폐지하고 영어를 국어로 삼자고 주장한 것은 잘 알려져 있지만 그건 시작에 불과했다. 그는 또 '일본 인종'을 생물학적으로 개량하기 위한 '잡혼론(雜婚論)'을 주창한 선구자였다.

아무튼 (앞서 본) 다카하시 요시오의 『일본 인종 개량론』보다 12년이나 앞선 1872년 미국에서, 이와쿠라 도모미(岩倉具視) 일행이 인솔해 간 유학생들에게 "제군들은 유학 중에 미국 처녀와 교제하고 그 여자와 결혼해서 귀국하라"고 연설했다고 하니까 호쾌하다. 말하자면 국가주의적 '헌팅'을 추천한 것인데, 순조롭게 그 가르침을 실행할 수 있었던 젊은이가 있었는지는 알 수 없다. 그 자신은 국제결혼은 하지 않았지만 후쿠자와 유키치를 입회인으로 해서 '계약 결혼'을 실행했다는 데 대해서는 2장에서 이야기했다.

『축첩론』에서 일부일처제의 정당성을 주장하고 축첩을 "인륜의 중요한 근본"에 반하는 풍습이라고 비판한 모리 아리노리였지만, 일찍부터 잡혼론 같은 '생물학'적 발상을 가졌던 그가 단순한 정신주의적 도덕론을 주창했을 리는 없다. 그 발상은 "혈통을 바르게 하는 것은 서양 여러 나라의 일반적 풍습으로 윤리에 기초한다"라는 한 문장에 집약되어 있다(「축첩론 2蓄妾論之二」). 여기 등장하는 '혈통'이라는 말에 주목해 보자. 이것은 문자 그대로 부모와 그 자녀가 생물학적인 피로 이어진 것을 가리킨다.

모리가 지금 살아 있다면 아마 그것을 유전이라고 표현했을 것이다. 혈연으로 맺어진 자들한테만 참된 애정이 생기고 그런 의미의 가족이야말로 국가의 기반이 될 수 있다는 것이 모리 아리노리의 생각이었다.

이것은 당시로서는 극히 참신한 발상이었다. 그때까지 일본의 이에(家) 제도는 혈연에는 그다지 구애되지 않았고, 가계를 존속시키기 위해서는 주저 없이 첩이나 입양제도를 이용했기 때문이다.[100] "오야(親 : 부모)·고(子 : 자녀)"라는 관념이 "오야분(親分 : 두목)·고분(子分 : 부하)"같이 혈연과 무관한 인간관계에 전용되는 관습은 지금도 뿌리 깊게 남아 있다. 모리 아리노리는 그런 의제적(擬制的)인 계보성을 비판하고 거기에 '생물학적'인 '혈통'이라는 거멀못을 박아 넣으려고 했다.

이것의 의미에 대해 두 단계로 나누어 생각해 보고자 한다.

우선 모리 아리노리가 노렸던 것은 단순한 가족제도의 개혁만이 아니다. 모리의 시선은 늘 '국가'를 응시했다. "혈통을 바르게 하는" 것이 필요한 이유도 일본이 서양 여러 나라 못지않은 근대 국가로 탈바꿈하기 위해서였다. 하지만 국가에 관심을 수렴시키는 것뿐이라면 근대 일본의 거의 모든 가족론·여성론에 공통된 점이었다.

예컨대 보수파의 대표 격이던 호즈미 야쓰카도, 혈연의 원리에 의해 재편성된 가족을 국가의 토대로 삼아야 한다고 주장한 점에서는 모리와 크게 다르지 않았다.[101] 모리의 발상의 특이성은 국가를 지탱할 방법의 구체적인 비전에 있다. 그리고 지금껏 '생물학적'이라고 불러 온 것이야

---

100 조선에서는 제사 상속을 위해 가까운 부계 혈족 중에서 양자를 들였던 반면, 일본의 양자는 부계 혈족에 한정되지 않았다.

101 田間泰子, 『母性愛という制度 : 子殺しと中絶のポリティクス』(다마 야스코, 『모성애라는 제도: 자녀 살해와 중절의 정치』), 勁草書房, 2001.

말로 그 핵심이었던 것이다.

그것은 모리 아리노리가 추진한 체육 교육의 이념에 잘 드러나 있다. 1880년 모리는 지덕체 세 가지 능력 중 일본인에게 현저히 결여된 '신체 능력'을 증진시킬 교육법의 개혁을 호소했고, 1885년 문부대신에 취임하자, 군대식 체조를 주축으로 한 체육 교육을 정력적으로 추진하려 했다. 학교 체육을 문부성이 아니라 육군성이 직할해서 관리해야 한다고까지 제언한 데에서 알 수 있듯이, 모리에게 학교란 단순한 지식 전달의 장이 아니었다. 학교는 자녀들의 '신체'를 훈련·훈육해서 국민국가 일본에 필요한 '주체=신민(臣民)의 신체'로 변형시키는 '신체공학적 장치'였다.[102]

뜬구름 잡는 듯한 정신론보다 오히려 그런 신체 훈육을 통해서야말로 학생들의 내면에 종순함과 상부상조의 정신을 함양해 근대 국가에 걸맞은 국민을 만들어 낼 수 있다고 모리 아리노리는 믿었다. 오늘날 체육이나 운동회는 단순한 레크리에이션이 되어 버렸지만, 그것이 집단의 규율과 퍼포먼스의 향상을 목표로 하는 한 희미하게나마 모리가 품었던 이상의 잔재를 간직하고 있다고 하겠다.

이렇게 유물론적인 '신체'에 주목한 모리 아리노리라면 결혼=가족론의 영역에서도 보수파가 집착했던 도덕주의와는 전혀 다른 시야를 열었다고 해서 이상할 것이 없다. 보수파에게 가족이란 천황제 국가의 말단

102 吉見俊哉, 「ネーションの儀禮としての運動會」(요시미 슌야, 「네이션의 의례로서의 운동회」), 『思想』 1994년 11월호. '주체=신민'이라는 표현은 주체와 신민/신하 둘 다 영어로는 'subject'라는 같은 말로 불린다는 점에서, 근대적 개인이 스스로는 자유로운 의사 결정과 행위의 주체라고 생각하지만 실제로는 사회적·역사적 구조에 종속되어 있다(형용사 subject)는 것을, 그러니까 그는 주체인 동시에 국가에 복종하는 신민, 규율된 노동력이기도 하다는 것을 가리킨다.

장치로서 관리해야 할 대상이고, 혈연이라는 관념은 그 성원의 범위를 명료하게 한다는 한정적·소극적 기능을 담지하는 데 불과했다. 그에 비해 모리에게 '혈통'이란 오히려 '생물학적'인 실체이고 새로운 사회관계의 기초를 이루는 생산적 개념이었다.

유전이며 생식 관리를 말할 수 없었던 모리 아리노리의 사상은 아직 우생학 자체는 아니었다. 하지만 만약 그가 1889년 메이지헌법 발포일에 41세 한창나이로 암살당하지 않았다면 더 세련된 테크놀로지를 갖고 그 구상을 구체화해 갔을 거라는 생각을 누를 수 없다.

가정과 진화론

메이지 시대를 대표하는 또 한 명의 민권사상가 우에키 에모리(植木枝盛, 1857~1892) 또한 일부일처제론을 주창했고 한때는 폐창운동을 이끌기도 했다. 다만 우에키의 "일부일처는 천리(天理)이며 인륜이다"라는 표현에는 후쿠자와나 모리의 주장의 재탕 이상은 없다(「일부일처의 건의에 대해 할 말이 있다一夫一婦の建白に就きて弁ずる所あり」, 1889년). 하지만 일부일처제를 결혼의 '생물학화'라는 문맥에서 볼 때 우에키의 담론은 매우 흥미롭다.

우에키 에모리는 일찍부터 일본인이 서양인에 비해 육체적으로 열등함을 우려해서 잡혼론에 편승했다. 같은 관심에서 근친결혼의 해악에 대해 그는 다음과 같이 논했다. "…… 가까운 친척끼리 사는 지역에서 이웃 사람을 배우자로 맞을 때는…… 쾌락도 적고 건강에도 좋지 않으며 선량한 자녀를 낳을 수도 없을 것이다. 특히 유전병을 만연하게 할 폐해나 아예 자녀를 못 둘 우려가 있을 것이다"(「혼인론婚姻論」, 1887년). 어떻게 해서 혈연적으로 가까운 상대와 결혼하면 '쾌락'이 적어지는지, 우에키가 과연 무슨 말을 하고 싶었는지는 아직도 잘 모르겠지만, 아무튼 근친혼이 생물학적 관점에서 부정된 것은 분명해 보인다. '선량한 자녀'라든지 '유전병'이라는 말은 후쿠자와 유키치에 비하면 소박한 논의이기는 해도 우생학과 이어진 의식을 느끼게 한다.

우선 상징적인 것은 우에키 에모리로부터 매춘에 종사하는 여성들을 '추업부(醜業婦)'라고 부르는 관습이 시작된 것이다(「폐창의 급무廢娼の急務」, 1899년). 매춘업을 의미하는 '추업'이라는 말은 그 이전 1875년경부터 일반화되었다지만, 아직 직업의 호칭에 지나지 않던 그 말에 '부(婦)'라는 글자가 덧붙여졌을 때 '인간' 자체의 새로운 분류가 이루어졌다.[103] 동성애'자'의 경우와 똑같이 여기서도 역시 하나의 특수한 '종족'이 산출된 것이다.

그런 '종족화'가 우에키 에모리가 중요한 역할을 담당한 폐창운동에서 특히 두드러졌다는 것도 결코 역설은 아니다. 오히려 성도덕의 기준에 따라 여성들을 양가집 규수와 더러워진 매춘부로 분류하는 차별적 발상이야말로 폐창운동의 본질(적어도 그 일부분)이었다고 해도 좋겠다.

일찍이 기타무라 도코쿠의 친구이자 논적으로 『여학잡지』에 「나라를 튼튼하게 하는 연애(國を固むる戀愛)」(1890년)라는 글을 기고한 적이 있는 역사가 야마지 아이잔(山路愛山, 1865~1917)의 말에서 그 전형적인 사례를 볼 수 있다. 일본기독교여성교풍회의 기관지 『곽청(廓淸)』에서 야마지는 "양민의 자녀와 추업부의 자녀의 교육을 분리하라"고 외친다(1911년). 그에게 색시집 따위를 경영하는 인간은 "일본인임에는 틀림없을"지 몰라

103 三橋修, 『明治のセクシュアリティ : 差別の心性史』(미하시 오사무, 『메이지 시대의 섹슈얼리티 : 차별의 심성사』), 日本エディタースクール出版部, 1999.

도 "종족이 좀 다른 자", "다시 말하면 에타(穢多)의 일종"(당시는 피차별부락민을 다른 민족으로 보는 편견이 뿌리 깊었다)[104]으로 배척되어야 할 자였다.

하지만 결혼=가족을 생물학화하는 경향은 결코 폐창운동만의 고립된 것은 아니었던 모양이다. 『여학잡지』에 게재된 핫토리 부쇼(服部撫松, 1842~1908)의 『교육소설 지고사쿠라(教育小說 稚兒櫻)』(1887년)를 분석한 세키이 미쓰오(關井光男)는 거기 그려진 '처녀=순결에 근거한 낭만적 사랑 또는 가정의 행복'의 근저에 '다윈의 진화론'이 있음을 지적한다. 등장인물 중 한 명인 긴노스케(金之助)는 '지성과 순결'을 중시하여 창기·예기(藝妓)의 세계가 양속을 더럽히고 "좋은 자손을 남기는 것을 위태롭게 할" 것을 두려워하는 인물로 그려진다. 주인공 세이조(淸藏)가 학문에 매진하여 마침내는 "훌륭한 정치가로 존경받고 오미치(阿美知)의 배에서 2남 1녀를 낳아 일가는 점점 번성하고 장수를 누리며 만년을 보내는" 장면으로 끝나는 것도, 가정의 행복은 좋은 지성을 자녀에게 물려주는 데 있다는 구도를 보여 주는 것이다.[105]

이런 진화론(사회적 다윈주의)의 영향은 일본의 근대문학과 사상 전반에 미쳤다. 기타무라 도코쿠, 시마자키 도손, 구니키다 돗포(國木田獨歩, 1871~1908) 등의 작품의 저류에는 다윈주의와의 격투가 잠복해 있다. 그들의

---

104 에타(穢多), 히닌(非人) 등은 근대 이전 일본의 신분제도에서 최하층의 천민을 가리킨다. 메이지유신 이후 차별적 명칭은 철폐되었으나, 이들에 대한 사회적 차별은 여전했다. '부락(部落)'이란 본래 동네·취락을 가리키는 말이지만, 역사적으로는 주로 에타 등 천민 거주지 즉 '피차별민 부락'·'특수 부락'을 가리키는 데 쓰여서, 오늘날 일본에서 '부락 문제'·'부락 해방'이라고 하면 아직도 남아 있는 옛 천민에 대한 신분적 차별을 둘러싼 문제와 차별철폐운동을 가리킨다.

105 關井光男, 「性愛と生命のエクリチュール」, 鈴木貞美 編, 『大正生命主義と現代』(세키이 미쓰오, 「성애와 생명의 에크리튀르」, 스즈키 사다미 편, 『다이쇼 시대 생명주의와 현대』), 河出書房新社, 1995.

작품을 통해 우생학과 관련된 생물학적인 감성이 일반 독자에게도 침투해 갔을 것이다.

문명개화에서 인종 개량으로

20세기의 첫해인 1901년 2월 3일 후쿠자와 유키치는 다산(多産)의 생애를 마감했다. 그가 주창한 일부일처제의 이념은 법제도로서도 가정이라는 생활 형태로서도 착착 현실이 되어 가고 있었다.

하지만 후쿠자와가 그렸던 결혼의 또 하나의 측면, 곧 우생학에 관한 그의 논의는 너무 때이른 것이었다. 스즈키 젠지(鈴木善次)가 지적하듯이 진화론이며 유전론이 단편적으로 소개되던 메이지 전반기에는 우생학의 주장이 일대 논의를 불러일으킬 사회적 조건이 아직 갖추어지지 않았다.[106] 상황이 변하기 시작한 것은 메이지 30년대(1897~1906)라는 세기의 전환기, 다시 말하자면 청일·러일로 이어진 전쟁의 시기였다.

첫째, 이 무렵이 되자 진화론과 유전학이 본격적으로 소개되기 시작했다. 1904년 당시로서는 최첨단의 진화 이론을 읽기 쉽게 해설한 오카 아사지로(丘淺次郎, 1868~1944)의 『진화론 강화(進化論講話)』가 베스트셀러가 되었고, 이듬해에는 의학사가 후지카와 유(富士川游, 1865~1940)가 학술잡지 『인성(人性)』을 창간해서 해외의 정보를 전하는 동시에 일본의 과학자와 평론가가 그런 정보의 수용 양상을 확인해 볼 자리를 제공했다.

둘째, 관료와 학자들이 제국주의적 팽창을 향한 인구증가책의 필요성

---

106 鈴木善次, 『日本の優生學 : その思想と運動の軌跡』(스즈키 젠지, 『일본의 우생학 : 그 사상과 운동의 궤적』), 三共出版, 1983.

을 부르짖기 시작했다. 내각 통계국 조사관으로 일본 통계학의 비조가 된 구레 아야토시(吳文聰, 1851~1918)는 러일전쟁 뒤에 출판된 『전후경영 인구정책(戰後經營 人口政策)』(1905년)에서 "일본의 인구를 상당히 늘리지 않으면 실제로 국위를 확장해 가는 것이 불가능하다"라고 명쾌하게 썼다. 여기에서는 아직 인구의 '양'만이 문제가 되었지만, 조만간 '질'을 묻는 담론도 등장할 터였다.

셋째, 1907년 인디애나주를 시작으로 미국 여러 주에서 정신박약자와 범죄자에 대한 강제적 단종수술(斷種手術)[107]을 인정하는 법률이 차례차례 실시된 것이 큰 영향을 미쳤다. 앞서의 『인성』을 보면 결혼에 대해 논한 글들 중 다수가 이 문제를 언급하고 있다. 기사를 몇 개 뽑아 보자. 「변질과 결혼 금지(變質と結婚禁止)」라는 제목의 기사는 '변질자'[108]의 결혼 금지에 대한 반론이다. 하지만 결혼을 장려하자는 것이 아니라 정반대로 '고환절제술'을 시행해 생식능력을 박탈한 뒤 결혼을 허용하자는 내용이다. 「생식의 논리(生殖の論理)」는 결혼에 즈음하여 '건강증명서'를 교환해야 한다는 독일에서의 논의를 다루었다. 독일의 사상가 에렌펠스(Christian von Ehrenfels, 1859~1932)[109]가 일부일처제를 비판한 「윤리의 근본주의와 정교도덕(倫理ノ根本主義及ビ情交道德)」은 (일부일처의 윤리에 얽매일 것

107 불임수술을 당시에는 이렇게 불렀다.

108 '변질'은 퇴폐 · 타락 · 퇴행을 뜻하는 프랑스어 dégénéré에서 온 말로, 오늘날 일본에서 '변질자'라고 하면 주로 변태성욕자 · 성범죄자를 가리키지만, 20세기 초까지 우생학에서는 좀 더 넓게 유전적으로 인격 · 정신에 장애가 있거나 사회적 부적응을 가리키는 경우에도 사용했다.

109 크리스티안 폰 에렌펠스는 게슈탈트(Gestalt)라는 용어를 심리학에 처음 도입한 것으로 유명하다. 프로이트는 일부일처제 비판을 포함한 에렌펠스의 주장을 「'문명적' 성도덕과 현대인의 신경병」(1908)이라는 논문에서 반박한 바 있다(김석희 역, 『문명 속의 불만』, 열린책들, 2003).

이 아니라 더 능력 있는 자가 더 많은 후손을 남길 수 있도록) 생식을 둘러싼 경쟁으로 인종 개량을 꾀해야 한다고 한다. 「생식의 자유에 대한 국가적 간섭(生殖の自由に對する國家的干涉)」은 미국의 단종정책을 비판하고, 기술적 곤란과 인권침해의 위험을 지적하고 있다. 이에 대해 플뢰츠(Alfred Ploetz, 1860~1940)[110]의 「인종위생학의 문제와 목적(人種衛生學ノ問題及ビ目的)」은 격리와 결혼 금지 등 우생정책을 추진하자고 주장한다. 오카 아사지로의 「민종개선학의 실제 가치(民種改善學の實際價値)」는 생식을 관리하는 것은 곤란하지만 그것을 이해한 뒤 제대로 연구를 진행해야 한다고 주장한다.

이런 변화를 배경으로 메이지 시대 말에 이르면 연애 · 결혼 · 생식의 우생학적인 개혁을 국가적 과제로 논하는 담론이 등장한다. 그런 움직임의 출발점이 된 것은 운노 고토쿠(海野幸德, 1879~1954)의 『일본 인종 개조론(日本人種改造論)』(1910년)과 사와다 준지로(澤田順次郎, 1863~1936)의 『민종개선 모범 부부(民種改善模範夫婦)』(1911년)라는 두 권의 대저였다. 그들이 연애와 결혼에 대해 무슨 말을 했는지 살펴보자.

운노 고토쿠의 '사회적 연애'

나중에 사회사업학의 대가가 된 이색적인 우생학자 운노 고토쿠의 『일본 인종 개조론』은 사회진화론적 관점에서 생존경쟁을 신체적 경쟁 · 정신적 경쟁 · 사회적 경쟁 세 가지로 나눈 다음, 일본인은 사회적 경쟁에

---

110 알프레트 플뢰츠는 독일의 우생학자로 'Rassenhygiene(인종위생학)'이라는 말을 최초로 만들어 사용했는데, 일본에서는 이를 '민족위생학'으로 번역하여 사용하고 있다.

서는 지지 않았지만(러일전쟁에서 승리한 게 증거이다) 신체적 · 정신적으로는 서양에 비해 열세에 있으므로 개조하지 않으면 안 된다고 말한다. '결혼'은 그 개량의 유력한 수단으로 자리매김되어 있다.

그렇다면 결혼이란 어떤 것이어야 하는가? 운노의 답은 더할 나위 없이 명쾌하다.

"결혼의 이상은 우량한 개체를 산출하는 데 있다."

생식을 위한 결혼. 여기에는 가슴 두근거리는 연애 감정 따위가 들어설 여지는 없는 듯하지만, 그렇다고 연애가 완전 부정되지는 않는다. 다만 연애는 그 자체로 가치가 있는 것이 아니라 어디까지나 '생식 세포를 합일시키는 수단'으로서 신성하다는 것이다.

만약 유전적으로 우수한 남녀가 알아서 서로 사랑하고 결혼해 준다면 그거야말로 최고의 결혼 시스템일 것이다. 그러나 세상일이 꼭 그렇게 잘 풀려 가지만은 않는다. '미녀와 야수', '제 눈에 안경'이라는 말이 있듯이 '어째서 이런 여자가 저런 남자랑……'(그 반대도 있을 수 있다) 하고 저도 모르게 따지고 싶어지는 커플은 어느 시대에나 부지기수라고 생각했는지 모르겠지만, 운노는 이 점에 대해서 해결책을 단단히 마련해 두었다.

> 나는 인종 개조에 연애가 꼭 필요하다고 생각한다. 즉 양미(良美)한 형질을 가진 개체가 어떻게 해서 연애를 하기에 이르는가 하는 것은 사회 및 국가의 일대 문제라 하겠다. 이 때문에 우리는 인위로써 어느 정도까지 우연의 기회를 제한하고, **우량한 남녀끼리 연애에 이르도록** 돕지 않으면 안 된다.
>
> —『일본 인종 개조론』(강조는 지은이)

단순히 배우자 선택을 위한 마음의 준비를 말했을 뿐인 후쿠자와 유키치에 비하면 '연애의 국가 관리'라는 정책을 제시한 점에서 우생결혼의 주장으로서는 한 발 더 나아갔다고 할 수 있겠다. 이것은 그저 이상일 뿐 금방 실현될 수 있는 것은 아니라고 덧붙이기는 했지만, "연애신성론자, 별과 제비꽃 무리,[111] 유녀 같은 연(戀), 색남(色男) 같은 애(愛)"는 "사회의 적, 국가의 도적"이므로 타도하자고 공격하는 말투는 격렬하다.

이듬해 세상에 나온 『흥국책으로서의 인종 개조(興國策としての人種改造)』(1911년)에 이르면 우생결혼의 주장은 더욱 강화된다. 운노 고토쿠에 따르면, 연애에는 '서로 사랑함'이라는 개인적인 측면과 아울러 '생산(=생식)'이라는 사회적인 측면이 있다고 한다. 결혼뿐 아니라 그것에 선행될 연애조차 단순한 감정의 문제에 그치지 않고 생식에 직결되어 버린 것이다.

그리하여 결론은 이렇다. "개인적 연애와 개인적 결혼"은 "사회적 연애와 사회적 결혼이 되고, 생산은 중대한 국가 문제가 되는 것이다." 새 시대에 연애는 어디까지나 인종 개조라는 "국민으로서 남녀의 도덕"에 근거하여, 바꿔 말하자면 "국가를 기점으로 해서" "정신 형질과 사회 형질을 고려"하면서 행해져야 한다…….

여기에는 이미 연애와 결혼의 구별도 개인과 사회와 국가의 구별도 없다. 일찍이 결혼=가족에 대한 저항으로 생겨났고 기타무라 도코쿠에게는 '현실 세계'로부터 숨을 곳이었던 '연애'는 몰라보게 변질되고 결혼=생식과 융합하여 국가를 지탱하는 도덕 규범이 되고 말았다. 운노 고토쿠의 뒤를 이은 다이쇼 시대의 담론이 그런 변질을 다시금 극한까지 밀고

---

111 "별(星)과 제비꽃(菫) 무리"란 성근파(星菫派), 곧 1900년대 초 잡지 『명성(明星)』을 중심으로 별이나 제비꽃 등에 의탁해서 연애의 달콤한 감상을 노래한 낭만주의 문학 유파를 가리킨다.

가는 모습을, 우리는 조만간 보게 될 것이다.

사와다 준지로의 '모범 부부'

사와다 준지로의 배경에 대해서는 잘 알 수 없지만, 생물학적 어휘를 갖고 도덕론을 전개하는 방식으로 많은 저작을 쓴 사람이다. 그 기본적 사상은 초기의 『남녀의 연구(男女之硏究)』(오토리이 스테조大鳥居棄三와 공저, 1904년)에서 이미 확립되었다. 그 책의 마지막 장은 마치 메이지 시대의 일부일처제론을 압축하기라도 한 듯하다. 거기에서 사와다와 오토리이 스테조는 일부일처제만이 올바른 부부 관계인 이유를 두 가지 들고 있다.

한 가지는 그것만이 남녀 간의 '밀접한 결합'을 가져다준다는 것이고, 다른 한 가지 더 중요한 것은 일부일처제야말로 '건전한 자손'의 번식을 보장하고 '순량·충실한 국민'의 육성에 공헌한다는 것이다. 일부다처 같은 제도는 단지 도덕적으로 나쁘다기보다 "부박(浮薄)·음외(淫猥)한 풍습을 양성하여 국가 전체의 실력·기세를 소침시킨다"고 규정되어 있다. 같은 관점에서 필자들은 조혼과 만혼을 부정했고, 결혼에 즈음해서 유전을 중시하라는 주의도 잊지 않았다. 사와다 준지로에게 결혼이란 도덕이 아니라 오히려 과학적인 문제였다.

그런 사와다의 대작 『민종개선 모범 부부』는 여러 가지로 눈이 어지러운 책이다. 표지를 넘기면 무슨 까닭인지 느닷없이 서구 여성의 누드 사진이 화보로 실려 있고, 그에 비해 '일본 여성의 긴 허리와 짧은 다리'를 한탄하는 설명이 붙어 있는 것부터가 벌써 괴상하다.[112] 메이지·다

112 그림 위에는 '나체 미인'이라고 적혀 있고 왼쪽에는 다음과 같은 설명이 있었다.

이쇼 시대 일본인이 백인의 '근대적 신체미'에 압도되어 어떻게든 거기에 가까워지고자 했던 모습이 사무치게 전해지는 듯하다.

여기에서 사와다는 멋대로 여성만 비교하지만 마지마 아유(眞嶋亞有)가 밝히고 있듯 일본인 남성의 용모 역시 '추악'해서 '일등국'에 어울리지 않는다고 한탄하는 담론이 러일전쟁 전후부터 미디어에 자주 등장했고(다구치 우키치며 오쿠마 시게노부大隈重信 등), 거기에 호응하듯이 신문이나 『태양』 같은 종합잡지에는 용모개량술(키 크는 법, 강장제, 남성 여드름, 겨드랑이 냄새, 남녀 공용 탈모제, 미백, 미용성형 등)의 광고가 넘쳐 나게 되었다.[113] 한 10년쯤 전부터 '요새 남자들은 여자처럼 화장이나 하고……' 하는 아저씨들의 탄식이 들리지만, 헤이안 시대의 귀족까지 거슬러 가지 않아도 메이지·다이쇼 시대 남성들은 나름대로 용모에 신경을 썼던 것이다.

어쨌든 이런 일견 엉뚱한 이미지가 생물학적인 인종 개량의 주장을 지지하기 위해 도입되었음은 말할 나위 없을 것이다. 실제로 본문에 들어가면 먼저 러시아 학자에 의한 우생학적 공동체의 실험에 대한 해설이 있다. 거기에서는 유전적으로 우량한 자손을 낳을 거라고 판단된 남녀가 '모범 부부'가 되어 우량한 자손의 생산에 힘쓰는 모양인데, 대단하다. 무엇보다 "부부 모두 체질이 우수해서 악질의 유전 소인·질병·중독증

"이것은 서구 여성의 체격을 보여 주는 본보기다. 팔다리가 쭉 뻗었고 특히 다리가 긴 것은, 일본 여성이 허리가 길고 다리가 짧은 것에 비하면 모양새로도 몸매의 균형이 잘 잡혀 있을 뿐 아니라 체격이 튼튼함을 잘 보여 준다(『性と生殖の人權問題資料集成성과 생식의 인권문제 자료집성』 제15권, 不二出版, 2000, 100쪽)."

113 眞嶋亞有, 「身體の〈西洋化〉を巡る情念の系譜」, 武藤浩史·榑沼範久 編, 『運動+(反)成長: 身體醫文化論 II』(마지마 아유, 「신체의 '서양화'를 둘러싼 정념의 계보」, 무토 히로시·구레누마 노리히사 편, 『운동+(반)성장: 신체의료 문화론 II』), 慶應義塾大學出版會, 2003.

등이 없고, 체격은 강건하고, 용모는 수려하며, 품행은 방정한 데다 생식력을 갖추고 또 인내력이 풍부하고, 애정이 깊고, 나쁜 습벽은 없다. 사상은 건전하고 생활에 쪼들리지 않는 부부"라니까 완벽하다. 러시아에는 그렇게 황홀할 정도로 멋진 남녀가 많이 있었던 걸까 하는 소박한 의문이 떠오르지 않는 것은 아니지만, 안타깝게도 더 이상은 알 수 없다.

어쨌든 사와다에 따르면 이런 인류의 '우량종' 내지 '우량 민족'은 만혼화·독신화의 진행으로 쇠멸해 가고 있으므로, 법적 보호며 출산 장려금 등의 방책으로 결혼을 장려해야 할 것이라고 한다. 다른 한편 '생식 부적합'으로 간주되는 유전성 질환을 가진 사람들한테서는 생식의 기회를 박탈해야 한다. 전자는 이른바 '장려적 우생학(positive eugenics)', 후자는 '금절적(禁絶的) 우생학(negative eugenics)'이라고 불리는 우생학의 양면에 대응한다. 요컨대 "사회의 악질을 구제(驅除)하고 우량종을 보존하는" 것이 필요하다고 사와다 준지로는 말한다. 한편으로는 선천성 범죄자를 낳을 '유전성 악질자'들의 결혼을 금지하고 단종술을 시행해야 한다. 형벌에 의한 범죄 억제 따위는 충분치 않다는 것이다. 반대로 "건전한 남녀의 결혼을 장려해서 그 자손을 증식시키는 것" 곧 "모범 부부를 많이 내고 독신을 방지하는" 것도 필요하다고 한다. 왜냐하면 "병역에 나아갈 자는 모두 모범 부부의 자제로 가장 빼어난 자"인 이상 "나라의 성쇠강약"은 오로지 '모범 부부'의 많고 적음에 달려 있기 때문이다.

서양의 우생학에는 국경과 민족을 초월한 인류 전체의 질을 문제 삼는 흐름도 있었지만, 사와다 준지로의 시야는 어디까지나 일본이라는 '국가'에 국한되어 있었다. 그것은 서양인과의 잡혼을 통해 일본인의 체격 개선을 꾀하려는 이른바 잡혼론을 부정하고, "일본인은 어디까지나 일본인의 혈통을 영원히 전하는 것이 개선의 양책임을 밝힌다"라는 민족주의에도 통한다.

이런 사와다 준지로의 사상은 메이지 · 다이쇼 시대의 주류를 이룬 국가의 관념에 우생학적 색채를 덧씌운 것이라고 평가할 수 있겠다. 또 당시 일본에서는 우생학보다도 독일을 경유한 '민족위생학(Rassenhygiene)'이라는 거의 같은 뜻의 말이 널리 쓰였는데, 이것 또한 우생학이 오로지 민족이나 국민의 질적 개량이라는 문맥에서 포착되었음을 보여 준다.[114]

이렇게 더할 나위 없이 명쾌한 주장을 펼치면서도, 8백 쪽에 이르는 이 대작에 정책에 대한 구체적인 기술이 거의 보이지 않는다는 것은 기묘하기는 하다. 아니, 전혀 없는 건 아니지만 위에 소개한 범죄자의 출생 예방 이외에는 독신자에게 중과세를 하거나 벌금을 부과하자는 등의 제언이 드문드문 보일 뿐, 그것이 정책으로서 현실적인가 하는 데까지 충분히 고려되지는 않는다. 이것은 사와다의 다른 저작에서도 공통된 경향으로 『양성문제(兩性問題)』(1912년)의 서문에서도 '가정의 개량, 사회의 개량' 그리고 '인종 개량' 같은 중요한 문제는 모두 '양성 문제'로 귀착된다고 큰소리치고 있지만, 그다음에 쓰여 있는 것은 거의 순연한 생물학적인 해설뿐이다(덧붙이자면 이 책에서는 국가적 문제로 인종 개량과 축산 번식이 나란히 놓여 있다). 물론 사와다 준지로가 현실 사회의 변혁을 목표로 하지 않았던 것은 아니다. 다만 그것을 위한 방법으로 정책을 제언한다든지 정치가로 활동하는 것보다 출판을 통한 계몽 활동을 선택했던 것이다. 사회정책적인 통찰은 미숙해도 사와다는 저작을 통해 사람들에게 말을 건넴으로써 자기 나름대로 우생학적 사고방식을 확산시키려 했다. 실제

114 내셔널리즘과 우생학의 관계에 대해서는 오구마 에이지 저, 조현설 역, 『일본 단일민족신화의 기원』, 소명출판, 2003(小熊英二, 『單一民族神話の起源』).

『민종개선 모범 부부』를 읽고 감동한 후쿠시마 시로(福島四郎)는 얼른 자기가 주관하는 『부녀신문(婦女新聞)』에 『민종개선 모범 부부』를 선전하며 판촉까지 거들었던 것이다.

혼수품으로서의 우생학

그 뒤에도 사와다 준지로는 성과 결혼에 관한 발언을 거듭했고 1920년대에는 잡지 『성(性)』을 발간하여 이른바 '통속성욕학(通俗性欲學)'을 대표하는 인물 중 한 명이 되었다. 이 분야에서 그가 쓴 계몽적인 저작은 수십 권이 넘지만 거기서 딱 하나, 젊은 여성을 상대로 판을 거듭한 결혼 지침서를 들어 우생학이 어떻게 이야기되었는지 분석해 보려고 한다. 1920년에 출판된, 그 이름도 『시집가기 전의 처녀를 위해(嫁入り前の處女のために)』라는 책이다. 이 책은 '성적 총서(性的叢書)'라는 이름이 붙은 무려 열두 권에 이르는 개인 저작집의 제1권으로, 제목 그대로 젊은 여성에게 결혼에 이르기까지의 단계적 준비를 설명하는데, 이른바 신부 수업 같은 것보다 건강과 의학에 관한 내용이 주가 되어 있다. 구체적으로는 월경과 질병에 대한 주의며 "여성의 키를 크게 하는 비결은 처녀 시절에 운동을 자주 하는 데 있다" 같은 충고 등이다(그건 그렇다 치고 『민종개선 모범 부부』의 삽화도 그렇고 이 사람은 키 큰 여성이 꽤나 좋았던 모양이다).

눈여겨볼 것은 책 끝부분에 있는 「적절한 결혼과 부적절한 결혼(適當なる結婚と不適當なる結婚)」이라는 제목의 장이다. 거기에는 먼저 젊은 여성도 임신·출산의 메커니즘 정도는 알아 둘 필요가 있다는, 지금의 성교육에도 통할 온당한 내용이 쓰여 있다. 하지만 그 직후 화제는 갑자기 핵심을 향해 방향을 바꾼다. 처녀가 알아 두어야 할 것은 그것만이 아니

다. 쇼펜하우어(Arthur Schopenhauer)의 말처럼 사람은 종종 '맹목적인 색욕의 결과'로 자녀를 만들고 태어난 자녀의 일 따위 염두에 두지 않기도 한다. 하지만 그런 경우에도 "자연의 원칙상 적절한 결혼을 한 사람한테서는 선량한 자녀가 태어나고, 반대로 부적절한 인연을 맺은 사람한테서는 불량한 자녀가 태어나게 되어 있다는 것"은 알아 두어야 한다. 왜냐하면 결혼의 목적은 "선량한 자손을 번식시키기 위해 인생의 대례(大禮)를 거행하는 데 있는 것으로, 그 행복이라는 점을 중심으로 말하자면 그것을 두 종류로 크게 나눌 수 있다. 즉 적절한 결혼과 부적절한 결혼으로, 전자는 또 **행복한 결혼**이라고도 하고 후자에는 **불행한 결혼**이라는 이름이 있다(강조는 지은이)."

'이름이 있다'고 했지만 그건 당신 혼자만의 생각일 뿐이지 않느냐고 따지고 싶은 대목인데, 어쩌면 사와다 준지로 자신은 당시의 상식을 옮기기만 한다고 생각했는지도 모르겠다. 실제로 그런 생각이 어느 정도 일반적이었는지는 알 수 없다. 오히려 반대로 사와다 자신의 이런 담론이야말로 '우생학=행복'이라는 관념을 결정화(結晶化)시키고 유포시키는 기점이 되었던 것은 아닐까? 그 이전에도 결혼의 '행복'은 이야기되어 왔다지만, 그 '우생학적'인 내실을 이토록 분명하게 보여 준 사람은 없었다.

결혼의 행복. 그것은 일부일처가 금슬 좋게 살면서 '선량한 자손'의 축복까지 받은 가정을 꾸리는 것이다. 그러나 그것은 아무에게나 가능한 일은 아니다. 유전적으로 우량한 체질을 가져서 그것을 자손에게 전해 줄 수 있는 남녀만이 행복을 얻을 수 있는 것이다.

그리고 그런 행복은 당사자들이 의식하고 있든 말든 일본이라는 국가의 생산적 기반이 되는 일에 이어진다. 바로 그렇기 때문에 그것은 일종의 자격이 된다. '유전성 악질자'는 배제되고 '모범 부부'만이 생식하는 것을 허락받는다. 그것이 사와다 준지로가 그린 유토피아였다.

자본주의 사회의 저변을 이루는 노동자 계급은 프롤레타리아트(무산계급)라고 불려 왔는데, 그 어원인 고대 로마의 '프롤레타리우스(proletarius)'는 본래 (다른 역할이 없으므로) 출산으로써만 국가에 공헌할 수 있는 최하층 계급을 의미하는 말이었다. 말하자면 그것은 무산계급이라기보다 오히려 '출산계급'이었던 것이다. 하지만 이제는 사회의 최빈층을 유전적 소질에서 열등한 인간들로 간주하여 본래 의미로의 프롤레타리아로 존재하는 것조차 허락하지 않는, 그런 사상이 생겨났다. 새로운 하층계급, 인간의 생물학적 특성에 초점을 맞추어 그것을 관리 · 조작하려는 시스템에게는 '생물학적 위험'이 될 것 같은 계급이 발견된 것이다.

'처녀'의 탄생 또는 연애의 '과학'

—처녀가 아닌 여성의 피에는 남성의 체액이 섞여 있다?

한편에는 태어나면서부터 타락하도록 운명 지어진 '추업부'와 다른 한편에는 행복한 가정을 꾸려 가도록 태어난 '양민'인 여성들. 그런 여성의 분류를 뒷받침한 '생물학'적 담론의 작용은 '처녀'라는 말에 집약된다. 본래 '처녀'란 미혼 여성 전반을 가리키는 말이었지만, 메이지 시대에 들어서자 성 경험이 없는 미혼 여성만을 의미하게 되었고 다이쇼 시대에는 그런 쓰임이 정착되었다고 생각된다. 그런 의미의 변용을 가져온 주된 요인은 여성의 순결을 존중하는 양처현모사상이었다. 그 전체 그림에 대해서는 고야마 시즈코(小山静子)의 빼어난 연구에 맡겨 두기로 하고,[115] 여

115 小山静子, 『良妻賢母という規範』(고야마 시즈코, 『양처현모라는 규범』), 勁草書房, 1991.

기에서는 그것을 뒷받침한 생물학적 담론에 초점을 맞추어 보자.

처녀성의 가치를 보증하기 위해, 여성은 한 번 남성과 성교를 하면 상대의 체액이 몸속에 흡수되어 혈액에 섞이고 체질이 변화되고 만다는 기묘한 이론이 위력을 발휘했다. 따라서 이혼한 여성이 재혼한 경우, 두 번째 남편과의 사이에서 낳은 자녀에게 전 남편의 피가 섞여 들게 되므로 그 아이는 순수하게 그 부부만의 자식은 아니게 된다…….

우선 다짐 삼아 이런 생각이, 현재의 과학적 지식으로 보면 완전히 잘못된 것임을 강조해 두고 싶다. 이런 말을 하는 건 지금도 그렇게 믿고 있는 사람—그것도 30대 성인 여성—이 실제로 있다는 충격적인 사실을 요 얼마 전에 친구에게 들었기 때문이다. 정말로 그녀는 남자와 잘 때마다 장래의 자기 아이들에게 그 남자들의 유전자가 조금씩 섞여 들어간다……는 다이내믹한 공상에 부풀었을까? 어쩌면 그게 두려워 꿋꿋이 처녀성을 지켜 온 건지도 모르지만 거기까지는 물어보지 않았다.

자, 이 책의 독자 중에는 그런 미신에 현혹되는 분은 안 계실 거라고 전제하고 이야기를 계속해 보자. 지금의 눈으로는 개그로밖에 보이지 않을 이런 진귀한 이야기가 다이쇼 시대에는 꽤 영향력을 가졌던 모양이다. 아까 소개한 사와다 준지로의 『시집가기 전의 처녀를 위해』에도, "단지 생리상으로만 본다면…… 성교 반응의 이치에 의해 성교를 하면 여성의 몸속에 정자에서 나온 일종의 발효소(醱酵素)가 생기므로, 한번 결혼한 사람은 재혼을 할 수 없고 사통해서 정조를 잃은 처녀는 밖을 나다닐 수 없게 되고 마는 것이다"라고 쓰여 있다.

이 '비처녀 체액 변화설'이 언제 처음 나왔는지는 불분명하지만, 적어도 19세기 중엽까지 거슬러 가는 것은 확실하다. 그러나 지금 보면 완전히 황당무계한 이 '학설'을 당시에는 일류 과학자들도 믿었던 듯하다. 다윈 또한 그중 한 명이었다. 루실 리트보(Lucille B. Ritvo)에 따르면, 획득 형질의 유전이 진화의 메커니즘이라고 생각했던 다윈은 “두 번째 결혼에서 생긴 여성의 자녀는 그녀의 첫 남편과 닮은 데가 있다고 믿었다. …… 이전 배우자의 영향이 여성을 통해 자손에게 전해질 수 있다는 것이 다윈의 견해였다”고 한다.[116] 콘플레이크로 유명한 켈로그사의 설립자 중 한 명인 미국의 의학박사 켈로그(John Harvey Kellogg, 1852~1943)는 영화 「로드 투 웰빌(The Road to Wellville)」(1994년)에도 그려져 있듯이 기상천외한 건강법과 성과학 연구로 잘 알려진 인물인데, 한 저서에서 “한번 백인과 사이에 아이를 낳은 여성은 다음에 순수한 흑인과 아이를 만들더라도 그 아이는 꽤 하얀 피부로 태어난다”고 천연덕스럽게 쓰고 있다. 이것은 허다하게 관찰된 사실이라고 켈로그 박사는 자신만만해했다.[117]

좌우지간 19세기 후반부터 20세기 초까지는 적지 않은 의학·생물학 전문가가 이 학설을 지지했다. 일반인 사이에서 ‘체액설’은 훨씬 나중까지 영향을 미쳤던 듯하다(현재도 믿고 있는 사람이 있을 정도니까 당연한 소리인지도 모르겠지만). 1937년 당시 여성 잡지 중 압도적 발행 부수(약 20만 부)를 자랑하던 『주부의 벗(主婦之友)』[118]의 부록 『딸과 아내와 엄마의 위생독본(娘と妻と母の衛生讀本)』에서는 처녀성의 가치를 다음과 같이 이야기했다.[119]

---

116 Lucille B. Ritvo, *Darwin's Influence on Freud*(루실 리트보, 『프로이트에 미친 다윈의 영향』), Yale University Press, 1990.

117 John Harvey Kellogg, *Plain Facts for Old and Young*(존 하비 켈로그, 『남녀노소를 위한 명백한 사실』), Segner & Condit, 1881.

118 『주부의 벗(主婦之友)』은 1917년 창간된 일본의 대표적 여성 잡지이다. 1953년 『主婦の友』로 제목 표기를 바꾸었다.

119 川村邦光, 『オトメの身體 : 女の近代とセクシュアリティ』(가와무라 구니미쓰, 『처녀의 신체 : 여자의 근대와 섹슈얼리티』), 紀伊國屋書店, 1994에서 재인용.

왜 처녀일 것이 요구되는가 하면 여성은 이성과 접촉하면 설사 그게 단 한 번이라고 해도 육체에 남성의 영향을 영원히 받게 되어, 바꾸어 말하자면 지금껏 순수했던 혈액이 그 때문에 혼탁해지고 더러워지기 때문입니다. 많은 결벽한 남성이 도저히 참을 수 없는 일이고 또 자기 자손을 이어 갈 수도 없는 까닭인 것입니다.

게다가 이런 '더러움'은 정액뿐만 아니라 침을 통해서도 침입하므로 키스 역시 함부로 할 수 없다. "입맞춤한 여성의 혈액을 검사하면 아무리 자기는 처녀라고 우겨도 처녀가 아니라는 증거가 역연히 드러나므로 과학의 힘은 무섭습니다." 진짜 무서운 일이다. 이런 황당한 이야기라도 일단 과학이라고 인정되면 곧바로 여성의 인생을 속박하는 사회적인 '힘'을 갖는 것이니까. 체액설은, 여성은 첫 남자에 의해 체액이 변질되지만 남성은 몇 명의 여성과 섹스를 해도 자기의 피를 더럽히지는 않으니까 괜찮다는 억지 논리를 지지해 처녀성의 지나친 중시와 성 규범의 불평등 등 이중 기준을 강화했다. '과학'의 권위에 의해 여성의 성적 주체성이 저해된 것이다. 이것은 과거의 엉터리 이론이라고 웃어넘길 수 있는 게 아니다. 과학 이론으로서는 소멸했지만 그것이 현실 세계에 가져다 준 영향은 지금도 완전히 불식되지 않고 있기 때문이다.

처녀성과 우생학
—섹슈얼리티와 생식의 제어

결혼=가족 담론의 생물학화를 미리 내다본 모리 아리노리의 '혈통' 개념은 그 혈통의 질을 문제 삼는 우생학에 의해 계승되고 더 발전되었다. 다른 한편 그것은 체액설을 매개로 가와무라 구니미쓰가 말하는 '처녀성의 물화(物化)'를 가져와 근대적인 성별 역할과 성도덕의 이중 기준을 정당화하는 이데올로기로 성장했다.

하지만 여기에는 미묘한 문제가 생기고 있었던 듯하다. 체액설에 근거해서 처녀성을 특히 중시하는 것과 '혈통을 바르게 한다'는 이념 사이에 실은 모순이 있었던 것이다.

그것은 이런 것이다. 체액설을 들이대면서 여성에게만 정절을 강요하는 것은 말할 것도 없이 불공평하다. 하지만 혹시 이 설이 당시에 그렇게 믿어졌듯이 사실이라면, 그러니까 어떤 여성이 지금의 남편이나 연인과 낳은 자녀에게 이전에 사귀었던 다른 남자의 유전자가 섞여서 전해지는 게 사실이라면, 여성이 평생에 여러 명의 남성과 성교하는 것은 '혈통을 바르게 한다'는 이상을 파괴하는 행동이 되지 않을까? 모리 아리노리가 이 학설을 알았다면 여성의 재혼을 엄격히 금지하려고 했을지도 모른다. 논리적으로는 분명 그래야 했을 것이다. 아니, 모리와 같은 혈통 관념을 갖지 않았던 당시의 많은 사람에게도 그것은 깨끗이 떨쳐 버릴 수 있는 생각은 아니었을 터이다.

그렇다면 이 학설을 알면서도 여전히 여성의 이혼과 재혼을 인정하는 사람이 있다는 게 오히려 이상하다는 생각이 든다. 물론 이토 노에 같은 페미니스트가 혈통보다 남녀평등을 중시해서 이 설을 반박한 심정은 잘 알겠다(「정조에 대한 잡감貞操についての雜感」). 하지만 사와다 준지로 같은 사람까지도 묘하게 아량이 넓은 척하며 '새 도덕'에서는 처녀의 절조와 아내의 절조는 별개이므로 "어쩔 수 없는 사정 아래 헤어진 사람은 재혼도 재재혼도 지장이 없고, 재혼을 했다고 해서 덕을 깨뜨리거나 도리를 어기는 것이 아니다"라는 식으로 쓴 걸 읽으면 뭔가 찜찜한 느낌이 남는

것이다.[120]

인간이라는 존재를 물화하는 발상이 모리 아리노리로부터 사와다 준지로까지 공통적으로 깔려 있는 건 확실하다. 그러나 사와다의 우생학은 이미 혈통의 문란함을 한탄하지 않는다. 그건 어째서일까?

아마 우생학에서 본질적으로 중요한 것은 부모자식이라는 관계의 양상 따위가 아니라, 거기서 생겨나는 자손이라는 생산물 자체의 질일 것이다. 그렇게 생각한다면 사와다가 여성의 재혼을 허용한 것은 여성의 지위 향상을 위해서가 아님을 알 수 있다. 그게 아니라 우생학적인 '모범 부부'가 되는 것이 궁극적 '행복'이라고 한다면, 여성이 유전적으로 열등한 남편과 헤어지고 우량한 남성과 재혼해서 자손을 남기는 것은 '새 도덕'에서는 오히려 장려되어야 할 일이다.

이렇게 메이지 후기부터 다이쇼 시대에 걸쳐(대략 1890~1925년) '결혼=가족'의 의미가 변하기 시작했다. 그것은 예전처럼 나날의 생활과 이에(家)의 존속을 위한 것만이 아니라 '선량한 자손'을 생산해서 국가에 공헌하는 '생물학적'인 장치로서 의미를 부여받게 되었다. 국가의 생식 장치로서의 가족, 그것은 반드시 강권에 의해 떠맡겨진 것이 아니고, 오히려 사람들은 그것을 적극적으로 추구해 가게 되었다. 왜냐하면 가장 좋은 우생결혼으로의 길은 많은 사람이 마음으로부터 동경한 '연애'의 연장선상에 있었기 때문이다.

120 澤田順次郎, 1920, 앞의 책(주 91).

4장

인류를 위해 연애를!

가정 · 페미니즘 · 우생학

나가이 가후의 '미국'

서양의 '연애'며 '가정'은 메이지 시대 일본인에게 얼마나 애절한 동경을 불러일으켰던가?

나가이 가후(永井荷風, 1879~1959)[121]의 『미국 이야기(あめりか物語)』는 그 점에 대한 가장 순수하고 강렬한 증언의 하나일 것이다. 나가이 가후가 1903년부터 1907년경에 걸쳐 미국에 체재하며 써 나간 이 연작 단편에는 웅대한 자연의 아름다움이며 도시 문명의 압도적인 물질적 풍요에 대한 놀라움도 적혀 있지만, 그 축을 이루는 스토리는 거의 남녀 관계에 대한 것으로 무엇보다 그것을 둘러싼 일본과 미국의 격차에서 저자가

---

121 나가이 가후는 일본의 소설가. 본명은 소키치(壯吉). 본문에 나오는 『미국 이야기』(1908년)에 이어 『프랑스 이야기(ふらんす物語)』(1909년) 등을 써서 탐미파 작가로 알려졌고, 이후 현실 문제와는 거리를 두면서 자신만의 풍류와 취미의 세계를 추구하는 반골의 면모를 보였다.

받은 강렬한 인상에 초점이 맞추어져 있다.

그 가운데 한 가지 일화다. 어느 날 나가이 가후는 미국인 친구의 집에 초대되어 그의 약혼자와 온 가족이 함께 즐기는 모습을 접했다. 서로 상대에 대한 애정을 감추지 않으며 사이좋게 음악을 협주하고 껴안고 키스를 나누는 한 쌍의 젊은 연인과 그것을 다정하게 지켜보는 딸의 부모. 그 자리에 있던 젊은 나가이 가후는 거의 도취되고 말았다. "아아, 하루라도 빨리 우리 고향에서도 이런 유쾌한 가정의 모습을 볼 수 있게 했으면(「시카고의 이틀市俄古の二日」, 1905년 3월)."

이런 나가이 가후의 내면을 지배했던 강렬한 '일본에의 혐오와 서양에의 동경'에 대해 가와모토 고지(川本皓嗣)는 그것이 반드시 현실의 관찰과 경험에서 축적된 것이 아니라 "책상머리의 서양관"과 "관념적인…… 일본관"에서 만들어진 것에 불과하다고 비판한다. 나가이 가후는 "눈앞의 미국"의 실제 모습을, 즉 "연인들을 둘러싼, 그림같이 행복해 보이는 미국인 가정의 단란한 모습"의 "배후에 가로놓인 현실"을 보려고도 하지 않았다는 것이다.[122] 이런 비평은 확실히 나가이 가후의 약점을 예리하게 지적한 것이기는 하다.

그렇지만 나가이 가후의 서양관을 '관념적'이라서 천박하다고 무시해 버리는 것도 말이 안 될 것이다. 나가이 가후의 눈에 비친 미국인 가정의 단란함이 설사 그 자신이 "어렸을 때부터 소중히 키워 온 꿈의 결정"이 투영된 데 불과했다고 해도, 그가 그런 꿈을 꾸었다는 사실 자체 그리고 그 꿈의 강도며 동경의 깊이에는 중대한 의미가 있을 터이다. 나가이 가후는 왜 그토록 서양을 이상화한 것일까? 반대로 그는 일본 생활의

122 永井荷風, 『あめりか物語』(나가이 가후, 『미국 이야기』), 岩波文庫, 2002.

어떤 것을 그토록 혐오한 것일까? 그 이유 중 한 가지는 「시카고의 이틀(市俄古の二日)」에 다음과 같이 선명하게 쓰여 있다.

> 시험 삼아 자기가 자란 가정의 모습을 회상해 보라. 사서오경으로 인간 본연의 따뜻한 피가 싸늘하게 식어 버린 부친, 『여금천(女今川)』이나 『부녀정훈(婦女庭訓)』(모두 도쿠가와 시대의 여훈서女訓書)에 손발이 묶인 모친. 음악과 웃음소리 따위가 들리는 법은 없다. 아버지는 한밤중까지 벗과 술 마시는 즐거움에 빠져 종일 노고에 지친 모친한테 술이 제대로 데워지지 않았다느니 요리 방식이 틀렸다느니 몰아세우기 예사인데, 아아, 그럴 때의 아버지의 표정, 나는 어린 마음에도 부친만큼 미운 사람은 없다고 생각한 동시에 모친만큼 불행한 사람도 없다고 믿었던 것이다.

메이지 시대 남자들의 동성교제(homosocilaity) /이성애주의(heterosexism)의 추함과 불쾌함을 어린 소키치, 나중의 나가이 가후는 예리하게 감지했다. 거기에 대한 혐오감을 일본 전체로 넓힌 것은 확실히 '관념'의 산물이었을 것이다. 하지만 그것은 결코 근거 없는 환상 따위가 아니라 자기 주위의 빈곤한 남녀 관계에 대한 직관에 근거한 것이었다.

그로부터 약 2년 뒤에 쓰인 「1월 1일(一月一日)」의 화자는 나가이 가후 본인은 아니지만 거기에서도 거의 같은 생각이 토로된다. 뉴욕에 와서 일하는 일본인 남자들이 설을 함께 쇠려고 모였는데, 모두 알고 있는 한 사람만 오지 않았다. 그는 어째서인지 일본 요리를 보는 것조차 싫어하여 식사는 전부 양식으로 한다고 한다. 왜 그럴까? 본인에게서 그 비밀을 들은 어떤 사람이 당사자를 대신하여 이야기한 것은 그 남자의 이런 반평생이었다.

그의 부친은 신경질적인 취미인(趣味人)으로, 아내한테는 까다롭게 잔소리만 해대는 남자였다. 그런 남편에게 끝까지 순종하면서 늘 바쁘고 부지런하게 일만 하는 어머니의 모습을 보고 자란 아이의 마음에는 무엇보다 먼저, '아버지는 무서운 사람, 어머니는 가엾은 사람'이라는 생각이 스며들었다.

이런 환경에서 이런 선입견을 얻은 나는 이윽고 중학교에 진학했고, 원만한 가정의 모습이며 천진난만한 아이의 생활을 그린 영어 독본이나 잡지 등을 읽어 가노라니, 사랑이니 가정이니 하는 글자가 자주 등장하는 서양의 사상이 실로 거세게 내 마음을 찔렀다. 동시에 우리 아버지가 말씀하시던 공자의 가르침이니 무사도니 하는 것은 인생 행복의 적이라는 극단적인 반항 정신이 어느새 마음속에 굳게 뿌리를 내려 버렸다.

그는 언젠가 어른이 되면 모친에게 서양식 가정의 즐거움을 맛보게 해드리기를 바랐다. 그러나 모친은 건강을 해쳐서 그가 보는 앞에서 그만 돌아가시고 말았다. 그 뒤로 그는 일본 요리며 일본 술을 보면 모친의 고생이 떠올라 입에 댈 수도 없게 되어 버렸다는 것이다. 이야기를 들은 일동은 한참 동안 말이 없었다. 남자의 마음이 그들 각자한테도 나름대로 절실하게 느껴졌기 때문이리라(「1월 1일」, 1907년 5월).

모리 아리노리나 후쿠자와 유키치처럼 서양을 문명과 국가의 모범으로 간주하는 것이 아니라 자기 자신의 피부에 밀착한 문화와 생활의 수준에서 이토록 '서양'에 몰입한 사람은 나가이 가후 이전에는 없었다. 동시에 나가이 가후만큼 '연애결혼'과 '행복한 가정'의 매혹을 구체적으로 명쾌하게 그려 보인 사람도 없다. 하지만 1907년의 나가이 가후에게 그것은 아직 눈부신 이상에 지나지 않았다.

처녀들의 번민

그렇지만 다이쇼 시대가 되자 '가정'은 잡지나 신문 속의 이미지에서 벗어나 현실로 정착하기 시작했다. 처음으로 가정을 현실로 구현한 주역은 산업화가 진행되면서 농촌에서 대도시로 유입되었다가 제1차 세계대전 뒤의 호경기로 상대적 풍요를 손에 넣은 계층이었다. 무엇보다 농가에서와는 달리 아내가 생산노동에서 벗어나 낮에도 집에 있으면서 가사・육아에 전념하는 '주부'가 된다는 것은, 관공리(官公吏)・교원・회사원 등 화이트칼라 남성들과 그 아내들에게는 가계의 풍족함과 안정을 드러내는 지위 상징(status symbol)이었다. 덧붙이자면 이런 감각은 제2차 세계대전 뒤, 심지어 지금까지도 완전히 사라지지 않은 것 같다. 전후 일본 사회를 생생하게 그린 「사자에상(サザエさん)」[123]에는 직장에 다니다가 뜻밖의 일로 포장마차를 시작하게 된 남편에게 아내가 부끄러우니까 그만두라고 소리치는 장면이 나온다. 지금도 일부 사립 중학교에서는 아버지가 회사에 근무하지 않으면 입시에 불리하다는 등의 소문이 끊이지 않는다.

그렇다면 '가정'의 전 단계인 결혼에는 어떤 변화가 있었을까? 부모 슬하에서 멀리 떨어진 도시 생활자들은 '집'에서 받는 영향력이 상대적으로 약하고 자유로운 연애의 기회가 비교적 많았으리라고 상상할 수 있다. 하지만 그렇다 해도 예부터의 도덕에서 금방 해방될 수는 없었을 것이다. 그들/그녀들의 연애와 결혼을 둘러싼 생각의 한 부분을 신문 투

123 「사자에상」은 하세가와 마치코(長谷川町子, 1920~1992)가 1946년 4월부터 후쿠오카의 지방 신문 『석간 후쿠니치(夕刊フクニチ)』에, 1949~1974년까지는 『아사히 신문』에 연재해 국민적 인기를 모았던 만화이다.

고란에서 한번 찾아보기로 하자(1915~1918년 사이의 『요미우리신문讀賣新聞』 신상상담란에 관한 하야카와 노리요의 분석을 주로 참조하면서 그 밖에 다른 사료도 이용할 것이다).

한편에서는 분명 사랑이 있는 결혼이라는 이상이 추구되었다. "사랑의 홈을 만들고 싶다", "사랑이 생활에서 제일 중요", "물장사하던 6세 연상의 여성을 사랑의 힘으로 훌륭한 아내로 만들어 보이다", "가장 사랑하는 아내", "남편은 나를 무척 사랑해 준다" 등의 사연들에는 온갖 문맥에서 '사랑'이 샘솟고 있다. 이미 일부일처제를 소리 높여 부르짖을 필요도 희박해진 이 시기, 사랑에 근거한 가정이라는 이상은 『요미우리신문』의 독자 대중에게도 침투했다.

그러나 여전히 이상과 현실의 간격은 컸다. 부모가 정해 준 결혼에 대해 당사자끼리의 연애에 근거한 결혼은 '불의(不義)'라고 불렸고, 부모나 옛 습속과의 갈등으로 괴로워하는 당사자들로부터 상담이 허다하게 들어왔다. 그것은 또한 당사자의 내면적 갈등이기도 했을 것이다. "나를 사랑해 주는 사람과 부부가 되기로 약속한 상태다", "여자는 아무래도 사랑 없는 결혼은 하고 싶지 않다고 하고, 나도 이 사랑을 버릴 수 없다", "양부모는 혼담을 진행하고 있지만, 내게는 한 사람, 미래를 약속한 청년이 있다"는 등의 글에서는 아직도 연애결혼으로 달려가지 못하는 투고자들의 번민이 생생히 전해 온다.

개중에는 좋아하는 남자와의 결혼을 부모가 반대하자, "(부모가 정해 주는 대로) 평범한 결혼을 하고 싶다"고 의외의 고민을 적은 여성도 있었다(1922년 9월 7일). 부모가 인정하지 않는 '자유결혼'을 한다면 "남들의 웃음거리가 되고 맙니다" 하는 투고자에 대해 회답자는 "요즘치고는 조금 드문 상담"이라고 말했다.

이것을 그 몇 해 전에 나온 『결혼 전후의 수양(結婚前後の修養)』(다나카 히사카스田中久 편, 1916년)이라는 책과 비교해서 읽으면 흥미롭다. 이 책에서는 도쿄고등여학교 교장인 다나하시 아야코(棚橋絢子)를 비롯해서 아토미 가케이(跡見花蹊) · 미와다 마사코(三輪田眞佐子) · 시모다 우타코(下田歌子) · 하토야마 하루코(鳩山春子) · 야마와키 후사코(山脇房子) · 가에쓰 다카코(嘉悦孝子) 등 당시의 대표적인 여성교육가들이 결혼에 대해 말하는데, 본인들만으로는 너무 감정적이 된다든가(미와다) 젊은 사람은 상대의 용모에 혹하는 경향이 있다든가(하토야마) 하는 이유에서 자유결혼은 바람직하지 않다는 논의가 두드러지기 때문이다. 다만 그런 논의들도 부모가 전부 결정하면 된다는 것은 아니고 부모와 딸이 '함께 승낙'할 수 있는 상대를 골라야 한다는 것이다. 이즈음에는 지식인도 신문기자도 예부터의 이에제도와 자유로운 연애결혼 중간쯤에서 만사가 형통하는 타협점을 모색했던 것 같다.

여성 자립의 어려움

그런데 이런 사연들 중에서 연애와 결혼의 갈등을 둘러싼 고민보다 훨씬 더 가슴을 옥죄었던 것은 19세 여성이 보낸 편지였다. "열 살 때 부모님을 여의었고 할머니는 내가 시집가기를 바라세요. 하지만 결혼한 친척 · 친구 중에 행복한 사람은 거의 없어요. 나는 평생 혼자 살고 싶어서 직업이 있었으면 해요(1914년 9월 5일)." 결혼이 반드시 행복으로 이어지지는 않는다는 것쯤은 다이쇼 시대의 서민들도 잘 알고 있었다. 비슷한 사연은 이것 말고도 많아서 『주부의 벗』은 1918년 '불행한 결혼에 우는 여성의 고백' 특집을 꾸렸을 정도다.

여자는 결혼해서 아이를 키우는 것이 의무라는 사회의 압력에 대한 그녀들의 미약한 저항은 열매를 맺었을까? 위 사연의 주인공은 바라던 대로 직업을 얻어 결혼과는 별개의 행복을 찾을 수 있었을까? 알아낼 도리는 없지만 그럴 가능성은 낮았을 것이다. 무엇보다 당시 여성 노동의 환경은 열악했다. 메이지 초기부터 젊은 미혼 여성들은 방적업이나 제사업 현장에서 저임금의 여공으로 혹사당해 왔다. 마침내 1916년 공장법이 시행되었지만 내용은 하루 노동시간을 '12시간 이내'로 제한하는 정도였다. 그것도 예외 규정이 많은 엉성한 법률이었으므로 자본가 마음대로 여성 노동자를 쓰고 버리는 상황이 여전히 지속되었던 것이다.

그래도 다이쇼 시대에 들어서면 여성의 직업은 확대되기 시작해 타이피스트, 속기사, 의사, 간호부, 약제사, 사무원, 전화교환수, 소학교 교원 등의 '직업여성'이 등장했다. 하지만 그런 여성들은 전체로 보면 극히 소수에 불과했고, 집의 구속을 벗어난 곳에서 스스로 생활 기반을 마련하려고 하는 그녀들에 대한 사회적 비난은 강했다.[124]

예컨대 비교적 성차별이 적은 직업으로 지망자가 계속 늘었던 소학교 교원의 경우, 1920년 사범학교 재적자 중 여자는 약 8천 명으로 남자 약 1만 6천 명의 절반에 지나지 않았다. 교육 현장에서는 아직 남성 교원이 압도적 다수를 차지했다. 그런데도 여성 교원의 증가에 공포와 질투를 품은 남자들 중에는 전국연합교육대회에서 "유부녀인 여교원은 본과 정교원으로 채용하지 말 것"을 주장하는 패들까지 있었다고 한다.[125] 이것

124 藤井治枝, 『日本型企業社會と女性勞働 : 職業と家庭の兩立をめざして』(후지이 하루에, 『일본형 기업사회와 여성노동: 직업과 가정의 양립을 향해』), ミネルヴァ書房, 1995.

125 篠塚英子, 『女性と家族 : 近代化の實像』(시노즈카 에이코, 『여성과 가족: 근대화의 실상』), 讀賣新聞社, 1995. 당시 일본의 소학교 교원(교사)에는 자격의 차등이 있어

은 그 뒤로도 오래 계속된, 남성 주도의 노동조합이 여성의 직장 진출을 방해한다는 구도의 시작이다.

그런 상황 속에서 서민 여성이 '가정주부'를 동경한 심정을 이해하기란 어렵지 않으리라. 그녀들로서는 그것이 가혹한 노동에서 피난처를 찾는 유일한 현실적 방법이었던 것이다. 1917년 창간된 『주부의 벗』이 매출을 신장시킬 수 있었던 이유는 바로 그런 여성들의 마음에 어필했기 때문이다. 그러나 거기서는 '가정 안에서 여성의 지위 향상'과 여성이 '가정 경영에 책임'을 짐으로써 '주부로서 자립'하는 것이 이야기되었을 뿐, 개인으로서 여성의 권리에 관한 기사는 보이지 않는다.[126] 그렇게 여성의 의식을 어디까지나 '가정' 내부에 가두어 두고 거기에서 생기는 불만과 불안을 고민 상담과 고백 기사로 어루만지면서, 이윽고 『주부의 벗』은 독자들을 '군국(軍國)의 어머니'가 되라고 불러내는 기사를 늘려 가게 된다. 하지만 그것은 좀 더 나중의 이야기다.

동성교제적인 다이쇼 시대

가정의 기초가 된 성별 분업은 "남자는 (집) 바깥, 여자는 (집) 안"이라는 노동 형태상의, 따라서 경제상의 분업만은 아니었다. 섹슈얼리티 면에서의 남녀별 이중 기준 또한 가정을 유지하는 불가결한 차별이었다.

서, 모든 과목을 다 가르칠 수 있는 본과 정교원과 창가·체조·재봉·농업·상업·미술 등 특정 과목을 가르치는 전과(專科) 정교원, 정교원을 보조하는 준교원 등을 두었다.

126 私たちの歴史を綴る會 編, 『婦人雜誌からみた一九三〇年代』(우리의역사를펴내는회 편, 『여성 잡지로 본 1930년대』), 同時代社, 1986.

남자들에게 다이쇼 시대란 '에로 · 그로 · 난센스'[127]로 상징되는 향락적 섹스 문화가 아주 번창했던 시기다. 남학생들이 서로 어깨동무를 하고 유곽에 들락거리는 게 신기할 것도 없는 풍속이 되어 이런 노래가 유행했다고 한다.[128]

> 나의 미래는 법학사, 너의 미래는 문학사. 좋다, 요시와라(吉原)에서 놀아보자. 부모야 고향에서 고구마를 캐지.[129]

섹스의 대상인 여자를 매개로 한 남자들의 사회적 유대 — 이브 세지윅(Eve Kosofsky Sedgwick)이 정식화한 동성교제(homosociality)의 구도 꼭 그대로다.[130]

반면 여자들에게는 그렇게 능동적인 성생활을 구가하는 것은 허락되지 않았다. 남자들이 가정과 유곽을 자유로이 오가던 그 이면에서 여자들에게는 순결이며 처녀성이라는 관념이 적용되었고, 여자들의 노동도 모두 가정 안으로 한정되었기 때문이다.

---

127 감각적 · 자극적이고 퇴폐적인 대중문화의 특성을 에로틱 · 그로테스크 · 난센스라는 말로 요약했던, 1920년대의 유행어이다.

128 竹村民郎, 『廢娼運動 : 廓の女性はどう解放されたのか』(다케무라 다미오, 『폐창운동 : 유곽의 여성은 어떻게 해방되었는가』), 中央公論社, 1982.

129 요시와라는 17세기 초 지금의 도쿄 다이토구에 설치되어 1950년대까지 존재했던 유명한 공창 지역이다. 노래 내용은 시골의 부모가 힘들게 일해서 보내 준 학비로 유흥가를 들락거리며 방탕한 생활을 하는 당시 학생들의 삶을 풍자한 것이다. "고구마를 캔다(芋を掘る)"라고 옮긴 대목의 '芋(いも)'는 고구마 외에도 감자 · 마 등 뿌리식물 종류에 쓰이는 말로, '芋掘り'에는 시골뜨기라는 뜻도 있다.

130 Eve Sedgwick, *Between Men : English Literature and Male Homosocial Desire* (이브 세지윅, 『남자끼리의 유대 : 영국문학과 동성교제 욕망』), Columbia University Press, 1985.

하지만 여기에는 모순이 있는 게 아닐까? 섹스 산업의 번영과 여성의 성적 자유를 억압하는 것은 상반되는 일이 아닐까? 모든 여성이 처녀성을 강요받았다면 대체 남자들은 누구한테서 섹스를 살 수 있었을까?

바로 여기에 근대 일본 사회의 젠더/섹슈얼리티의 구조를 풀 열쇠가 있다. 남성의 성적 방종에는 관용적이면서 여성한테는 정숙을 강요하는 성 규범의 이중 기준에는 남녀별 규범이라는 표층에서는 다 포착되지 않는 심층이 있다. 그것은 곧 '가정'의 내부(주부主婦)과 외부(창부娼婦)를 엄격하게 경계짓는 새로운 '여성의 분류'가 확립된 것을 말한다. 남자와 여자의 차별은 동시에 여성 내부의 분류·차별과 불가분이었다. 이렇게 해서 성의 향락을 허락받은 남자들에 반해, 여자는 처녀에서 정숙한 아내로 이어지는 생애 과정 안에 갇히든가 아니면 추업부로서 가혹한 성노동으로 삶을 소모하든가 양자택일을 강요받게 되었다. 그것이 다이쇼 시대 '성'의 실상이었다.

여기에서 현재의 문제에 대해 잠깐만 생각해 보자. 지금까지 보아 온 것이 단지 과거지사가 아님은 말할 나위가 없을 것이다. 성별 역할 전반은 물론이고 여성 호스티스가 있는 고급 클럽에서 비즈니스를 하는 관행이나 1980년 전후로 크게 유행했던 아시아 여러 나라로의 일본인 남성의 섹스 관광에서 볼 수 있듯이, 동성교제의 구도는 여전히 뿌리 깊게 남아 있다. 또 그것은 일본만의 현상도 아니다. 해외여행 중에 이슬람권 남자들이 추근대며 쫓아오더라고 분개하는 일본인 여성의 이야기를 종종 듣지만, 주변의 여자들한테는 정숙을 강요하면서 자기는 많은 여자와 섹스하고 싶다면 외국 여성을 노릴 수밖에 없는 것은 논리적 필연이다.

오히려 기묘한 것은 여성들 스스로 이런 '여성의 분류'를 추인해 온 듯하다는 게 아닐까? 남편을 섹스 관광에 보낸 아내들은 그렇게 하지 않으면 직업상 남편의 입장이 난처해지니까 싫지만 어쩔 수 없다고 체념했는지도 모른다. 하지만 남편이나 연인이 성을 사는 것—언제부터인가 '풍속 업소에 간다'는 괴상한 완곡어법이 정착되었는데—을 허용하는 여성들도 결코 적지 않은 모양이다. 일전에 FM 심야방송을 들었는데 "육체의 외도보다 마음의 외도가 싫다", 그러니까 연인이 풍속 업소에 가도 그리 신경 쓰지 않는다는 여성 청취자의 의견이 많이 소개되었다. 소극적이냐 적극적이냐 차이는 있지만, 그녀들이 남자가 성을 사는 것을 너그럽게 보는 것은 틀림없다.

하지만 그렇다면 많은 여자가 자기 자신이 '매춘부'라고 불리는 데에 반발하는 것은 어째서일까? 꽤 지난 일이지만 내가 강한 인상을 받은 사례를 들어 보겠다. 1980년대 전반의 어느 날 이른 오후였다. '애인뱅크' 경영으로 한 시대를 풍미한 쓰쓰미 마치코(筒見待子)가 텔레비전 와이드쇼에서 "주부란 전업 매춘부 같은 것"이라고 서슴없이 말했을 때다.[131] 그 순간 스튜디오에 들러리로 앉아 있던 아줌마들이 화가 나서 소란을 떨던 장면을 나는 생생하게 기억하고 있다. 아직 대학생으로 젠더 문제에 대해 막 생각을 정립하기 시작하던 당시의 나는 그 적나라한 적의에 당황했고 어쩐지 불안해졌다. '애인뱅크'가 좋다고 생각한 것은 아니다. 그게 아니라 가정이라는 영역에 울타리를 치고 그 바깥에 있는 여자를 멸시함으로써, 자기의 가치를 정당화하고자 하는 그녀들의 심성에 공포

131 1982년 당시 23세이던 쓰쓰미 마치코(본명은 쓰루미 마사코鶴見雅子)가 '애인 계약'을 통해 중년 남성(황혼족)에게 여대생 애인을 소개하는 '애인뱅크 황혼족(愛人バンクタぐれ族)'을 창업, 성공을 거두면서 일본 사회의 큰 이슈가 되었다. 명목은 애인 소개였지만 실제로는 회원제 성매매 알선이었고, 쓰쓰미 마치코는 1983년 체포되어 실형을 언도받았다. 이후 '애인뱅크'는 이런 업종의 대명사가 되었다.

를 느꼈던 것이다.

그 심성은 창부를 멸시했던 예전의 폐창운동가들의 뒤를 잇는 것이리라. 하지만 폐창운동가들은 적어도 성을 사는 남자들에게도 공격의 화살을 돌려, 남자에게도 여자와 동등한 정조를 요구했다. '애인뱅크'나 성매매가 나쁜 것이라면 스튜디오의 주부들이 먼저 꾸짖어야 할 상대는 돈으로 여자를 사는 그녀들의 남편, 말하자면 '매춘부(買春夫)'이어야 했다. 그런데 어째서 이 사람들은 곁에 있는 남자는 면죄해 주고 새삼스레 여자끼리만 대립하게 만드는 걸까? 아니면 자기 남편은 매춘 따위와는 무관하다는 걸까? 하지만 전원이 그렇게 단언할 수 있으리라고는 믿기 어려웠다. 이 왜곡된 구도의 배경에는 대체 뭐가 있는 걸까? …… 그때의 의문을 되살려서 말로 표현해 보면 이런 식이다.

그 텔레비전 프로그램에서는 사회자가 "부부에게는 사랑이 있으니까 매춘과는 다르다"며 쓰쓰미를 반박했고 주부들은 일제히 고개를 끄덕였다. 그것도 내게는 어쩐지 조금 불편했다. 물론 계속해서 공동생활을 영위하는 것과 잠깐 스쳐 가는 성매매가 똑같은 행위라고 말하고 싶은 것은 아니다. 하지만 반대로 끝까지 따져 본다면 양자 구별이 그렇게 확실한 것일까? 특히 장기간에 걸친 '불륜' 관계인 경우, 결혼과의 경계는 흐려질 것 같다. 모든 부부가 서로 사랑하는 것도 아니고, 매춘부와 손님 사이에 사랑이라고 부를 만한 관계가 성립할 수 없는 것도 아니다. 단골 풍속 업소 아가씨의 생일에 잊지 않고 꼬박꼬박 꽃다발을 보내는 남자들이 적지 않다지만, 그런 사람들이 자기 아내한테도 똑같이 다정하게 대하지는 않을 것이다. 아내들 쪽에서도 생활상의 필요와는 다른 차원에서 정말로 남편을 '사랑'한다고 단언할 수 있는 사람이 얼마나 될까? 아니면 '사랑'이 있기 때문에, 섹스 관광을 떠나는 남편을 상냥하게 배웅

할 수 있다는 말인가……?

이야기가 너무 번져 나간 듯하다. 여기는 이런 문제에 답을 내놓을 자리는 아니다(성매매에 관한 내 생각의 대강에 대해서는 『성 현상론』에 실린 「'성의 상품화'에 대한 노트」를 참조하기 바란다).[132] 한 번 더 강조한다면 그때 내가 의문을 품은 것은 성매매의 옳고 그름이 아니라, 어째서 스튜디오의 주부들이 자기와 '애인' 사이에 선을 긋는 데 그토록 집착하는가였다. 둘 사이에는 분명히 차이가 있는지도 모르지만, 그 차이가 결코 자명한 것은 아닐 것이다. 딱 한 가지, 거기에 '결혼'이라는 법적 관계가 있느냐 없느냐를 제외하고는 말이다.

하지만 지금 생각하면 이런 의문은 과녁을 빗나갔다. 왜냐하면 근대 일본에서 '결혼'한다는 것은 '사랑'의 정의 자체에 포함되어 있기 때문이다. 더 구체적으로 말하자면 호적에 올리는 법적 절차뿐만 아니라, 남편은 직장에 가고 아내는 가사와 육아에 힘쓰는 역할 분담에 근거한 '결혼=가정'이라는 이데올로기가 우리가 알고 있는 '사랑'이라는 말에 파고들어 와 있다. 결혼과 사랑이라는 관념의 이런 연결은 이미 쇠퇴하고 있다는 의견이 있지만, 사랑한다면 결혼하는 게 당연하다는 생각은 약해진다 하더라도 결혼하는 것이 사랑의 증명이라는 감각이 사라져 버린 것 같지는 않다.

혹시 몰라서 덧붙여 두자면 지금 나는 사랑이라는 관념을 야유하고픈 것은 아니다. 애정이라는 불안정한 것을 뭐든 형태가 있는 것으로 바꾸어 놓음으로써 안심하려는 사람들의 마음 자체를 비난하고픈 것도 아니

---

132 加藤秀一, 『性現象論 : 差異とセクシュアリティの社會學』(가토 슈이치, 『성 현상론 : 차이와 섹슈얼리티의 사회학』), 勁草書房, 1998.

다. 그런 나약함은 아마 어쩔 수 없으리라.

하지만 그런 것은 '가정'이라는 특정한 생활 형태만을 규범적으로 올바른 것으로 보고 거기서 일탈하는 사람들을 멸시하는 일과 똑같지는 않을 것이다. 사랑이 있는 결혼은 존재한다. 당연하다. 하지만 결혼만이 사랑인 것은 아니다. 이것 역시 당연하다. 이 자명한 사실을 왜곡해 온 것을 나는 이데올로기라고 부른다.

모성보호 논쟁

여기에서 다시 다이쇼 시대 여성들에게 시선을 돌려 보자. 앞서 말한 어려운 상황 속에서 여성이 경제적으로 자립하려고 하면 자녀를 갖기란 거의 불가능했다. 가정주부로, 나아가 '양처현모'로 가사 · 육아에 전념하느냐 아니면 결혼과 출산은 바라지 말고 '직업여성'으로 사느냐? 지금도 많은 여성을 고민하게 하는 '일이냐 가정이냐'의 양자택일이라는 문제가 떠올랐다.

그런 상황 속에서 일본 페미니즘 역사상 이름 높은 '모성보호 논쟁(1918~1919)'이 끓어올랐다.

여성의 직업적 독립이 있어야만 정신적 독립도 있다는 신념에 선 요사노 아키코(與謝野晶子, 1878~1942)가 "임신 · 분만 등의 시기에 여성이 국가에 대해 경제적으로 특수한 보호를 요구"하는 서양 여성운동의 주장을 국가에 대한 기식(寄食)이자 의존이라고 혹독하게 비판한 것에 대해, 모성주의자인 히라쓰카 라이초가 "국가에 모성보호를 바라는 것은 당연한 요구"라고 반론한 것이 최초의 응수였다. 거기에 명민한 사회주의자 야마카와 기쿠에(山川菊榮, 1890~1980)가 끼어들어 두 사람의 논의는 꼭 상

반되지 않고 여성에게 양자택일을 강요하는 '경제 관계 자체'를 근본부터 바꾸어 놓지 않으면 안 된다고 깔끔하게 논의를 정리했고, 다시 야마다 와카(山田わか, 1879~1957)가 이상론이야 어떻든 현실적으로는 많은 여성이 어머니로서 행복한 가정을 지키고 싶어 하지만 경제적 이유로 실현 곤란한 이상, 국가에 의한 경제적 보장은 당연하다고 히라쓰카를 옹호했다.

물론 이것은 매우 거친 요약이고 논쟁의 사정거리는 훨씬 넓은 범위에 걸쳐 있다(전모에 대해서는 고우치 노부코의 노작 『자료 모성보호 논쟁』[133]을 참고). 여기서는 다만 '국가와 모성'이라는 논쟁의 주축에만 초점을 맞추어 문제의 핵심을 파악해 보자.

지금 아무런 사전 지식도 없이 이 논쟁을 읽는 사람 중 대다수는 아마 이렇게 느끼지 않을까? 여성도 직업상 · 경제상의 자립을 획득해야 한다는 요사노 아키코의 주장은 지당하지만, '임신 · 분만 등의 시기에 있는 여성'에 대한 일체의 경제적 보호를 부정하는 것은 무리다. 그렇게 되면 유급 출산휴가며 육아휴가의 보장 같은 시책은 부정되고 만다. 요사노 아키코처럼 예외적인 재능을 가진 사람이라면 자택에서 집필을 하면서 수입과 육아 시간을 동시에 확보할 수 있을지도 모르지만, 그것은 특별히 혜택을 입은 경우만일 것이다. 이것이 현재의 이른바 양식(良識)에 따른 시각이리라.

하지만 과거의 논의를 미래(=우리가 있는 현재)의 시점에서 재단해 버리기 전에 한 번 더 멈춰서 보자. 모든 논의는 다른 주장에 대한 반론, 이

---

133 香内信子, 『資料母性保護論争(고우치 노부코, 『자료 모성보호 논쟁』)』, ドメス出版, 1984.

론(異論)이다. 설사 실제의 논적을 지명하지 않았다 해도 전적으로 타당한 주장이라면 아예 할 필요도 없고 애당초 그런 주장을 펴려고 마음먹는 사람도 없을 테니까('비는 하늘에서 내린다!'는 것을 구태여 주장하는 사람은 없고 그런 원고를 실어 줄 잡지도 없으며, 하물며 그것이 많은 독자의 흥미를 끄는 논쟁으로 발전하는 일 따위는 있을 수 없다).

그렇다면 완강히 모성보호를 부정해서 극단적 개인주의에 서 있는 듯이 보이는 요사노 아키코가 대항한 '적'은 누구였을까? 있지도 않은 적을 날조해서 억지로 자기주장을 내세우는 사람이 세상에는 많지만, 요사노의 눈은 틀림없이 실재하는 무서운 적을 응시하고 있었다. 그 정체를 히라쓰카 라이초의 글 속에서 찾아보자.

히라쓰카 라이초의 '국가적 모성'

요사노에 대한 히라쓰카 라이초의 반론의 핵심은 어머니의 수고에 대한 동정도, 여성의 권리로서의 임신·출산도 아닌 '사생아 문제'였다(「모성보호의 주장은 의존주의인가?母性保護の主張は依頼主義か」, 1918년 5월).

히라쓰카의 주장은 이렇다. 유럽에서는 결혼제도 바깥에서 많은 사생아가 태어난다. 아버지에게 버림받은 자녀를 키우는 책임은 전부 어머니가 지지만, 실제로는 무리이기 때문에 많은 아이가 버려지고 만다. 이렇게 어머니의 애정을 받지 못하고 '사회의 모욕, 학대'에 노출된 사생아들은 성장해서도 "대개 건강이 열등한 데다가 비사회적인 인간이나 범죄자, 부랑인, 매춘부같이 사회의 골칫거리가 되는 자"가 적지 않다.

히라쓰카는 국가가 사생아를 보호할 것을 호소했지만, 위 인용에서도 엿볼 수 있듯이 그것은 사생아 자신을 위해서라기보다 '사회생활의 안녕 · 행복'과 '국가의 진보 · 발전'을 저해하지 않기 위해서였다. 그리고 모성보호도 최종적으로는 같은 논거에 의해 뒷받침되고 있다. "자녀의 완전한 보호는 그 어머니를 보호하는 데 있다"라는 것이다. 이 결정적 논리를 오인하지 말았으면 한다. 히라쓰카 라이초에게 최종적인 가치는 '사회'와 '국가'이고, 자녀(사생아) 나아가 어머니를 보호해야 하는 것은 어디까지나 사회와 국가를 지키기 위해서였다. 이 목적 · 수단의 순서는 뒤바뀔 수 없다. 그것은 다음과 같은 표현으로도 뒷받침된다.

> 원래 어머니는 생명의 원천이고, 여성은 어머니가 됨으로써 개인적 존재의 영역을 벗어나 사회적 · 국가적 존재가 되므로, 어머니를 보호하는 것은 여성 일개인의 행복을 위해 필요할 뿐 아니라 그 자녀를 통하여 전 사회의 행복을 위해, 전 인류의 장래를 위해 필요한 것입니다.

국가적인 존재로서의 어머니. 여기서 운노 고토쿠의 '사회적 연애 · 사회적 결혼'을 쉽게 연상할 수 있을 것이다. 이런 대목에 대해 비판을 받은 히라쓰카 라이초는 자기는 '모성의 절대적 존중' 따위 주장하지 않는다, 여성은 어머니가 됨으로써만 개인적 존재의 영역을 벗어난다, 는 식으로는 말하지 않았다고 반론했다.

틀림없이 글자 그대로만 보면 그렇기는 하지만, 아무리 생각해도 이것은 논점을 몰래 바꿔친 것이다. 다음과 같은 문장을 읽고 출산 · 육아는 여성이 사회에 공헌하는 한 가지 방법에 불과하다는 온건한 주장이라고 받아들일 사람이 있을까?

> 자녀란 **자기가 낳은 자기 아이라도 자신의 사유물이 아니라 그 사회의, 그 국**

가의 것입니다. 자녀의 수와 질은 국가·사회의 진보·발전에, 그 장래의 운명에 지대한 관계가 있으므로, 자녀를 낳고 또 키우는 어머니의 일은 이미 개인적인 일이 아니라 사회적인, 국가적인 일입니다…….

그리고 이 일은 여성에게만 지워져 있는 사회적 의무로, 이것은 단지 자녀를 낳고 또 키우는 것뿐 아니라 좋은 자녀를 낳아서 잘 키운다는 이중의 의무가 되어 있습니다.

—「모성보호 문제에 대해 다시 요사노 아키코 씨에게 쓴다(母性保護問題に就いて再び與謝野晶子氏に寄す)」(1918년, 강조는 지은이)

이에 대해서 요사노 아키코는 "너무 무서운 단언이지요" 하고 비판하며, "나는 자녀를 '물건'이나 '도구' 따위라고 생각지 않습니다. 자존·독립하는 하나의 인격체라고 생각하고 있습니다. 아이는 아이 스스로의 것입니다. 히라쓰카 씨처럼 '사회의 것, 국가의 것'이라고는 결코 생각하지 않습니다" 하고 응답했다(「히라쓰카, 야마카와, 야마다, 세 여사에게 답한다平塚, 山川, 山田三女史に答ふ」, 1918년). 이것은 단순한 말꼬리 잡기가 아니다. 사람의 '자존·독립'이야말로 최상의 가치라고 보는 요사노 아키코로서는 어머니든 자녀든 대체할 수 없는 개인을 '국가적인 존재'라는 불길한 관념으로 삼켜 버리는 것은 결코 허용할 수 없었던 것이다.

실은 요사노도 국가에 의한 모성보호를 완전히 부정했던 것은 아니어서 "어머니의 직능(職能)을 다할 수 없는 빈곤자를 국가가 보호하는 것은 국가의 의무라고 생각하고 찬성한다"라고 언명했다. 하지만 빈곤자를 구제할 국가의 의무를 요구하는 것과 자녀를 낳아 기르는 것을 여성의 의무로 삼는 것 사이에는 거의 무한에 가까운 거리가 있다. 하물며 그냥 자녀도 아니고 '좋은 자녀'의 생산이 문제일 때는 더욱 그렇다. 이것은 요사노 아키코와 히라쓰카 라이초를 가르는 미묘한, 그러나 결정적인 논점이다.

그건 그렇다 치고 히라쓰카 라이초가 생각한 '좋은 자녀'란 무엇이었을까? 직접적으로는 "정신과 육체 모두 일반적으로 건전한 자"라고 막연하게 설명되어 있을 뿐이지만, 그것의 부정형 쪽은 분명하다. "어머니를 보호하지 않으면 갖가지 원인으로 대개 경제적 곤궁에 처한 어머니를 둔 사생아의 다수가 육체적으로 열등한 데다가 비사회적인 인간이며 범죄자 · 부랑자 · 매춘부 같은 자가 되는 것에서도 알 수 있듯이, 이런 사회적 바실루스를 사회에 많이 내보냄으로써 국가는 중대한 해독을 입을 수밖에 없다." 바실루스(bacillus)란 정확하게는 '간균(桿菌)' 곧 결핵균이나 적리균을 가리키는 의학 용어지만, 당시에는 '병원균(病原菌) · 해독(害毒)' 이라는 정도의 의미로 곧잘 사용되었다.

여성이 한 개인임을 벗어나 동화되어야 할 사회/국가 — 이 둘을 전혀 구별하지 않은 것은 히라쓰카 라이초뿐 아니라 많은 근대 일본의 사상가에게 공통된 문제점인데 — 의 또 하나의 얼굴이 여기 드러나 있다. 그것은 어쩌다 열악한 환경 속에 태어났기 때문에 범죄를 저지르거나 매춘을 생활의 수단으로 삼지 않을 수 없었던 사람들을 자기한테 기생하는 병원균으로 간주하고 배척 · 박멸하려 하는 거대한 생물로서의 얼굴이었다.

1920년의 「진주 부인」

2002년 봄, 평일 오후 시간에 방송된 텔레비전 드라마 「진주 부인(眞珠夫人)」(후지테레비)이 이례적으로 히트했다. 주요 타깃인 전업주부들뿐 아니라 시간 여유가 있는 대학생 등의 인기를 끌었던 듯하다. 방송이 종료된 뒤에는 이른바 낮 시간 멜로물로는 처음으로 DVD와 비디오가 발매되고 같은 해 '일본 신조어 · 유행어 대상'에서도 톱 텐에 드는 등 약간의 붐을 일으켰다고 할 수 있겠다.

이런 예기치 못한 성공의 비결은 대체 무엇이었을까? 후지테레비 웹사이트에 따르면, "가혹한 운명의 장난에 농락당하는 한 여성, 루리코(瑠璃子)의 인생의 변천과 진실한 사랑 그리고 영혼의 구원을 그린 대하 로망"이라는 이 드라마의 줄거리는 다음과 같다. 주인공 루리코는 옛 화족(華族)의 딸로, 그녀에게는 행복한 인생이 약속되어 있는 것 같았다. 그러나 시대와 사회의 물결은 더러움을 모르는 그녀를 집어삼킨다. 아버지의 명예를 지키고 몰락해 가는 집을 구하기 위해 루리코는 신흥 졸부 쇼다 가쓰헤이(莊田勝平)의 아내가 된다. 장래를 약속했던 연인 나오야(直也)와는 어쩔 수 없이 헤어지게 된다. 세월이 흘러 미망인이 된 루리코는 여자의 인생을 뒤틀리게 만든 사회에 그리고 남자의 이기심에 복수하기라도 하듯이, 주위에 모여드는 남자들을 포로로 만들어서는 파멸시키는 요부가 되어 간다…….

「스튜어디스 이야기(スチュワーデス物語)」 같은 다이에이(大映)테레비의 드라마로 대표되는, 현실에는 **있을 수 없는** 극단적인 스토리와 과장된 캐릭터로 채워진 텔레비전 드라마가 등장했고 그런 것을 비웃으면서도 실은 로망에 취하고 싶은 시청자의 욕망을 포착한 것은 1980년대였다. 「진주 부인」은 그 연장선상에 있었는지도 모른다. 1983년 「스튜어디스 이야기」를 보던 여중생 · 여고생이 20년 뒤 이제 아이를 다 키운 주부가 되어 사회에 의해 인생이 뒤틀려 버린 여자의 복수극을 봤던가 생각하면 조금 무서운 느낌도 없지는 않다.

그거야 어쨌든 이런 스토리와 무대 설정은 어떻게 보면 시대에 뒤떨어진 것으로 당시 트렌디 드라마와는 성격이 퍽 다르다. 그도 그럴 것이 「진주 부인」의 원작은 기쿠치 간(菊池寬)이 1920년 『도쿄니치니치신문(東京日日新聞)』에 연재, 나중에 작자 자신이 "압도적인 세평(世評)"이라고 술회할 정도의 반향을 얻었던 해묵은 소설이다.[134] 드라마에서는 무대가 다이쇼 시대에서 제2차 세계대전 후로 옮겨졌고 스토리 전개에 차이가 있지만, 남자의 욕망에 인생이 뒤틀린 여자의 복수극이라는 핵심 부분은 원작대로다.

이 소설이 널리 호평을 받은 이유에 대해 다케무라 다미오는 "사람들 사이에 정조며 사랑의 순수함을 오롯이 추구하려는 풍조"가 높아진 것에 기쿠치 간이 적확하게 부응했고, 특히 직업여성들의 가슴에 쌓인 불만을 대변했기 때문이라고 분석하고 있다.[135] 1914년 『청탑』 지상에서 '정조 논쟁'이 불붙은 뒤 정조는 분명 시대를 상징하는 어휘가 되었고, 1920년대가 되면 실로 순애라고 불릴 만한 모방 자살이며 실종·동반 자살 사건이 세상을 시끄럽게 한다.

하지만 착각해서는 안 된다. 도처에 널린 것을 사람들은 욕망하지 않는다. 정조를 추구한 이유는 그것이 현실에는 없었기 때문이다. 여성이 생각대로 남자들을 조종해 가는 「진주 부인」의 인기는 현실의 여성들이 여전히 무력한 채였다는 사실을 뒤집은 데 지나지 않는다. 다케무라 다미오가 예리하게 지적하듯이 그것은 여성이 억압받는 상황을 뒤바꿀 힘

---

134 기쿠치 간 저, 양경미 역, 『진주 부인』(상·하), 이가서, 2005(菊池寬, 『眞珠夫人』). 기쿠치 간(1888~1948)은 일본의 소설가·극작가이자 문예춘추사(文藝春秋社)를 세운 인물이다.

135 竹村民郎, 1982, 앞의 책(주 128).

이 되기는커녕 "남성 상위 사회의 현실에 시달리는 여성의 마음을 누그러뜨려 결과적으로는 남녀평등에 눈뜨기 시작한 여성을 남성 상위 사회에 동화시키는 역할"을 담당했던 것이다.

『근대의 연애관』과 연애의 대중화

「진주 부인」이 나온 이듬해 '연애'를 주제로 하는 또 하나의 베스트셀러가 등장했다. 기예의 영문학자 구리야가와 하쿠손의 『근대의 연애관(近代の戀愛觀)』이다.[136] 1921년 가을 『아사히신문』에 연재되어 화제를 모았던 이 평론은 이듬해 개조사(改造社)에서 단행본으로 출판되자, 한 달 남짓 동안 40쇄를 넘기는 발행 실적을 올렸다. 책머리에 인용된 빅토리아 시대 영국 시인 로버트 브라우닝(Robert Browning, 1812~1889)의 "러브 이즈 베스트(Love is best)"[137]라는 시구는 10대 소녀들의 표어가 되어 크게 유행했고 "1921년부터 1935년경까지…… 마치 처녀들의 청춘 지표가" 될 정도였다고 한다.[138] 이 책의 영향으로 연애는 더 이상 소수의 기독교도나 문학자들만의 것이 아니게 되었다.

당시의 순박한 소녀들을 그토록 도취시켰던 이 책의 힘은 무엇보다 선열(鮮烈)한 연애의 정의 자체에서 생겨난 것이리라. 그 핵심을 이루는 것은 자기희생으로서의 연애라는 관념이었다. "모든 도덕의 근저에 자리 잡은 자기희생이라는 것은 타는 듯한 사랑을 하는 남녀가 가장 통렬

136 구리야가와 하쿠손 저, 이승신 역, 『근대 일본의 연애관』, 문, 2010(廚川白村, 『近代の戀愛觀』).

137 로버트 브라우닝의 시 「폐허의 사랑(Love among the Ruins)」의 마지막 구절이다.

138 秋山正美, 『少女たちの昭和史』(아키야마 마사미, 『소녀들의 쇼와사』), 新潮社, 1992.

하게 체험하는 것이 보통이다." 그것은 단지 성욕을 채우거나 자손을 남긴다는 이기적인 욕망에만 급급한 '여드름투성이 불량 소년들'이나 '불량스런 노인네들'로서는 생각도 할 수 없는 경지이다.[139]

이런 데서도 엿볼 수 있듯이 이것은 연애라는 화제는 곧 소녀 취미라는 후세의 편견으로 정리되고 말 그저 그런 책이 아니었다. 그렇기는커녕 저자의 필치는 거의 격문처럼 팽팽히 긴장되어 있고 구식 도덕을 공격하는 붓끝은 묘하게 생생하다. 그 분위기를 전할 수 있도록 다시 조금 길게 인용해 보겠다.

> 순수한 사랑은 더없이 크고 높은 미이고 선이다. 부모 형제 앞에서 스승과 친구 앞에서 공언할 수 없는 부정(不淨)하고 도리에 어긋난 사랑을 하는 여자, 혹은 공언할 수 있을 만큼의 반듯한 사랑을 하면서도 봉건시대의 공주처럼 목덜미부터 빨개져 입을 우물우물하면서 그것을 부모 형제 앞에서 어엿하게 공언할 만큼의 용기가 없는 한심한 여자는 모두 신시대의 신생활에서 패배자가 될 것을 각오해야 한다. 그러한 여자는 스스로 자신의 생활을 건설할 만큼의 능력이 떨어지는 저능아든지, 그것이 아니라면 지금도 여전히 연애를 '불의'라든가 '열정(劣情)'과 동의어로 아는 시대착오적인 노예 여성이기 때문이다.[140]

『아사히신문』에 연재되었다고는 믿기 어려울 만큼 강렬한 레토릭이 넘쳐 나는 문장이다. 사람들이 너무 쉽게 상처받고 '사람마다 제각각'이

---

139 구리야가와 하쿠손, 2010, 앞의 책(주 136), 28~29쪽의 인용이다.

140 구리야가와 하쿠손, 2010, 앞의 책(주 136), 71쪽. 번역서에 '부인(婦人)'이라고 한 것은 '여성'으로 고쳤다.

라는 상대주의에 틀어박혀 있는 요즈음 신문에 이런 글을 쓴다면 곧바로 '개인적인 의견을 강요하지 말라'는 식의 성가신 항의가 쇄도할 것 같다. 하지만 다이쇼 시대의 소녀들은 '저능아', '노예 여성'이라고 매도당하면서 깨우쳤던 것이다.

그녀들이 느꼈을 연애의 반짝반짝 빛나는 이미지를 손쉬운 섹스와 스토커가 만연하는 지금의 우리가 실감하기는 어렵다. 우리는 너무 격한 연애 감정에서는 나르시시즘이나 에고이즘의 냄새를 맡아 버리고, 실제 그것이 상대를 속박하는 일로 이어지는 경우가 많기 때문이다. 하기야 그런 것은 다이쇼 시대의 연애도 마찬가지였다. 실제 구리야가와 하쿠손도 인용했던 로버트 브라우닝의 「사랑에 빠진 인생(Life in a Love)」이라는 시는 조금 무섭다.

날 피한다고?
결코 안 되지—
내 사랑!
내가 나, 당신이 당신인 한,
세상에 우리 두 사람 남아 있는 한,
나는 사랑하고 당신은 싫어하고,
한 사람 피하면, 다른 이는 좇을 수밖에.[141]

141 로버트 브라우닝 저, 김인성 편역, 『나 그대 얼마나 사랑하는지』, 평민사, 2001, 81쪽. 원문은 다음과 같다.
"Escape me? / Never — / Beloved! / While I am I, and you are you, / So long as the world contains us both, / Me the loving and you the loth, / While the one eludes, must the other pursue."

무대를 지금으로 바꾸어 상상해 보자. 이제 헤어져야 할 옛 연인—남자든 여자든—이 어느 날 저녁 느닷없이 집 앞에 나타나 생긋 웃으며 속삭인다. '날 피할 수 있을 거라고 생각했던 거야, 러블리?' ……물론 브라우닝은 좀 더 고상한 정신세계를 그렸을 테지만, 뭐 내 멋대로 상상해 본 것이다.

그렇지만 고향의 부모 형제를 부양하기 위해 가혹한 노동에 청춘을 소모하고, 부모님이 정해 주는 대로 알지도 못하는 남자와 결혼하는 것이 보통이었던 메이지 · 다이쇼 시대의 소녀들에게 '연애'는 혼을 마비시킬 것 같은 해방의 이미지 그 자체였던 것은 아닐까?

그리고 그것은 새로운 '결혼'의 이미지에도 통하고 있었다. 구리야가와 하쿠손은 그때까지 주류였던 연애 없는 '중매결혼'을 '매춘결혼'이자 '축생도(畜生道)'에 불과하다고 매도했다. 이렇게 『근대의 연애관』은 기독교 주변에서 생겨난 연애의 관념을 더 광범한 사람들 사이에 퍼뜨리는 역할을 함과 동시에, 인생 최고의 가치로서의 연애결혼이라는 관념의 원형을 빚어냈던 것이다.

하지만 그렇다면 일찍이 기타무라 도코쿠가 부딪힌 '연애와 결혼의 모순' 또는 '열광적 사랑'과 '잔잔한 사랑'을 갈라놓는 간격이라는 문제에 구리야가와 역시 걸려 넘어질 수밖에 없을 것이다. 한창 '불타는 듯한 사랑'에 빠진 남녀는 자기희생으로서의 연애라는 관념을 인정한다 하더라도, 그것을 결혼 뒤의 생활에도 단순하게 갖다 맞추는 것은 현실 문제를 외면하는 것밖에 되지 않는다. 구리야가와 하쿠손은 그것을 어떻게 해결했는가 하는 것은 보기보다 훨씬 큰 문제이다. 거기에 답하기 위해서는 구리야가와만이 아니라 히라쓰카 라이초의 연애관에도 큰 영향을 준 엘렌 케이(Ellen Key, 1849~1926)의 사상을 대강이라도 살펴보아야만 한다.

엘렌 케이 사상에서 연애와 모성

다이쇼 시대의 연애와 결혼을 둘러싼 논의에 엘렌 케이는 매우 중요한 위치를 차지한 사상가였다. 모성보호 논쟁에서도 케이를 어떻게 평가할지가 숨은 쟁점이었다고 해도 좋을 정도다. 그 여운은 내가 대학생이었던 1980년대 전반—여성해방운동의 열기는 벌써 멀리 지나가고 우에노 지즈코의 대활약은 아직 시작되지 않았던 시대—까지 아직 희미하게 남아 있었다. 당시 페미니즘에 관심을 가진 학생이 손에 쥘 수 있던 몇 안 되는 책들 중 하나에서도 케이에 대해 한 장을 할애했다.[142] 그러나 그 뒤로는 페미니즘의 맥락에서 엘렌 케이가 읽힐 기회는 급격히 줄어든 듯하다. 오랫동안 케이를 읽어 온 이들이 1997년 주저『연애와 결혼(Kärleken och Äktenskapet)』(『생명줄 Livslinjer 1』, 1903년)의 새 번역본을 냈다고는 하지만, 나보다 어린 세대가 케이의 영향력을 실감할 기회는 적었을 것이다.

그렇지만 어떤 사상이 거론되지 않는 것이 반드시 패배를 의미하지는 않을 것이다. 정반대의 가능성도 있다. 그것이 이야기되지 않는 것은 잊혔기 때문이 아니라 굳이 언급할 필요가 없는 자명한 사실이 되었기 때문인지도 모른다. 적어도 엘렌 케이의 경우에는 그런 해석이 맞을 것이라고 생각한다. 케이가 일본 사회에 가져다준 '연애'와 '모성'이라는 관념은, 우리가 그것을 의식하든 말든 이 현실을 이루는 불가결한 요소가 되어 있다. 그렇기 때문에 그녀의 말을 음미하는 것은 우리 자신이 있는

142 一番ヶ瀬康子 編,『入門女性解放論』(이치반가세 야스코 편,『입문 여성해방론』), 亞紀書房, 1975.

자리를 밝히는 일과 이어져 있을 것이다.

스웨덴의 사상가 엘렌 케이의 업적은 크게 나누어 두 종류가 있다. 하나는 『어린이의 세기』(1900년)에서 루소(Jean-Jacques Rousseau)의 영향을 받은 자유주의적 교육 이념을 고창하고, 20세기의 보육·교육에 큰 영향을 준 것이다.[143] 사실 이쪽 방면에서는 지금도 활발한 연구가 이루어지고 있다. 그러나 우리가 주목하는 것은 말할 것도 없이 다른 하나의 측면, 곧 여성의 지위 향상과 연애의 자유를 주창한 『연애와 결혼』에 나타난 사상이다. 하지만 이 두 면은 별개의 것이 아니다. 그 점은 조만간 분명히 보게 될 것이다.

스웨덴 국내에서는 도덕을 문란하게 한다는 비난을 받았던 『연애와 결혼』이지만, 나중에는 11개 국어로 번역되어 널리 읽히고 20세기 전반을 대표하는 책 중 하나가 되었다. 일본에 소개된 것은 1911년 철학자 가네코 지쿠스이(金子筑水, 1870~1937)가 종합잡지 『태양』에 기고한 글이 처음으로, 이듬해에는 문학평론가 이시자카 요헤이(石坂養平, 1885~1969)가 그 책 제8장을 「자유이혼설」이라는 제목으로 초역했다. 히라쓰카 라이초는 그것을 읽고 금세 케이에 경도되어 1913년에는 스스로 『청탑』에 『연애와 결혼』의 초역을 싣기에 이르렀다.

이때 히라쓰카는 엘렌 케이의 모성예찬사상에 강하게 이끌려 몇 년 뒤 모성보호 논쟁에서 보인 입장의 기초를 굳혔던 것이다. 모성의 강조가 여성해방으로 이어졌다는 것은 지금의 눈으로 보면 이해하기 힘든 논리일지도 모른다. 하지만 여성 특유의 능력을 재평가함으로써 여성의

---

143 엘렌 케이 저, 정혜영 역, 『어린이의 세기』, 지만지고전천줄, 2009(Ellen Key, *Barnets Århundrade*).

사회적 지위를 높이고자 하는 운동은 19세기부터 20세기 초에 걸쳐 서양에서는 유력한 흐름이었다. 자본주의의 급속한 발전으로 사회에 혼란이 야기되던 당시로서는 여성이 선천적으로 갖추고 있다고 간주된 도덕성과 애타심에 큰 의미를 부여했던 것이다.

하지만 케이의 사상이 많은 독자의 마음을 끌었던 것은 '연애'의 찬미에 의한 바가 컸을 것이다. 케이의 작품을 번역·해설했던 문학자 혼마 히사오는 케이의 사상에서 배워야 할 것으로 특히 '연애와 결혼의 관계'와 '인생을 긍정하는 생각' 두 가지를 들면서 다음과 같이 썼다. "엘렌 케이는 근대 들어 연애를 가장 고창한 사람이다. 또 연애를 일체 성도덕의 바탕으로 삼은 사람이다."[144] 구리야가와 하쿠손도 연애지상주의의 대표적인 보기로 『연애와 결혼』을 언급했다.

인류를 위해 연애를

모성보호와 연애지상주의. 그러나 그런 표어만을 염두에 두고 엘렌 케이의 저작을 들여다본다면 조만간 기묘한 불편함을 느끼게 될 것이다. 우리가 이런 구절들에서 떠올리는 이미지와 케이가 실제로 말하는 것 사이에 삐걱거림이 생기기 때문이다. 확실히 『연애와 결혼』에는 '연애', '모성', '자녀' 같은 말이 물릴 줄도 모르고 되풀이된다. 하지만 그것들이 조합될 때 모습을 드러내는 것은 이를테면 다음과 같은 명제인 것이다.

그렇다. 참으로 종족 본능을 원천으로 하는 연애는, 다른 어떤 정신 활동

144 本間久雄, 1923, 앞의 책(주 84).

보다 깊이 종족과 맺어지지 않으면 안 된다. ……그러니까 인류의 목적에서 완전히 유리된다면 어떤 연애라도 영양불량으로 사멸할 수밖에 없는 것은 필연이다.

종족을 위해 유리한 조건하에서의 연애 선택의 자유, 연애 자체의 자유의 제한이 아니라 종족에게 불리한 조건하에서의 생식 자유의 제한, 이것이야말로 생명줄이다.

이 구절들이 뜻하는 바를 잘못 읽을 염려는 없을 것이다. 엘렌 케이에게 연애란 지상(至上)의 것이기는커녕 '종족 본능'이라는 원천에서 생겨나는 이차적 현상이고, '인류의 목적'인 종족의 번영이라는 지상의 가치에 종속된 이차적 가치에 불과하다. 연애가 정당화되는 것은 그것이 종족을 위해 유리한 조건하에서의 생식과 맺어질 때뿐이라는 것이다.

그렇다면 그 '조건'이란 무엇인가? 케이는 다음과 같이 말한다.

더 높은 자세를 향해 향상하는 데 인생의 참된 의미가 있음을 깨달을 정도의 사람이라면, 과학이 벌써 유전성임을 확인한 중병을 전염시키지 않도록 하는 것이 명백한 의무라는 데 반대할 리가 없다.

요컨대 제대로 된 인간이라면 유전병을 가진 자녀 따위 만들 리가 없다는 것이다. 더 노골적으로는 '간질이 있는' 여자를 아내로 데리고 살고 싶어 하는 남자는 있을 리 없다는 말로 들린다.

이런 사상에 이름을 붙여 준다면, '종족'이라는 지상 가치 아래 개인을 수단화하는 전체주의이자 그런 관점에서 생식의 인위적 통제를 주장하는 우생사상이라는 게 적확할 것이다. 다만 엘렌 케이가 운노 고토쿠나 사와다 준지로와 다른 것은, 후자의 논의가 어디까지나 일본이라는 국가의 틀 안에만 한정된 데 반해 케이는 인류 단위로까지 논의를 확장했다는 점이다. 분명 그런 점에서는 세계 평화에 대한 전망으로 이어진 큰 의의가 인정된다. 실제로 케이는 제1차 세계대전이 발발하자 『전쟁과 평화와 장래(Kriget, Freden och Framtiden)』(1914년)를 써서 생명을 빼앗는 전쟁에 강하게 반대했다.

하지만 우생학자가 또한 평화주의자나 좌익 국제주의자로서 전쟁에 반대한 것은 우생학적으로 보아 우수한 생명을 지켜야 한다고 생각했기 때문이지, 결코 개개의 생명 그 자체를 존중해서가 아니었다는 점을 간과해서는 안 된다. 그것은 국가라는 틀을 넘어서 인류 단위에서 우생생식을 추진해야 한다는 제언이었다. 우수한 인간을 헛되게 잃어버릴 뿐인 전쟁이 아니라 평화 속에서 행해져야 할 인간의 선별, 그것이 국민국가끼리의 전쟁에 비해 조금은 더 나은 것인지 지금 나로서는 잘 모르겠다.

일본에서 엘렌 케이 사상의 수용

이토록 명확한 우생사상, '종족'의 전체주의를 일본에 소개한 사람들은 어떻게 그것을 연애나 모성이라는 그럴싸한 표어로 환원시킨 것일까? 거기에는 뭔가 정치적인 의도가 작동했던 걸까? 그럴싸한 말을 늘어놓음으로써 위험한 우생사상을 감추려고 했던 것일까?

아마 그렇지는 않을 것이다. 엘렌 케이의 우생사상이 꼭 집어서 초점화되지 않은 것은 그저 그것이 특별히 자극적이지 않았기 때문이 아니었을까? 국가나 종족을 개인보다 위에 두는 생각은 당시 일본의 사상가들에게 극히 자연스런 사고방식으로 마찰 없이 받아들여졌던 게 아닐까? 그들이 보기에 케이의 우생사상보다 오히려 연애나 모성에 대한 생각이 훨씬 새롭고 자극적인 관념이었던 것은 아닐까?

이런 가정에 입각해서 다시 보면 구리야가와 하쿠손이 예찬한 '자기 희생으로서의 연애'도 단지 연인을 위해 모든 것을 포기한다는 뜻은 아니었음이 분명해진다. 그에게 참연애란 단순한 연애만이 아니었다. 거기에는 우생 생식이라는 궁극적 목표 안에서 연애의 의미를 찾아낸 케이와 마찬가지의 역설이 포함되어 있다. 다시 구리야가와를 인용해 보자.

> 이어서 결혼 관계에 들어서면 이 사랑은 물적 기초 위에서 더욱더 굳건해지고 강해지고 심화된다. ……최초의 연애는 드디어 부부간의 상호부조의 정신이 되고 더없이 높고 커다란 정의(情誼)로 변하며, 나아가 자식에 대한 부모의 애정으로 전화된다. 특히 부인(夫人)이 갖는 가장 고귀한 모성애를, 성욕에 기반한 성적 연애의 연장이자 변형 바로 그 자체로 보는 것은 지당한 견해일 것이다. 그것은 이윽고 부모에 대한 자식의 애정이 되어 되돌아온다. 더 나아가 진화와 함께 이 같은 사랑의 정신이 확대되기에 이르러, 가족에서 더 나아가 이웃에 이르고, 자신의 민족 전부 그리고 사회에 이르러 세계 인류에 미칠 때, 우리 인간의 완전한 도덕 생활은 여기에 성립한다. 사랑이 없는 곳에 도덕은 없다.[145]

대체 이 대목의 어디가 연애지상주의일까? 연애보다 결혼이 그리고

145 구리야가와 하쿠손, 2010, 앞의 책(주 136), 29~30쪽. 조금 고쳐서 인용했다.

그보다는 모성과 생식이 더 높은 가치가 있는 것으로 자리매김되어 있다. 사랑보다 중요한 것은 도덕이다. 이 대목을 글자 그대로 읽으면 『근대의 연애관』은 기타무라 도코쿠의 고뇌와는 거의 무관한 '도덕'론에 불과함을 알 수 있다. 구리야가와 하쿠손이 '연애와 결혼의 상극'을 어떻게 해결했는가 하는 물음에 대한 답은 이것으로 명료해진다. 그의 연애 개념에서는 그런 상극 따위는 본래 있지도 않은 이야기였던 것이다.

분명히 구리야가와는 케이의 『여성과 도덕』[146]에서 "정식 결혼 없이도 연애는 도덕적이다. 그러나 연애 없이는 결혼은 부도덕하다"라는 한 구절을 끌어 와서 전면적으로 찬동하고 있다. 하지만 그는 케이의 본뜻이 '법 제도로서의 결혼'보다 '종족 향상을 위한 연애'를 존중하는 데 있음을 이해하지 못했다. 구리야가와 하쿠손은 엘렌 케이의 생식론에 대해 거의 언급하지 않고, 다만 그 정서적인 면을 휘황찬란한 말로 수식했다. 이런 누락은 단지 구리야가와의 한계를 보여 줄 뿐 아니라 다이쇼 시대 일본에서의 연애의 의미를 생각하는 데 상징적인 의미를 갖는다. 처녀들이 연애 찬미의 사상을 접하고 연애의 정열적 이미지에 들떴을 때조차 거기에는 동시에 여성을 우생 생식의 기계로서 국가를 위해 봉사하게 하는 장치가 숨겨져 있었던 것이다.

연애결혼의 극한

1923년 9월 1일, 병으로 가마쿠라(鎌倉)에서 정양하고 있던 구리야가

146 エレン・ケイ 著, 本間久雄 譯, 『婦人と道德』(Ellen key, *Tal till Sveriges Ungdom*, 엘렌 케이, 『여성과 도덕』), 南北社, 1913.

와 하쿠손은 갑자기 덮쳐 온 쓰나미에 삼켜져 참혹한 최후를 맞았다. 쓰나미를 몰고 온 대지진은 간토(關東) 일원을 괴멸시켰고, 대혼란 속에서 폭도들이 조선인들을 대량 학살하고 아마카스 마사히코(甘粕正彦) 대위가 오스기 사카에(大杉榮, 1885~1923)와 이토 노에를 살해하는 등 처참한 사건이 일어났다. 간토대지진이었다.[147]

엄청난 수의 사람들이 생활 기반을 잃고 실업자가 되어 길거리에 넘쳐났고 성매매도 증가했다. 잡지 『여성(女性)』은 이런 상황에 대응해서 이듬해 1924년 신년호에서 '생활난 · 실업난과 정조 문제'라는 작은 특집을 꾸몄다. 하지만 그 내용은 잔혹했다고 할 수밖에 없다. 일용할 양식을 벌기 위한 유일한 수단으로 살길을 찾아 성매매에 나섰을 여성들에게 지식인들이 던진 말은 "그것 말고도 살아갈 방도는 얼마든지 있다"(미야케 야스코三宅やす子, 1890~1932), "이 사회악의 무서움을 알라"(히라쓰카 라이초)는 등 현실과 동떨어진 도덕론에 불과했던 것이다.

그중에서도 와다 도미코(和田富子)의 「내 딸의 문제로 생각하라」는, "일부 사람에게는 거룩한 희생 · 봉사의 마음을 일으키는 동기가 된 바로 그 상황이 다른 일부 사람에게는 살인 · 강탈, 터무니없는 미치광이 짓을 저지르게 하거나 자포자기한 자기 비하로 정신을 놓고 저뇌아(低腦兒) 흉내를 내게 만들었다"라고 격한 어조로 빈민들을 꾸짖고 있다. 오늘날 공

---

147 간토대지진 이후의 사회적 혼란 속에서 조선인뿐 아니라 일본 내의 반체제 · 진보 세력도 린치의 대상이 되었다. 그중 대표적인 것이 9월 16일 아나키스트 오스기 사카에와 이토 노에(오스기와 내연 관계), 오스기의 여섯 살 난 조카 등 세 명이 헌병대로 연행되어 살해된 사건이다. 이 사건은 군사 법정에서 헌병대위 아마카스 마사히코(1891~1945)의 단독 범행으로 처리되었다. 아마카스는 이 사건으로 단기간 복역한 뒤 1927년 육군 예산으로 프랑스에 유학했고 1930년부터는 만주국 건설을 위한 정보 공작에 참여했으며, 이후 만주영화협회 이사장을 역임했다.

식적으로는 거의 사어(死語)가 된 '저뇌아'는 당시에는 아주 예사로운 말로 히라쓰카 라이초도 빈번히 썼지만 와다의 용법은 한층 격렬했다.

다음 달의 『여성』 '연애특집호'에도 와다는 「인격 없는 곳에 연애 없다」라는 글을 기고해서 연애에 대해 논하고 있다.

> 민족 안에서 숭고한 여성과 연애를 만들어 내기 위해 사회는 병독(病毒)이나 노예제도, 폭력, 저뇌아의 도덕을 몰아내지 않으면 안 된다. 순혈(純血) 없는 곳에 참연애는 한순간도 머물지 않는다. 연애와 매독을 잡거(雜居)시키려고 하는 민족의 뇌수는 이미 썩었다.

여기서도 연애란 곧 '민족'의 문제였다. 이렇게 메이지 · 다이쇼 시대에 연애를 긍정적으로 말한 의견은 거의 예외 없이 연애를 '민족', '종족', '사회', '국가'라는 '전체'에 봉사하는 것으로 그렸다.

오랫동안 연애라는 현상은 이른바 자아확립에 관련된 문제로 논의되어 왔다. 분명히 연애는 봉건제도로부터의 개인의 각성과 따로 떼어 논할 수 없다. 그렇지만 그것에 의해 태어난 개인이란 메이지 국가의 구성원인 국민의 별칭이기도 했다. 연애를 통한 자아의 각성이란 동시에 자신이 국민국가라는 커다란 전체의 한 부분이라는 자각이기도 했던 것이다. 이렇듯 누구나 내면적이고 사적이며 은밀한 것이라고 생각하는 연애가 실은 개인을 국가에 접속시키는 담론상의 회로로 존재해 왔다는 사실은 우리에게 씁쓸한 교훈을 준다. **자기의** 욕망, **자기의** 꿈이라는 밀실의 환상에 젖어 있는 바로 그때, 사람들은 반대로 전체한테 모든 것을 넘겨주고 있는 것인지도 모른다.

이런 '연애 · 결혼 · 우생사상'의 삼위일체를 가장 풍요롭게 구체화한 저작으로 도즈카 마쓰코(戸塚松子)의 『연애 교육의 기본적 연구』(1924년)[148]를 들 수 있다. 한때 아나키스트 단체의 설립에 참가한 적이 있다는 것 외에 도즈카 마쓰코라는 인물에 대해 상세한 것은 알 수 없다. 하지만 무명에 가까운 저자가 쓴 이 책은 메이지 시대 이래의 일부일처론, 연애론, 여성해방사상의 가능성과 위험성 전부가 집대성된 듯한 느낌을 준다.

이 책은 연애는 "남녀 간의 영육일치의 완전한 경지"라는 설명으로 시작된다. 하지만 그것은 종래 '연애는 맹목'이라고 해온, 그런 뜻에서의 연애를 그냥 예찬하는 것이 아니다. 도즈카의 말을 더 들어 보자.

> 여기에 하나의 새로운 경향이 생겨났다. 즉 연애를 이성의 지배 아래 두고, 또 지식을 가지고 선택하고 해결해야 할 것이라고 생각하는 것이다. ……이 기뻐할 만한 신경향은 과학의 입장에서, 인종 개량상 또 종족 보존의 견지에서 실로 축복해야 할 것이다.

여기서는 '영육일치'가 글자 그대로의 의미로 쓰였다고 보아야 한다. 그러니까 연애란 단순한 정신과 감정의 문제가 아니라 필연적으로 성교라는 육체의 교섭을 거쳐 생식으로, 그것도 우생학이라는 과학에 꼭 들어맞는 생식으로 이어져야 한다. 물론 그것은 결혼의, 더 정확히 말하자면 '일부일처제'라는 결혼제도의 틀 안에서 이루어져야 한다. 도즈카 마쓰코는 "자녀들에게 훌륭한 체질을 물려주기 위해서는 성적 행위의 순

---

148 戸塚松子, 『戀愛教育の基本的硏究』(도즈카 마쓰코, 『연애 교육의 기본적 연구』), 盛林堂書店, 1924.

결을 지켜야 하"기 때문이다. 일부일처제를 통해서만 아이를 낳으려는 남녀가 "서로의 심신을 가장 건강하게 하고, 여러 가지 외적 사정이 적절할 때 출산해서 올바르게 양육하는 것"이 가능해진다고 생각했다. 그녀에게 일부일처제는 단순한 사회질서의 문제가 아니다. 그것은 '훌륭한 체질'을 갖춘 우량한 국민을 생산한다는 과학적 유용성에 의해 정당화되어야 할 제도이다.

메이지 시대의 개막 이래 일부일처론과 우생사상을 방패의 양면처럼 맺어 온 '이성=진보'의 관념을 도즈카 마쓰코는 정통으로 물려받고 있다. 이성에 근거한 연애라는 관념이 의미하는 내실은 바로 '우생결혼'이다. 하지만 지금껏 연애와 결혼을 둘러싼 담론 공간을 답사해 온 우리한테 그것은 그다지 의외랄 것도 없는 사실일 것이다. '연애 교육'이라는 말을 책 제목으로 내세운 이 열정에 찬 작품이 '교양이 풍부한' '우수한 여성'에게 '자기의 교화된 우수한 심신을 자손에게 남김'으로써 '인류의 영원한 진보'에 공헌하라고 호소하는 전형적인 '역도태(逆淘汰)'설[149]에 기반한 우생학의 권고로 끝맺는 것도 이제는 놀랍지 않다.

> 오늘날의 우리나라(일본)처럼 가장 진보한 여성, 완전히 교양을 습득한 여성이 자녀를 낳지 않고, 반대로 심신 모두 불완전한 여성이 불완전한 자녀를 많이 낳는다면, 우리나라의 장래는 우려할 만한 결과가 될 것이다. 우리는

---

149 생존경쟁에서 더 우수하거나 환경에 더 잘 적응한 개체만이 살아남아 자손을 남기게 된다는 진화론의 '자연선택(natural selection)' 개념을 19세기 동아시아에서는 '자연도태'라고 번역했다. 우생학에서 말하는 '역도태(adverse selection)'는 이와 반대로 인용문에서처럼 우수한 개체가 자손을 남기지 않음으로써 도태되고 열등한 개체의 자손이 번식하게 되는 것을 가리킨다.

교육받은 여성, 심신이 모두 건전한 여성의 자녀를 한 명이라도 더 얻기를 바란다.

반복해 보자. 여기서 저자의 기세가 지나쳐 연애라는 본래 주제에서 벗어난 것이 아니다. 이성과 과학의 이름 아래 '연애'와 '일부일처'를 말한다는 것은 필연적으로 일본의 미래를 짊어질 자손의 인종적 개량에 대한 이야기가 될 수밖에 없었던 것이다. 그러므로 『연애 교육의 기본적 연구』는 오히려 비할 바 없는 일관성을 과시하는 책이라고 해야 할 것이다. 그리고 그것은 '국가를 위한 연애결혼'이라는 근대 일본의 연애·결혼사상의 본질을 구현한 책이기도 했다.

5장

연애에서 전쟁으로

전전기(戰前期) 우생결혼의 모색

갓파의 우생학

1927년(쇼와 2) 3월 만성적 불황에 시달리던 일본 사회에 금융공황이 덮쳤다. 큰 회사와 은행이 차례로 휴업·도산 상태에 빠지고, 공황에 제대로 대처하지 못한 와카쓰키 레이지로(若槻禮次郎) 내각은 서둘러 총사직했다. 뒤를 이은 정우회(政友會)·다나카 기이치(田中義一) 내각도 충분한 성과를 거두지 못한 채 1929년에 들어서자, 세계공황에 치명타를 맞아 일본 경제는 빈사 상태에 빠져들었다. 실업 증가와 농촌의 빈궁에 따른 사회불안이 커져 가는 가운데 다나카 내각은 중국에 무력행사를 개시했다. 국내문제에 대한 민중의 불만을 대외 침략으로 흡수하려는(현재도 세계 각국에서 되풀이되는) 정치의 상투적인 수단이었다. 이렇게 일본은 파멸적인 군사 대국 노선의 비탈로 치닫게 되었다.[150]

150 1927년 5월부터 이듬해 4월까지 산둥 지방의 일본 거류민 보호를 명목으로 세

그런 격동기로 들어서는 그야말로 첫머리였던 1927년 3월 아쿠타가와 류노스케(芥川龍之介, 1892~1927)는 명작 「갓파(河童)」를 발표했다. 거기에 묘사된 갓파 사회의 기괴한 풍속 중에서도 독자에게 한층 강렬한 인상을 준 것은 갓파의 '해산(解産)' 장면일 것이다. 임신 기간이 슬슬 끝나갈 무렵, 남편은 아내의 생식기에 입을 대고 "너는 이 세상에 태어날지 말지 잘 생각해 보고 대답해라" 하고 배 속의 태아에게 묻는다. 그러자 태아는 스스러워하면서도 "나는 태어나고 싶지는 않아요. 무엇보다 아버지한테서 정신병이 유전되는 것만 해도 문제고요. 게다가 나는 갓파라는 존재를 나쁘다고 믿고 있으니까요" 하고 태어나기를 거부한다. 거기서 산부인과 의사가 무슨 액체를 산모에게 주사하자, 임산부의 배는 "수소 가스를 뺀 풍선처럼 풀썩 줄어들어" 버린다. 태아는 자신이 바란 대로 태어나기 전에 어딘가로 꺼져 버린 것이다.[151]

여기에는 중층적인 우의(寓意)가 숨어 있지만, 가장 충격적인 것은 태아 갓파가 자기 존재의 가치 자체를 부정하는 점이다. 이렇게나 어두운 발상이 몇 달 뒤 '장래에 대한 그저 어렴풋한 불안'으로 자살을 선택한 아쿠타가와의, 자기와 세계에 대한 깊은 '데구(dégoût : 혐오)'에 연원함은 부정할 수 없다. 그러나 거기에는 작가의 내면만으로 환원할 수 없는 현실 자체의 거친 손길이 새겨져 있다. '유전되는 정신병'에 대한 공포는

차례에 걸쳐 단행한 이른바 산둥출병을 말한다. 이어서 1928년 6월에는 관동군 일부가 만주 군벌 장쭤린(張作霖)이 탄 기차를 폭파해 그를 살해하는 사건을 일으켰고 다나카 내각이 총사퇴하기에 이른다. 이후 1931년 만주사변 발발로 다이쇼기 일본의 정당정치는 사실상 종말을 고하고 본격적인 군국주의화가 이루어지게 된다.

151 이하 「갓파」에서의 인용은 아쿠타가와 류노스케 저, 조사옥 역, 『어느 바보의 일생』(웅진출판, 1997)에 실린 것을 조금씩 수정했다. '갓파'는 일본 민담에 나오는 상상의 동물이다.

아쿠타가와 류노스케의 개인사와 사회적 현실이 교착하는 지점에서 분명히 모습을 드러냈다.

아쿠타가와가 정신병을 두려워한 데에는 개인적 이유가 있었다. 생모 후쿠는 그가 태어난 지 8개월쯤 될 때부터 정신에 이상이 생겨, 10세 때 세상을 떠났다. 어머니가 미쳐서 죽은 사건은 평생 아쿠타가와의 정신에 어두운 그림자로 달라붙었다. 그가 자살하기 전해의 작품에도 "내 어머니는 광인이었다"라는 중얼거림이 나타난다(「점귀부点鬼簿」, 1926년 10월).[152] 정신병이 전적으로 유전적인 것으로 생각되던 당시 아쿠타가와 류노스케는 그것을 자기 자신의 내부에 배태된 붕괴의 전조로 받아들였을 것이다.

나중의 연구에 따르면 어머니 후쿠의 정신장애를 전적으로 유전적 요인에 의한 것이라고 단정하기는 어렵다고 한다. 아쿠타가와 류노스케가 부모의 액년이 겹치는 해에 태어난 것 — 그 때문에 아쿠타가와 류노스케는 태어나자마자 형식적이라지만 일단 개구멍받이가 되었다 —, 후쿠가 좋아했던 오빠의 갑작스런 죽음, 남편이 딴 여자한테서 아이를 낳았을지 모른다는 사정, 거기에 산후 회복 불량 같은 갖가지 악조건이 겹쳐 그녀의 정신을 침식하는 요인이 되었다고 생각되기 때문이다.[153] 하

---

152 점귀부란 일본의 절에 비치된 죽은 사람의 명부를 가리킨다.

153 關口安義, 『芥川龍之介とその時代』(세키구치 야스요시, 『아쿠타가와 류노스케와 그 시대』), 筑摩書房, 1999. 이 책에 따라 조금 설명을 덧붙이면 다음과 같다. 류노스케가 아버지 니하라 도시조(新原敏三)가 후액(後厄, 43세), 어머니 후쿠가 대액(大厄, 33세)인 해에 태어나자, 부모는 옛 습속에 따라 아기를 집 맞은편 개신교 교회 앞에 버리고 니하라의 친구 마쓰무라(松村淺二郎)가 버려진 아기를 거두는 형식을 취했다. 류노스케가 태어난 지 3개월쯤 되었을 때 후쿠가 가장 믿고 따랐던 두 살 위 오빠 아쿠타가와 도토쿠(芥川道德)가 죽었다. 몇몇 연구자는 사업가였던 류노스케의 아버지 니하라가 꽤 방탕해서, 호적상 류노스케의 동생으로 되어

지만 오늘날에도 정신병은 곧 유전이라는 편견은 뿌리 깊게 남아 있어 환자의 친척까지 연루시키는 차별의 배경이 될 정도니까, 일본의 의학자들도 그런 편견의 원류라고 할 19세기 정신의학을 수입하는 데 급급했던 당시로서는 아쿠타가와가 정신병을 전적으로 유전이라고 생각한 것은 무리가 아니다.

하지만 아쿠타가와 류노스케에게 유전이란 자신의 핏줄을 뛰어넘은 현실 사회의 문제이기도 했다. 태어나기를 거절한 갓파의 태아가 '아버지의 유전'을 비관할 뿐 아니라 '갓파라는 존재'를, 즉 자신이 속한 종 전체를 부정하기 때문에 자기 삶을 거부한 것은 그 징후이다. 그뿐만 아니라 갓파의 세계에서는 결혼 자체를 우생학화하는 운동이 추진된다. 인간인 화자 '나'가 길에서 발견한 포스터에는 이런 선동적인 문자가 춤추고 있다.

> 유전적 의용대를 모집한다!!!
> 건전한 남녀 갓파여!!!
> 나쁜 유전을 박멸하기 위해서
> 불건전한 남녀 갓파와 결혼하라!!!

그것을 본 '나'는 인간 사회에서는 이런 일은 하지 않는다고 갓파들에게 말한다. 그러자 그들은 폭소를 터뜨리며 반론하는 것이다.

있는 도시지(敏二)는 후쿠가 아닌 다른 여자한테서 낳은 서자였을 것으로 추정한다. 어머니의 발병 이후 류노스케는 외삼촌 아쿠타가와 도쇼(芥川道章)한테 맡겨졌고, 11세에 어머니가 죽자 이듬해 그의 양자로 입적되었다(그래서 그의 성이 '니하라'가 아니라 '아쿠타가와'이다).

하지 않는다고요? 하지만 당신 이야기로 보아서는 당신들 역시 우리처럼 그렇게 하는 것 같은데요. 당신은 도련님이 가정부에게 반하거나 따님이 운전사에게 반하는 게 무엇 때문이라고 생각하세요? 그건 모두 무의식적으로 나쁜 유전을 박멸하는 거라고요.

이것은 분명 낭만적인 연애결혼의 이미지에 대한 비아냥이다. 물론 연애에 대한 아쿠타가와의 태도가 언제나 반드시 야유조였던 것은 아니다. 예컨대 「주유의 말(侏儒の言葉)」에 나오는 "결혼은 성욕을 조절하는 데에는 유효하다. 하지만 연애를 조절하는 데에는 유효하지 않다"라는 단상에는 연애라는 이상한 감정에 대한 두려움이 오히려 솔직하게 표현되어 있으며, "우리를 연애에서 구하는 것은 이성보다는 차라리 다망함이다"라거나 "그는 20대에 결혼한 뒤 한 번도 연애 관계에 빠지지 않았다. 얼마나 속악한가!" 하는 단상도 마찬가지다. 여기에서 눈에 띄는 것은 '연애와 결혼의 모순'으로 이어지는 심술궂은 결혼관이지, 연애가 '나쁜 유전을 박멸'한다는 우생학은 아니다.

하지만 여기에서는 아쿠타가와 류노스케라는 인간 개인의 연애·결혼관이 아니라, 작가의 묵시록적인 상상력의 산물인 '유전적 의용대'라는 표상 자체에 주목해 보자. 그것은 분명히 우생학의 실천을 가리킨다. 하지만 갓파에게 "당신들 역시 우리처럼 그렇게 하고 있다"고 반박당했다 하더라도 '나'가 살던 세계에서 그것은 사람들이 '무의식적'으로 행한 것이지 길거리에서 "유전적 의용대를 모집한다!!!"라고 선전할 정도까지는 아니었다. 적어도 갓파와 '나'의 대화에서는 그런 인식을 읽어 낼 수 있다.

어쩌면 그것은 작가 혼자만의 생각이었을지도 모른다. 아쿠타가와는 당시 우생운동의 구체적 동향에 대해서는 잘 모르면서 「갓파」를 인간세계의 그로테스크한 변형 정도로 구상해서 그렸는지도 모른다. 그렇다면 승리한 것은 작가의 지식과 구상이 아니라 그것들을 배신한 작가의 상상력이었다고 할 수 있을 것이다. 왜냐하면 지금부터 보게 되듯이 '유전적 의용대'는 실제 갓파가 아닌 인간 사회의 현실이 되어 갔기 때문이다. 게다가 「갓파」에 숨겨진 우의는 예언적이기까지 했다. 갓파의 출산 장면에서 태아가 자신의 삶을 부정한 것은 오늘날 중증 장애를 안고 태어난 사람이 자기 어머니에게 출산 전 검사와 중절을 권하지 않은 것에 대해 의사를 고소하여 손해배상을 청구하는 '잘못된 생명(wrongful life)'이라는 소송 논리가 되었다(과연 그런 '논리'가 성립하는지, 또 우리가 그것을 인정해야 하는지 하는 문제에 대해서는 다른 책에서 상세히 다루어 볼 셈이다).[154]

『우생운동』과 여학생

금융공황과 「갓파」의 발표 등 암울한 시대를 예고한 일들이 이어지던 1927년 3월의 끝 무렵, 신문 한 귀퉁이에 작은 광고가 하나 실렸다. '우생문화강연회'라는 것을 개최한다는 선전으로, 입장은 무료이고 그날 오후 여섯시부터 유라쿠초(有樂町)의 호치강당(報知講堂)에서 개최한다고 했다. "여성의 내청(來聽)을 환영합니다"라는 글자가 유난히 돋보였다(『도쿄아사히신문』, 3월 27일).

이 강연회를 주최한 일본우생운동협회의 창설자로 몸소 이날 강단에

154 지은이는 『〈個〉からはじめる生命論('개체'에서 시작하는 생명론)』(日本放送出版協會, 2007)에서 이 문제를 다루었다.

선 인물이 저널리스트 이케다 시게노리(池田林儀, 1892~1966)였다. 1920~1924년 독일에 체재했던 이케다는 거기서 민족위생학 사조에 감화되어, 일본에서도 같은 운동을 일으킬 뜻을 품었다. 그 전해에 이미 일본우생운동협회와 그 기관지 『우생운동』을 설립한 이케다 시게노리는 운동을 확대하려고 이 대규모 강연회(강연자는 모두 6명)를 기획했던 것이다.

이런 종류의 기획으로는 후쿠시마 시로의 『부녀신문』이 주최한 '결혼문제강연회'(1919년)가 벌써 많은 청중을 모으고 있었지만, 이케다 등의 강연회도 — 주최 측 발표니까 좀 깎아서 들을 필요는 있지만 — 약 1천 2백 명을 모은 성황이었다고 한다(『우생운동』 제2권 제5호). 또 같은 호 편집 후기에는 "우리 잡지도 5만 부의 발행 부수를 이어 가고 있다"라고 했다. 이것 또한 꽤 미심쩍기는 하지만 이런 활동이 일정하게 눈길을 끈 것은 틀림없다.

그건 그렇고 이케다 시게노리라는 인물의 정력적 활동은 놀랍다. 『우생운동』을 편집했을 뿐 아니라 매호 원고를 썼고, 일본 전국을 정력적으로 순회강연하면서 때로는 라디오방송도 했던 모양이다. 게다가 결혼상담부를 개설하고 국립우생상담소의 설립을 호소하는 한편, 도쿄생물화학연구소라는 연구 기관도 설립했다.

특히 주목하고 싶은 것은 이케다가 청소년 교육에 우생학을 도입하려 한 점이다. 본래 독일의 반더포겔(Wandervogel)[155]에 감명을 받아 활동을 시작했던 이케다는 우생운동협회에도 어린이부를 설치, '어린이회'며 '이

155 반더포겔은 1896년부터 자발적으로 시작된 독일의 청년운동으로, Wandervogel은 '방랑 · 떠돌이새'를 뜻하는 말이다. 1901년경부터 몇몇 교육자에 의해 조직화되어 국토 순례 성격의 도보 여행, 캠핑 등의 야외 활동을 통해 심신을 단련하면서 애국심을 키우는 운동으로 발전했다.

야기회', 또 '걷기회'(초보적인 반더포겔 활동이라고 생각된다)나 '선상 생활(船上生活)' 같은 야외 활동을 통해 어린이들의 심신 강화를 꾀하려 했다. 다만 이런 활동은 소규모에 그친 듯하다.

나아가 이케다는 학교교육의 장에도 우생학을 끌어넣으려고 고심했다. 『우생운동』에 교육 관계자의 원고가 많이 게재되었는데, 이를테면 미와타 모토미치(三輪田元道, 미와타고등여학교 교장)는 "인간에게 우생학을 적용할 수 있다면 그야말로 신에 가까워질 것이다. ……우생학이 적용되지 않는 탓에 세상에는 형무소가 있고 경찰, 감화원 등과 인류의 불행이 있다"는 충격적인 글을 기고했다(「새로운 결혼 기관 新しい結婚機關」).

미와타 모토미치를 비롯하여 식물생리학자인 미야케 기이치(三宅驥一), 교육자 이치카와 겐조(市川源三), 하니 모토코(羽仁もと子) 등 쟁쟁한 구성원으로 이루어진 '국민결혼보도회(國民結婚補導會)'가 도쿄도 내 여학교 교장들을 모아 '여학생에게 우생학적 사상을 효과적으로 고무할' 방법에 대해 협의한 것도 이케다 시게노리의 우생문화강연회와 같은 1927년 4월의 일이었다(그들은 1925년 「우생학적 결혼제한법안」을 제국의회에 제출한 바 있다). 『우생운동』도 거기에 호응해서 도내의 중학교·여학교 교장들을 대상으로 "1. 산아제한에 관한 의견, 2. 응용우생학을 중학교·여학교의 교과목에 추가하는 데 관한 의견"을 묻는 설문 조사를 실시했다(제2권 제7호).

그 결과는 흥미롭다. 산아제한에 대해서는 찬성과 반대가 갈렸지만, 성도덕이 문란해질까 봐 걱정이라는 의견이 많았던 것은 당시의 일반적 경향이어서 의외라고 할 것은 없다. 주목하고 싶은 것은 우생학 교육에 대한 의견이다. 회답을 보낸 18명의 의견을 분류하면 미응답 1명을 제외하고 분명한 찬성은 4명, 가르치는 것은 좋지만 교과목으로 할 필요는 없다고 한 사람이 10명으로, 소극적이기는 해도 우생학 교육을 지지하는 의견이 다수를 차지하고 있다. 반대는 3명인데, 그중에서 명확하게 반대 이유를 말한 것은 한 사람뿐이었다.

그러나 바로 그 한 명의 반대자 아라카와 고로(荒川五郎, 니혼대학중학교 교장)의 의견에는 무게가 있다. 산아제한에 대해 아라카와는 "반대. 먼저 태어난 우리가 생존하기 위해 장래에 올 동무의 생존권을 빼앗을 권리가 있을까요?" 하고 반문하며 우생학 교육에 대해서도 "반대. 태어났을 때는 무척 약해서 도저히 생장은 기대할 수 없을 것 같던 사람 중에도, 해가 지나면서 어엿한 성인이 되고 또 세상에 도움이 되는 사람이 있습니다" 하고 단호하게 반론했다. 다른 응답자들이 우생학에 대해 "당연", "아무도 이의가 없을 것임" 등으로 단언하고 산아제한에 대해서도 "우생학적 견지에서는 필요"하다고 답한 가운데, 아라카와 고로의 답은 이채를 띤다(다만 아라카와도 차츰 우생학을 긍정하는 쪽으로 기울어 나중에 의회에 「일본민족우생보호법안」을 제출하기에 이른다).

소수 의견이라고는 해도 이런 우생학 부정론도 게재했던 점에 『우생운동』의 특색이 있다고는 할 수 있겠다. 그 밖에 우생학에 대한 반론을 현상 논문의 주제로 내건다든가 국가주의자 미야케 세쓰레이(三宅雪嶺, 1860~1945)의 반(反)우생학적 정신론을 게재하는 등, 『우생운동』은 막무가내의 선전이 아니라 폭넓은 계몽 활동의 매체가 되고자 했던 듯하다.

물론 이케다 시게노리 자신은 우생학이 사람들의 생활에 뿌리내리기를 꿈꾸었다. 하지만 우생학에 대한 그의 생각 자체가 유전 일변도는 아니고 그 못지않게 체육과 공중위생을 중시하는 발상에 입각해 있기도 해서, 결혼의 목적은 우생 생식에 있다는 식의 극단론을 주장하지는 않았다. 「우생학적 배우자 선택법」(제2권 제11호)이라는 제목의 글에서도 결혼의 목적으로 ① 성욕의 만족(본능적 생활), ② 생활의 안정(물질적 생활), ③ 인생의 향락(정신적 생활), ④ 자손의 번영(영원한 생존) 네 가지를 들었는데, 좋게 말하면 균형 잡힌 논의이기는 하지만 그것만으로는 뭐가 우생학인지가 모호하고 임팩트가 약하다는 느낌은 부정할 수 없다.

그런 인상을 강화하는 것이 『우생운동』에 실린 '우생 절임'에 관한 기사다. 야마다 군타로(山田軍太郎)라는 위엄 있는 이름의 필자가 쓴 것치고는 내용은 달랑 양파의 소금 · 겨 절임에 성공했다는 것으로, 요컨대 단순한 건강식 — 치고도 좀 미심쩍은데 — 에 '우생'이라는 거창한 형용사를 붙였을 뿐이다. 그 밖에도 '우생 비스킷'을 먹인 쥐의 성장이 빨랐다는 선전이 눈에 띄는데, 이것도 그저 비타민 B 첨가 식품으로 분명 각기병 대책은 되었겠지만 특별히 유전자를 개조한 것은 아니다. 전문 잡지라면서 가장 중요한 '우생'이라는 관념을 이런 식으로 뻥튀기해 버린 불철저함은, 이케다 시게노리가 의학이나 과학 전문가가 아니라 저널리스트 출신으로 엄밀한 정의보다 어떻게든 일반 사람의 건강 의식을 향상시키려는 열의를 품은 데에서 비롯되었는지도 모른다.

인구의 질이라는 상식

청일 · 러일전쟁기에 국력 증진을 위해 인구 증가가 불가결하다는 인식이 생겨난 것은 이미 말했지만(3장), 쇼와 시대에 들어서자 관민을 막론하고 단지 인간의 수만을 문제 삼을 것이 아니라 인구의 '질'이라는 우생학적 관념을 엮어 넣지 않으면 안 된다는 문제의식이 확대되었다.

1926년 『아사히 상식 강좌(朝日常識講座)』 제1권으로 간행된 시모무라 히로시(下村宏, 1875~1957)의 『인구문제 강화(人口問題講話)』는 그런 시대의 움직임을 상징하는 책이었다. 시모무라는 법학 박사로 이케다 시게노리가 주최한 우생문화강연회에서는 '조제남조(粗製濫造)'[156]라는 좀 심하다 싶은 제목의 강연을 했던 사람이다. 『인구문제 강화』의 서문 말미에는 다음과 같은 석 줄의 구호가 굵은 글씨로 실려 있다.

> 식량문제 걱정에 그치지 말고 인구문제 걱정해야.
> 인구 증가 걱정에 그치지 말고 체질 저하 걱정해야.
> 체질 저하 걱정에 그치지 말고 정신의 퇴폐 정말로 걱정해야.

본문의 내용은 지구와 인류의 역사부터 시작해서 인구학 전반, 세계 각국의 인구문제 비교 등 스케일이 엄청 크지만, 여기에서는 결혼에 직접 관계된 부분만 다루어 보려고 한다. 그의 의견이 가장 집약적으로 정리되어 있는 곳은 「제6장 인종 개량」의 '결혼 제한'이라는 제목의 절이다. 주장은 단순해서 "악질 · 악병자(惡病者)의 결혼 금지"와 "결혼을 하려는 자가 건강증명과 결혼적임증명을 첨부해서 결혼면허장을 신청"해야 할 것 등을 거의 논증도 없이 잘라 말했을 뿐이다. 그런데 이 사람은 학자라면서 "성병은 유전이 아니라는 논의도 있는 듯하지만, 인종 개량이라는 큰 틀에서 보면 성가시게 따질 것이 못 된다"라든가, 한참 전에 유전병이 아님이 증명된 한센병(나병)에 대해 일본에 그 병이 많은 것이 "저자가 특히 인종 개량을 힘주어 말하는 까닭"이라든가, 이케다 시게노리

156 '조제남조'는 조잡한 물건을 마구잡이로 만든다는 뜻으로, 여기에서는 우생학적으로 나쁜 유전형질을 가진 사람들이 아이를 낳는 것을 가리킨다.

와는 또 다른 의미에서 무책임한 논의를 하고 있다. 아사히신문사가 후원하는 '상식'이라면서 말이다.

하지만 논리의 모호함과 과학적 인식의 결여는 그렇게 결정적인 문제는 아니다. 대단한 권위를 가진 고전도 아닌데 몇십 년도 더 전에 쓰인 책의 오류나 불충분함을 따져서 별로 얻을 것이 없다. 오히려 우리는 다음과 같은 구절에서 잠시 걸음을 멈출 필요가 있을 것이다.

> 설사 악질자라고 해도 일단 생(生)을 향유한 이상은 본인도 스스로를 아끼고 소중히 여겨야 한다. 사회는 그에게 많은 동정을 보내야 한다. 한편으로 인종 개량을 비난하면서 다른 한편 악질자를 기피하고 무조건 싫어하는 사람들에 대해서 필자는 적지 않은 반감과 슬픔을 갖고 있다. 고로 나는 인종 개량을 소리 높여 외친다. 동시에 약체자(弱體者)에 대한 사회의 이해를 구한다.

이것은 오늘날 미국 장애인정책의 특징으로 자주 이야기되는 사고방식과 흡사하다. 한편에서는 선천적 장애인의 출생 예방(인종 개량)을, 그러나 이미 태어난 장애인에 대해서는 따뜻한 인권 보호(사회의 이해)를, 하는 양면작전이다. 분명히 임신·출산이 개인의 권리라는 현대적인 사상은 시모무라 히로시한테는 없었다. 하지만 "일단 생을 향유한 이상은……" 하는 시모무라의 선의를 의심할 이유 또한 없다면, 우리가 그것으로부터 얼마나 멀리 떨어져 있는지는 의심스럽다. '악질자', '약체자'라는 불온한 어휘를 억압했다고 해서 그것들이 만들어 낸 현실이 곧바로 사라질 리도 없다. 오히려 노골적 차별을 드러내지 않는 그런 조작에 의해 거꾸로 인종 개량에 대한 거부감이 제거되고 있는지도 모른다.

우생정책의 길로

일본 정부가 인구식량문제조사회를 설치한 직접적 목적은 공황으로 인한 민중의 식량난에 대처하기 위해 그 실태를 파악하는 것이었다. 그러나 인구 이동을 추계하기 위해 내무성이 제안한 산아제한에 관한 조사의 명칭을 조사회가 '우생운동에 관한 조사'로 변경한 것을 보면, 동시에 우생학적인 인구정책 연구도 과제로 삼고 있었음은 분명한 것 같다. 여기에는 일반적으로는 위험 사상이라는 이미지를 벗지 못했던 산아제한에 비해 '우생'이라는 관념 쪽이 민중에게 받아들여지기 쉬울 것이라는 판단이 있었다고 추측된다.

1928년 인구식량문제조사회는 하부 조직인 인구부 특별위원회에 '인구 통제에 관한 여러 방책(人口統制ニ關スル諸方策)'을 심의하게 했다. 그 구성원에는 시모무라 히로시를 비롯해 일본 우생학의 일인자로 많은 정책에 관여했던 도쿄제국대학 생리학 교수 나가이 히소무(永井潛, 1876~1957) 등이 포함되었다. 그들이 완성한 답신안에는 "민족 소질의 개선에 관한 시설"이며 "결혼 및 산아 상담소 설치" 같은 과제가 거론되었고, 법률 면에서는 "합리적 피임이나 임신중절 또는 우생 수술"을 용인할 것과 "결혼할 때 건강증명서를 요구하게 하는 법률의 제정" 등 인종 개량의 구체적 정책이 담겨 있다.

같은 무렵 일본의사회는 내무대신의 자문에 답하여 '민족위생'정책의 필요를 답신하고 "악질 유전의 우려가 있는 유전병자, 저능자, 변질자 및 상습 범죄자"의 증식을 방지하기 위해 산아제한이나 단종을 장려해야 한다고 제언했다. 여기에서도 나가이 히소무가 답신안 작성에 큰 역할을 했다. 의료 현장에 종사하는 사람들이 당당하게 이런 발언을 했다는 데에는 중대한 의미가 있다. 그것은 우생학이 단순히 탁상에서 논의되는 정책 수준을 넘어 인간의 '삶'에 개입하는 실천으로 전개되어 가는 실마리였기 때문이다.

그렇다고 해도 이 뉴스를 전하는 신문의 표제는 끔찍하다. "금일의 의사총회에서 인간 남조(濫造)를 막자고 내무대신에 권설(勸說)"(『도쿄아사히신문』, 1928년 12월 11일 조간)이라는 식이다. 일부러 옛날식 표현 그대로 옮겨 써보았는데 그때의 분위기를 전할 수 있을지 모르겠다. 하지만 시모무라 히로시의 강연 제목('조제남조')에도 있듯이 이런 레토릭은 당시 드물지 않았다. 이런 분위기 속에서 '결혼=가정'이 담당한 '국가의 생식 장치'로서의 의미가 차츰 적나라하게 드러났던 것이다.

우생결혼과 산아제한

인구식량문제조사회가 제언한 공설 우생결혼상담소가 실제로 개설되는 데에는 10년 이상이 걸렸지만, 그에 앞서 '우생결혼'을 간판으로 내건 민간 상담소가 몇 군데 활동을 시작했다. 그렇지만 그 대다수는 꼭 우생학적인 관점을 전면에 내세우지는 않았다. 다산으로 힘들어하는 빈곤층 여성들에게 피임과 중절이라는 해결 방법을 제공하는 산아제한(산아조절)을 주목적으로 하면서, 말하자면 위장책으로 더 받아들이기 쉬운 이데올로기인 우생학을 사칭했다는 게 사태의 진상이기 때문이다.

1930년 4월 일본산아제한협회가 오사카 덴노지(天王寺)에 연 우생상담소는 그 대표적 사례다. 빈곤층이 많이 사는 지역 가까이에 위치한 이 상담소에는 금방 상담자가 쇄도하여 한 달 동안 연인원 1천228명, 약 두 달 동안 2천311명에 이르렀다고 한다. 저변층의 사람들 중에서도 여성들이 원치 않는 임신·출산으로 얼마나 고통받았는지를 알 수 있다.

그러나 이 상담소의 활동을 경계한 오사카부 경찰 당국은 이후로는 산아제한상담소의 개설을 인가하지 않고, 모태 병약이나 악질 유전 같은 이유가 아니라 '빈곤 때문에' 하는 산아제한을 금지하는 태도를 취했다. 여기에서 당시 관헌이 갈팡질팡한 모습을 엿볼 수 있다. 그들은 우생학은 추진하고 산아제한은 단속하려고 했지만, 실제로는 둘을 구별하기란 불가능했다. 일찍이 일본에서 강연 활동을 하려다 저지당했던 산아제한운동의 선구자 마거릿 생어(Margaret Sanger, 1879~1966)도 우생학으로 크게 경도되어 있었고, 무엇보다 산아제한협회의 시바하라 우라코(芝原浦子)의 말처럼 당시 일본의 사회 상황에서는 '다산과 병약과 빈곤', 즉 인구의 양과 질의 문제를 각각 별개로 생각하는 것은 비현실적이었다.

게다가 오사카는 우생학적 발상과 연결된 아동보호 사업이 선구적으로 추진된 곳이었다. 다이쇼 시대에 급격한 공업 발전과 인구 증가로 대기오염과 하천의 오탁이 진행되고 주택 부족과 슬럼의 확대가 심각해진 오사카에서는, 1916년 내무성 조사로 유아(乳兒)사망률이 전국 최악인 사실이 밝혀지자 아동 연구자 산다야 히라쿠(三田谷啓)를 행정관으로 등용해 전국 최초의 아동상담소를 설치하는 등 개선책을 진행했다.

산다야는 '건강'한 어린이의 육성을 근대 국가 형성의 중요 과제로 삼고 그것을 위해 생식력과 양육력을 가진 여성을 국력 증강의 주체로 역할 규정한 위에 그 능력을 남성 전문가의 지도하에 '과학화', '합리화'해 가야 한다고 주장했다. 스토 미카코(首藤美香子)는 그 배경에 '더 좋은 질'의 아동을 적극적으로 육성해 간다는 '시대의 강한 의지'가 있다고 짚어 냈다.[157]

---

157 首藤美香子, 『近代的育兒觀への轉換 : 啓蒙家三田谷啓と1920年代』(스토 미카코,

이렇게 오사카에서야말로 산아제한에 대한 요구가 절박했음에도 불구하고 당국은 생어의 일본 방문 때와 마찬가지로 철두철미 산아제한을 탄압했다. 하지만 산아제한협회는 그 뒤에도 지부로 우생아상담소를 개설했고, 사회민중여성동맹(社會民衆婦人同盟)의 산아제한상담소, 무산여성동맹(無産婦人同盟)의 우생상담소 등도 탄압에 굴하지 않고 활동을 계속했다. 결국 경찰은 생활고에 신음하는 민중의 열렬한 지지를 받은 이 상담소들의 활동을 사실상 단속하지 않게 되었다고 한다.[158]

그러나 일본 정부가 산아제한운동에 대한 탄압의 자세를 바꾼 것은 아니었다. 1931년 미국우생학협회 회장을 역임한 우생학자 로스웰 존슨(Roswell Hill Johnson, 1877~1967)이 강연을 위해 일본을 찾았을 때 당국은 그가 누구를 만나는지에 감시의 눈을 번뜩였다고 한다. '우생학의 응용으로 인종 개량을 주장한 학자'였음에도 불구하고 존슨의 방일을 전한 신문 기사 제목에는 산아제한이라는 말은 없었다. 산아제한협회의 우생상담소는 1934년 2월 끝내 폐쇄될 수밖에 없었다.

백화점에서 우생결혼을

우생상담소와 교대하듯이 등장한 것이 1933년 6월 20일 일본민족위생학회가 도쿄 니혼바시(日本橋)의 시로키야(白木屋) 백화점에 개설한 우생결혼상담소였다.

이것은 산아제한운동의 흐름에서 생겨난 우생상담소와 이름은 비슷하

『근대적 육아관으로의 전환: 계몽가 산다야 히라쿠와 1920년대』), 勁草書房, 2004.

158 후지메 유키 저, 김경자·윤경원 역, 2004, 앞의 책(주 87), 234~238쪽.

지만, 본질적으로는 전혀 다르다고 할 수 있다. 우생결혼상담소는 어디까지나 결혼상담소였고 또 고급 백화점 한편(의무실)에 자리를 차지한 점이 상징하듯이, 이미 자식이 있으면서 빈궁에 쪼들리는 사람들을 위한 사업이 아니라 글자 그대로 우생학의 관점에서 결혼을 통제하려는 시도였던 것이다.

우생결혼상담소 개설을 알리는 『도쿄아사히신문』 지면에는 "좋은 인연을 맺어 좋은 자녀를 낳아라" 하는 제목이 있고 그 아래에 이사장 나가이 히소무의 담화가 소개되었다. 거기에서는 "심신이 모두 건전하고 소질상으로 틀림없는 좋은 자녀를 얻는 것은 가계(家系)의 관계에 주의한다면 어느 정도까지 가능한 일입니다. 적어도 소질상으로 열악한 자녀를 낳지 않도록 해야 합니다. 그런 목적에서 소질의 조사도 필요합니다"라고 상담소의 목적을 명쾌하게 말했다.

『아사히신문』은 이 상담소에 꽤 주목했던 모양으로 그 이후로도 몇 차례에 걸쳐 보도했다. 개설한 지 1년쯤 뒤에 게재된 기사에서는 상담의 과반수가 혈족결혼,[159] 특히 사촌끼리의 결혼에 관한 것이라고 전하고, 그것을 포함해서 '자손에 대한 영향을 고려하는 젊은 남녀의 진지함'을 긍정적으로 평가했다. 『아사히 상식 강좌』도 그렇고 아사히신문이 우생결혼 관념의 보급에서 한 역할은 간과할 수 없다.

이 상담소를 개설한 일본민족위생학회란 1930년 설립된 일본 최초의 우생학 관련 학술 단체다. '민족위생'이라는 명칭은 한창 유행하던 독일

---

159 근친혼을 말한다. 근친혼의 범위는 시대와 지역에 따라 다르지만, 일본에서는 지금도 법적으로는 혼인할 수 없는 친족의 범위가 직계혈족(부모·자식·손자), 3친등 내 방계혈족(형제자매·조카 등), 직계인족(直系姻族) 등으로 규정되어 있어 사촌 간의 결혼은 불법은 아니다. '친등' 개념에 대해서는 이 글 2장의 주 61 참고.

어 Rassenhygiene에서 나가이가 착상했다고 한다. 학술 단체라지만 우생학이 주목을 끄는 풍조 속에서 과학자뿐 아니라 정치가와 의사 등으로부터도 널리 지지를 모아, 발회식에는 8백 명 이상의 청중이 모였다고 한다. 이치카와 겐조와 이케다 시게노리 같은 계몽 활동가가 이사로 이름을 올린 것에서도, 일본민족위생학회가 연구에만 머물지 않고 현실 사회에 적극 작용하려는 지향을 가진 단체임을 엿볼 수 있다. 실제 상담소가 개설된 해에는 영화 「결혼 네거리(結婚十字街)」를 제작했고(아쉽지만 못 봤다), 또 일본적십자사와 공동으로 '결혼위생전람회'를 개최하는 등 활발한 활동을 벌였다.

결혼위생전람회

결혼위생전람회는 1928년의 민족위생전람회나 1939년의 일본민족우생전람회와 나란히 일본적십자사가 주최한 우생학 선전 행사의 하나다. 그 목표는 이름 그대로 결혼의 바람직한 모습을 선전하는 데 있었다. 『적십자박물관보(赤十字博物館報)』에 적힌 어휘를 그대로 써서 말하면 결혼을 '애정과 상식'에만 일임하지 않고 '과학적'으로 곧 '일반 위생 및 우생학'의 견지에서 취급함으로써 "재래의 그릇된 관념을 고쳐 올바른 길로 나아가게 하는 것"이다. 전시물 중에는 "신랑과 신부가 눈가리개를 한 채 손을 마주 잡고 즐거워하는 풍자만화풍의 포스터"가 있고, 거기에는 "현대의 결혼은 장님처럼 상대를 보지 않는다"는 노골적인 문구가 적혀 있었다고 한다.[160] 그들은 무엇을 보지 않았던 것일까? 그리고 결혼

160 田中聰, 『衛生展覽會の欲望』(다나카 사토시, 『위생전람회의 욕망』), 靑弓社, 1994.

의 '올바른 길'이란 무엇이었을까? 그 대답이 무엇인지 이제는 말할 필요도 없을 것이다.

이렇게 처음부터 '학회'의 틀을 벗어난 실천적 계몽 활동을 펼쳤던 일본민족위생학회는 1935년에는 일본민족위생협회로 개칭하고, 자매 단체인 일본우생결혼보급회를 설립해서 더욱 우생결혼의 추진을 꾀했다. 이것은 회장인 나가이 히소무 말고는 여성을 정회원(남성은 찬조 회원)으로 한 단체로, 부회장은 나가이의 부인 나가이 하나에(永井花江)와 다케우치 시게요(竹内茂代), 고문과 간사는 하토야마 가오루코(鳩山薫子), 요시오카 야요이(吉岡彌生) 등 여성들이 맡았다.

연애결혼과 우생학, 다시 손잡다

이렇게 우생결혼을 호명하는 소리가 크게 울려 퍼지던 시대에 연애결혼은 어디로 가려 했을까? '국가를 위한 결혼=생식'이라는 대문자의 관념이 연애 따위의 개인적인 설레는 감정을 일축해 버린 것일까?

그렇지는 않았다. 그러기는커녕 우생결혼과 연애결혼은 궁극적으로 일치해야 했다. 다이쇼 시대의 '연애'가 그 내부에 '우생'이라는 요소를 몰래 품었던 데 대응하듯, 우생을 주제로 내세운 사람들은 연애가 우생의 실현을 위한 필수적 요소라고 생각했던 것이다.

『우생운동』 1927년 6월호의 '성 문제' 특집에 실린 미와타 모토미치의 "우생학을 인간에게 적용하라"는 논의에 대해서는 앞서 소개했지만, 사실 이 글이 정말로 흥미로운 것은 그 앞부분이다. 우생학이 인간에게 적용되지 않은 원인을 다루던 그의 논지가 한 군데에서 기묘한 비약을 보인다.

일본 사회에 우생학이 확산되지 않는 것은 무엇 때문인가? 그것은 청춘 남녀 사이에 '결혼에서 가장 중요한 정신의 결합'이 여전히 경시되고, '사진 중매'며 '집안 · 부(富) · 중매인의 소개 따위' 부차적 사정만이 중요시되기 때문이다. 따라서 낡은 도덕에 구애되지 말고 젊은 남녀에게 '깨끗한 교제'의 기회를 주어 서로의 '정신적 아름다움'을 인식할 수 있게 교육하는 것이야말로 '이상적인 결혼'으로의 첫걸음이다. 이것이 미와타의 해답이자 처방전이었다.

그런 것이 어떻게 우생학과 관계되는지 당혹스러운 독자는 정신적 아름다움이라든가 정신적 결합 같은 어휘를 연애로 바꿔 놓아 보기 바란다. 연애야말로 남녀에게 스스로 우생학을 선택하게 하고 그것을 통해 종족의 향상이 실현된다는 엘렌 케이식 논리가 다시 한 번 모습을 드러내는 것을 알아챌 수 있을 것이다. 우생결혼의 열쇠는 연애에 있고 반대로 연애는 우생결혼의 핵심이 된다.

단지 우생학의 관점에서만 보자면, 당사자들의 감정 따위와 무관하게 유전적으로 우수한 자녀를 낳을 수 있을 것 같은 남녀를 강제로 짝지어 주면 효과적일 거라고 생각될지도 모르겠다. 그렇지만 그런 정책이 현실에 뿌리내릴 수 있을 리 없다는 것은 명백하다. 권력에 의한 적나라한 강제란 가장 저항받기 쉽고 실패하기 쉬운 수단이며, 따라서 최후의 수단인 것이다. 반대로 연애라는 개인적이고 내면적인 — 이라고 모두가 믿고 있는 — 회로를 통해 사람들이 우생결혼을 스스로 적극적으로 선택한다면, 그것은 생식의 통제를 꿈꾸는 권력에게는 가장 바람직한 사태이다.

이 시대에 연애가 대중문화 속에 뿌리를 내리고 결혼에 대한 사람들의 동경을 추동했던 것은, 같은 호 『우생운동』에 실린 몇 편의 글에 시사되어 있다. 예컨대 가네코 시게리(金子しげり, 1899~1977)는 "어쨌든 요즘

젊은 여자치고 연애결혼을 말하지 않는 여자는 아무 데도 없다고 할 수 있겠지요" 하고 탄식했고, 고데라 기쿠코(小寺菊子, 1884~1956)는 "특히 여자는 연애 없이는 살 수 없는 존재라는 것을 나는 깊이 생각하게 되었습니다" 하고 안타깝게 말했다. 그녀들의 글 자체에는 우생학의 '우' 자도 나오지 않는다. 그러나 이것들을 미와타 모토미치의 우생학 찬미와 함께 읽으면 양자는 한 몸이 되어 '연애결혼=우생결혼'이라는 이미지를 형성하고 독자의 사고에 작용하게 된다. 같은 호 권말에는 독립적인 결혼상담부 개설도 고지되어 있다.

생애 과정의 한 단계로서 우생학

이런 결혼관을 상징하는 존재로 저명한 교육자였던 이치카와 겐조의 행보를 돌이켜 보자. 1922년에 출판된 강연록에서 이치카와는 결혼에 대해 다음과 같이 말하고 있다. "순혈과 정조 즉 일부일처가 부부 생활의 이상이고, 결혼 전에 남녀 모두 동정을 굳게 지키는 동시에 결혼 후에도 부부 모두 정조를 지켜 진정한 의미에서 일부일처의 제도를 굳게 지켜 가는 것"이 중요하다. 그리고 그러기 위해서는 '영적인 깨끗한 교제'가 불가결하므로 연애를 나쁜 것처럼 말하는 '봉건시대의 유풍'을 고쳐 오히려 적극적으로 '연애의 훈련'을 해야 할 것이다.[161]

여기서 "남녀 모두 동정을 지킨다"는 표현이 어색하다 싶은 사람도 있겠지만, 당시 '동정'이라는 말은 남녀를 불문하고 섹스의 경험이 없음을 나타냈다. 이와모토 요시하루를 비롯해 일부일처제와 가정의 이념을 일

161 市川源三, 『性教育概論』(이치카와 겐조, 『성교육 개론』), 同文館, 1922.

본에 뿌리내리게 한 사람들은 여성뿐만 아니라 남성도 정조를 지켜야 한다고 호소했고, 이치카와 겐조도 그런 풍조 속에 서 있다.[162] 다만 그것이 다수파의 현실과는 동떨어진 이념에 불과했다는 것은 이미 말한 대로다.

그렇듯 메이지 시대 이래의 근대적 '연애=가정'의 관념을 계승한 이치카와 겐조가 말하는 연애가 저 절박한 감정 자체를 긍정하는 개념이 아니었다는 것은 이제는 놀랍지도 않을 것이다. 이치카와는 정당한 연애와 정당하지 못한 연애를 구별하고 있지만, 그 기준도 정열 자체의 본질이나 정도는 아니다. 정당한 연애와 그렇지 않은 연애를 갈라놓는 것은 '건전한 조건'이 있는가 없는가 하는 기준이다. 그것은 구체적으로는 '우생학의 이상'에 근거해서 '남녀 모두 연모하도록 해야 한다'는 것이다.

'…… 안 된다'고 해도 그렇게 생각대로 되지 않는 게 연애라는 현상의 본질은 아닐까 하는 생각이 들지만, 이치카와 겐조에게 물어보면 그런 생각은 저급한 인간이나 하는 것이라고 할 것이다. 1928년 일본적십자사의 민족위생전람회에서 한 강연에서 이치카와는 자유연애 등의 제멋대로인 행동은 참된 자유가 아니고 "우생학에 따라 연애하고 결혼하는 것"이야말로 "참된 자유에 이르는 소이(所以)"라고 주장했다고 한다. "우생운동이 한층 더 보급되어 이것이 하나의 도덕이나 종교가 된다면, 세상 사람들은 아무런 다른 속박을 느끼지 않고 우생적 결혼을 할 수 있을 것"이라는 게 이치카와의 이상이었다.[163] 교육을 통해 종교로까지 드높

---

162 상세한 것은 澁谷知美, 『日本の童貞』(시부야 도모미, 『일본의 동정』), 文藝春秋, 2003을 참고.

163 田中聰, 1994, 앞의 책(주 160).

여진 연애=결혼=우생학이야말로 이치카와 겐조가 현장의 교사로서, 또 계몽가로서 세상에 확산시키고자 평생을 걸었던 주제다.

만년의 대저 『여성문화 강화(女性文化講話)』(1935년)에 붙여진 부제는 이런 이치카와의 사상을 무엇보다도 잘 말해 주고 있다. 여기에서 퀴즈 하나. "입학 · 청춘기 · 결혼 · 　　 · 어머니로서의 재교육"이라는 여성의 생애 과정을 나타낸 일련의 낱말 중 빈칸 　　 에, 당신이라면 어떤 말을 넣겠는가? 임신, 출산이라는 게 보통의 답일 것이다. 하지만 이치카와 겐조가 여기 넣은 것은 '우생학'이라는 세 글자였다. 그에게 인간의 생식 활동이란 곧 우생학이 아니면 안 되었다.

우생학에 대한 비판

이렇게 우생사상이 사회를 도배하다시피 했던 다이쇼 시대부터 쇼와 초기에 걸친 시기에도 그런 풍조에 저항하는 의견이 없었던 것은 아니다. 그중에서도 가장 눈에 띄는 것은 야마모토 센지(山本宣治, 1889~1929)다. 일본의 성과학, 성교육, 산아제한운동의 선구자이자 노동운동에 매진한 정치가로 너무나도 유명한 야마모토의 저작은 그 내용이 세련될 뿐 아니라 초연한 글투도 어울려서 지금 읽어도 신선하다.

산아제한 활동가 마거릿 생어와 성과학자 헤이블록 엘리스(Henry Havelock Ellis, 1859~1939) 같은 사상가의 저작을 번역 · 소개한 야마모토 센지지만, 그들의 우생학적인 부분에는 거의 설득당하지 않았다. 우생학이라는 학문의 가능성을 전면 부정한 것은 아니지만, 아직 미숙한 학문이면서도 이러쿵저러쿵 사람들을 지도하려고 하는 우생학의 오만함에는 분노를 억누르지 못한 듯하다. 『개조(改造)』에 발표된 「결혼 · 삼각관계・이혼」(1923년)에서 야마모토는 결혼과 출산은 "부부의 자유"라고 단언하고, 우생학에 대해서는 "종마(種馬), 종우(種牛)처럼 사람을 산아 기계로 간주하는 우생학(그것도 유치한 학문인 주제에)이 설령 그 결혼을 부인한다 해도, 그 결혼이 부부 서로가 사정을 이해한 뒤 동정(同情)으로 이루어지는 것은 쌍방의 선견(先見)과 사려가 있다면 오히려 바람직한 일"이라고 일축하고 있다.[164] 이토록 우생학의 본질을 예리하게 게다가 유머러스하게 끝까지 공박한 말은 그때나 지금이나 흔치 않다. 정확한 과학 지식에 자신이 있던 야마모토니까 나올 수 있는 문장일 것이다.

그렇게 민중의 지식에 신뢰를 보낸 야마모토는 연애에 대해서도 실로 감칠맛 나는(하지만 예리한 맛도 있는) 논의를 전개하고 있다. 결론부터 말하자면 결혼의 전제로서 연애는 있는 편이 좋지만 없으면 안 된다고 하는 것도 이상하다는 것인데, 일단은 연애의 매혹을 최대한 인정하고 있다. "이렇게 예술에 불후의 자취를 남기고 후세 사람을 즐겁게 또 울게 하며 늙은이를 늘 옛 추억으로 되돌려 놓을 수 있는 러브는, 인생이라는 교향악의 고조(高調)이다. 한번 맛보면 다시 되풀이할 수 없는, 하늘이 준 좋은 술의 얼큰한 취기의 극한이다. 그것은 기나긴 인생 중의 가장 중요한 한 찰나이고, 시간이야 짧다 해도 우리 일생의 초점에 위치해 있다."[165] 어쨌든 야마모토 자신이 한때는 연애의 "달기도 하고 쓰고 진하기도 한 술에 죽도록 잠기고 싶다"고까지 생각했던 인간인 것이다.

그러나 그런 연애는 "열렬하기 때문에 짧고, 짧기 때문에 아름답다." 그렇기 때문에 연애가 그대로 결혼 생활을 지지하는 원리가 된다고 생

---

164 山本宣治, 『山本宣治全集 第3巻 産児調節評論・性と社會』(야마모토 센지, 『야마모토 센지 전집 3 산아조절평론・성과 사회』), 汐文社, 1979.

165 山本宣治, 1979, 앞의 책(주 164).

각하는 것은 성급한 단정이다. 연애의 "열이 언제까지 지속될까? 그 자취는 길고 긴 반평생 동안 남는다. 청춘의 병인 연애지상의 열병에서 깨고 나면 어떻게 하나?" 하는 것이다. 그런 점에서 연애의 전도사 구리야가와 하쿠손에 대해서는 "상아탑을 나온 문학자처럼 인습적 결혼의 공허함에 분개한 나머지 이 사람 저 사람 가릴 것 없이 러브의 미주(美酒)를 강권하는 것은, 술 못하는 사람들한테는 약간 폐가 되는 바일 것"이라는 야유도 보냈다.

글의 표면만 보면 '열광적 사랑'을 경멸하고 '잔잔한 사랑'을 치켜세우는 친숙한 논리와 대동소이한 듯하나, 본질적으로는 전혀 다르다. 야마모토 센지가 최종적으로 의지하는 원리는 연애 · 결혼 · 출산은 어디까지나 사적인 일이고, 따라서 남녀 개인의 자유이며 권리라는 것이다. 그러므로 연애를 통한 결혼은 멋지지만 그것을 남한테 강요하는 것은 이상하다고 말하는 것이다. 이것은 개인의 격정으로서의 연애를 부정하고 '가정'이라는 틀을 통해 그것을 '국가적 연애'로까지 드높여야 한다고 주장하는 무리와는 결정적으로 다른 사상이다.

야마모토 센지의 이런 담론 못지않게 흥미로운 것은 '국가적 연애'의 창도자인 운노 고토쿠가 다이쇼 시대의 끝 무렵이 되면 우생학에서 거리를 두기 시작했다는 점이다. 운노는 1924년 『최근의 사회사업(軌近の社會事業)』에서 "차츰 우생학은 한계가 있다는 것, 그것은 불충분한 과학"이라는 인식에 이르렀음을 고백했다. 사회의 메커니즘은 복잡해서 다만 한 가지 측면에서 가치판단을 내리기만 해서는 아무것도 보지 못한다. 따라서 "우등 계급의 증감이라는 문제"에 대해서도 "단지 생물학적으로 여차여차하면 우등종이 줄어든다, 여차여차하면 열등종이 늘어난다는 식의 단순한 필법 가지고는 늘 실패로 끝날 수밖에 없다." 이렇게 해서

운노는 그 뒤로 인간의 생물학적 소질보다 사회 환경의 개선을 중시하는 '사회사업학'의 체계화를 향해 걸어간 것이다. 이런 변화를 촉진한 배경으로는 미국 유학에 의해 사회과학적 인식을 심화한 것 외에 야마모토 센지와 사귀면서 받은 영향도 있었던 듯하다.

그러나 이런 우생학 비판은 언론의 영역에서는 소수파였고, 현실 정책에 활용된 바도 없었다. 만약 야마모토 센지가 1929년 우익에 의해 암살되지 않았다면 사태는 바뀌었을까? 젊어서 야마모토와 함께 산아제한과 성과학의 보급에 고투했던 야스다 도쿠타로(安田德太郞, 1898~1983)는 그 뒤 야마모토의 뜻을 이어 활동을 계속했고 우생정책에도 반대했다. 「단종법에 대한 비판(斷種法への批判)」(1935년)에서는 당시의 「민족우생보호법안」과 '결혼위생보급회'에 의한 단종법제정운동을 비판하고 있다. 하지만 후지메 유키가 말하듯이 이것은 예외적인 자세였고 우생정책의 추진을 저지할 만한 것은 될 수 없었다.[166]

비밀스런 저항
—『부녀신문』과 후쿠시마 데이코

야마모토 센지 등의 학문적 담론 말고도 우생학에 저항하는 발언이 전혀 없었던 것은 아니다. 예컨대 그것은 후쿠시마 시로와 함께 『부녀신문』을 꾸렸던 부인 후쿠시마 데이코(福島貞子)의, 장애아인 자기 자식을 둘러싼 생각 속에 비밀스럽게 그러나 확실하게 새겨져 있다.

『부녀신문』은 1900~1942년 약 42년간에 걸쳐 간행된 여성 상대의 주

166 후지메 유키 저, 김경자·윤경원 역, 2004, 앞의 책(주 87), 333쪽.

간지다. 그 중심인물 후쿠시마 시로는 메이지 말기에 사와다 준지로의 저작 활동을 지원하면서부터 우생학과 관련을 맺어 다이쇼 시대가 되자 더욱 정력적인 활동을 전개했다.

1917년 이치카와 겐조, 야마우치 시게오(山内繁雄, 1876~1973) 등과 대일본우생회를 설립하고 이듬해인 1918년 부녀신문사 안에 대일본우생회 부속 상담소를 개설했다. 그 이듬해인 1919년 6월에는 결혼문제강연회를 개최했고, 그것을 받아 7월 『부녀신문』 1천호 기념호는 '결혼문제호'로 제목을 정했다. 그해 가을에 열린 제2회 결혼문제강연회는 간다(神田) 청년회관 사상 최다인 1천6백 명의 청중을 모았다고 한다. 또 『부녀신문』에서는 1920년 11월부터 나가이 히소무의 「청년 남녀의 성생활(青年男女の性的生活)」을 연재했고, 1920년 5월에는 그것을 창립 20주년 기념 책자로 만들어 독자에게 증정했다.[167] 이런 활동에서 후쿠시마 시로가 우생학의 계몽을 얼마나 중요시했는지 엿볼 수 있을 것이다.

하지만 이렇게 우생학을 열렬히 지지한 후쿠시마 시로의 자녀 중 한 명(1921년생)은 그로서는 얄궂게도 병약해서 발달장애를 안고 있었다. 그 아이에 대해 후쿠시마 시로 자신이 어떤 생각을 갖고 있었는지는 분명치 않다. 하지만 오랫동안 그와 함께 『부녀신문』을 꾸려 간 부인 후쿠시마 데이코에 대해서는 이시자키 쇼코(石崎昇子)의 짧지만 인상 깊은 글을 길잡이 삼아 얼마간 추측해 볼 수 있다.[168]

---

167 石崎昇子, 「母性保護・優生思想をめぐって」, 『婦女新聞』を讀む會 編, 『婦女新聞』と女性の近代(이시자키 쇼코, 「모성보호・우생사상을 둘러싸고」, 『부녀신문』 읽기회 편, 『부녀신문』과 여성의 근대), 不二出版, 1997.

168 石崎昇子, 「福島貞子と母性」(이시자키 쇼코, 「후쿠시마 데이코와 모성」), 『婦女新聞』を讀む會 編, 1997, 앞의 책(주 167).

『부녀신문』 1932년 5월 8일 '어머니' 특집호에 「어머니의 모습을 지켜보다(母の姿を見詰める)」라는 글을 실은 후쿠시마 데이코는 국가를 위한 모성 찬미로 빠져 들어간 남편 시로와는 대조적으로, 자신은 모성애에 대해 가벼운 반발을 느낀다, 그것을 무조건 찬미한다든가 존중한다든가 하는 것은 싫다고 내면을 토로했다. 그 뒤 데이코는 모성주의와 우생학을 둘러싼 미묘한 심정을 여러 차례 글로 남겼다. 부부에게 자녀가 없는 것은 잘못이라고 정해 버리는 것은 이상하다, 나처럼 "가엾은 이상아(異常兒)"를 가진 고생은 상상을 초월하고 비용도 많이 든다고 썼지만, 다음 호에서는 "친구의 자식이 죽었을 때 차라리 우리 아이가 대신 갔더라면 했더니 친구가 화를 냈다. A 아가는 비참하고 가엾게 살아감으로써 제구실을 다하고 있다"고 동요하는 심정을 인정하면서도 인간의 존재 의의를 성능의 우열로 재단하는 우생학에 대해 강인한 반감을 드러냈다.

후쿠시마 데이코의 생각이 명확한 모습을 갖게 된 것은 어머니가 불량한 자기 아이를 고민 끝에 죽여 버린 '니혼대생사건(日大生事件, 1936)'[169]을 다루었을 때다. 그때 대중매체는 "모성애의 상실"이라고 떠들면서 범인인 어머니를 엄하게 단죄했지만, 후쿠시마 데이코는 그런 풍조에 반발해서 다음과 같이 썼다.

---

169 1935년 11월 3일 당시 니혼대학(日本大學) 전문부 치과 3학년이던 도쿠다 미쓰기(德田貢, 23세)가 도쿄 혼고(本郷) 자택에서 칼에 찔려 살해되었다. 강도 살인 사건으로 보였지만, 실상은 쪼들리는 가정 형편에 아들의 방탕이 겹친 가운데 아들이 든 거액의 생명보험금을 노리고 가족이 공모해서 어머니가 아들을 칼로 난자하여 살해한 것이었다. 수사 과정에서 그 이전에도 몇 차례에 걸쳐 가족이 피해자의 독살을 기도한 정황이 드러나 당시 일본 사회에 일대 센세이션을 불러일으켰다.

모성애는 일종의 에고다. 어진 어머니인 한 친구가 자식이 생각처럼 커주지 않아 죽이고 싶다는 말을 했다. 나 자신도 저능한 넷째의 희망 없는 장래 따위를 생각하고 생각하다, 내가 더 큰 사랑의 소유자라면 그 애가 하루라도 빨리 죽기를 기원할 텐데 하고 생각한 시절이 있었다(지금은 무척 달라진 마음으로 지켜보고 있다). 이 사건의 어머니 말고 딴 사람한테는 친아들이라도 죽이고 싶어지는 심리가 있을 수 없다고는 단정할 수 없다. 나는 이 어머니를 미워하기 전에 사회의 책임을 묻고 싶다. 그보다도 모성애에 대한 미신과 독선을 비판하고 싶다. ……이 사건에서 생겨나는 것은 모성애의 검토가 아니면 안 된다.

—『부녀신문』 제1855호, 1936년 1월

이 글이 쓰인 지도 벌써 70년이 지나고 있는 지금, 여전히 '모성애'나 '모성 본능'이라고 불리는 환상이 어머니들을 옭아매어 유아 학대의 연원이 되고 있음을 생각하면 대체 우리는 무엇을 해왔던가 하는 허탈감에 휩싸이지 않을 수 없다. 하지만 그 문제에 대해서는 오히나타 마사미(大日向雅美)의 일련의 저작[170]에 양보하기로 하고, 지금은 후쿠시마 데이코의 사고 궤적을 조금 더 따라가 보자.

'모성의 상실'을 추궁하는 남자/국가의 제멋대로인 태도를 비판하기 위해서라고 해도 물론 후쿠시마 데이코는 자식 살해가 잘한 일이라는 등의 말을 하고 싶었던 것은 아니다. 설령 그 자식이 사회로부터 멸시받는 장애아였다고 하더라도 말이다. 그것은 무엇보다도 앞의 "지금은 무

---

170 大日向雅美, 『子育てと出會うとき』(오히나타 마사미, 『육아와 만날 때』), 日本放送出版協會, 1999 등.

척 달라진 마음으로 지켜보고 있다"라는 차분한 한 구절에 잘 드러나 있다. 한편으로 자식을 살해한 어머니를 옹호하면서, 다른 한편 장애아의 어머니로서 그 자식이 살아가는 열악한 처지를 긍정한다. 이것은 모순일까?

아마 그럴지도 모른다. 하지만 자기 자식이 "하루라도 빨리 죽기"를 바랄 수도, 바라지 않을 수도 없이 사랑과 절망이 명멸하는 하루하루를 고통스럽게 살아가는 사람이 세상으로부터 적대시되는 고독한 한 여성에게 자그마한 이해의 말을 꺼내는 것을 그런 식으로 정리해 버릴 수 있다면, 우리에게는 생각해야 할 문제 따위는 아무것도 남지 않을 것이다. 혹시나 모순이라는 말이 누군가를 비난하는 데 쓰일 수 있다면 그것은 오히려, 한편으로는 존재할 가치가 없는 생명이라는 관념을 휘두르면서 다른 한편으로는 자녀를 살해하는 어머니를 몰아세우는 지금의 보수주의자 패거리의 뻔뻔스러운 불철저함에 돌려져야 할 것이다.

수없이 굴곡진 생각 위에 쌓아 올려진 후쿠시마 데이코의 말은 자식을 낳고 키우는 것의 의미를 우리에게 새삼 물어 온다. 하지만 시대의 탁류 속에서 그것은 너무나도 작은 부르짖음에 지나지 않았다.

결혼은 전쟁을 위해

1938년 전쟁 수행을 위해 국민의 체력 향상을 꾀하려고 창설된 후생성은 예방국 우생과를 중심으로 차례차례 우생정책을 추진해 갔다. 그것은 분명 '비상시'였다. 왜냐하면 그때까지 우생결혼의 이념을 떠받쳐 왔던 연애가 배경으로 밀려나고 국가를 위한 결혼=생식이 노골적으로 추구되었기 때문이다.

우생학에 대한 후생성의 견해는 『민족우생이란 무엇인가(民族優生とは何か)』라는 자료에 드러나 있다.[171] '민족우생'이란 공중위생적 관점을 표시하는 '민족위생'과 개인적인 생물학적 소질에 관련된 '우생학'을 끼워 맞춘 말로, "민족의 인구 증가와 소질의 향상"을 목표로 한 사상이라고 정의되어 있다. 더 구체적으로는 "역도태와 민족적 독의 영향을 배제하여 민족의 변질을 저지하고 다른 한편 우량 건전자의 산아를 장려하며, 이로써 민족 소질의 향상과 인구의 증가를 꾀해 국가 영원의 번영을 기하는 일이다." 그럴싸한 말의 나열에 진저리가 나지만, "특히 부언해 두고 싶은 것은 유전적 소질의 절대성이라는 문제이다"라고 되어 있듯이 근본적으로는 우생학적인 발상이었다. 유전적 소질이 열악하다면 아무리 환경을 개선해도 우량한 국민은 될 수 없다는 것이 후생성의 인식이었던 것이다.

이듬해인 1939년 8월 후생성에서 열린 '우생결혼좌담회'에서는 전시하(戰時下)의 인적 자원 확보를 위해 무엇을 하면 좋을지가 논의되었고, 그 결과 전염성 질환자 · 유전성 질환자 · 정신장애인 · 금치산자의 결혼을 금지한 독일의 「결혼보건법」(1936년)을 본떠 다음과 같은 「결혼십훈(結婚十訓)」이 제정되었다.

1. 부모나 어른의 지도를 받아라.

---

171 民族衛生硏究會 編, 『民族優生とは何か』(민족위생연구회 편, 『민족우생이란 무엇인가』), 民族衛生硏究會, 1939. 민족위생연구회는 1938년 11월 후생성 예방국 우생과 내에 설치된 것으로, 앞서 본문에 나온 민간의 민족위생학회(1930년 창설)와는 다른 단체이다.

2. 자기 평생의 반려로 신뢰할 만한 사람을 고르라.

3. 건강한 사람을 고르라.

4. 나쁜 유전이 없는 사람을 고르라.

5. 맹목적인 결혼을 피하라.

6. 근친결혼은 가급적 피하라.

7. 만혼을 피하라.

8. 미신과 인습에 얽매이지 마라.

9. 식을 올린 그날 혼인신고를.

10. 낳아라, 늘려라, 국가를 위해.

이 「결혼십훈」은 "후생성에서 「결혼십훈」/ 젊은이에 대한 지침/ 낳아라 늘려라"라는 제목으로 신문에도 보도되었으니까 널리 알려졌을 것이다(『도쿄아사히신문』, 1939년 10월 4일 석간). 또 그것은 그해 겨울 적십자박물관에서 개최된 일본민족우생전람회 석상의 우생결혼상담에서도 즉각 활용되었을 것이다. 매주 2회 후생성 우생과에서 담당자가 파견되어 무료로 우생결혼상담을 실시했다. 이 전람회는 한 달 동안 3만 명 이상 하루 평균 1천133명의 관람객을 모았다고 하니까 꽤 성황이었다고 해도 좋겠다. 참고로 2002년 주요 미술전람회의 하루 평균 입장객 수를 보면 1위 「셋슈전(雪舟展)」(도쿄국립박물관)이 약 1만 1천 명, 10위 「밀레전」(나고야 보스턴미술관)이 약 1천9백 명으로, 지방의 미술관에서는 유명 화가의 전람회라도 고작해야 수백 명 남짓이다.

1940년 4월에는 국립우생결혼상담소가 니혼바시 미쓰코시(三越) 백화점 내에 개설되어, 그로부터 1년 동안 약 1천3백 건의 상담을 받았다. 앞서 본 시로키야 백화점에서와 마찬가지로 이 상담소도 백화점 한편에 자리를 차지한 데에는 단순히 사람이 모이기 쉽다는 것 이상의 상징적 의미가 있을 것이다. 무엇보다 미쓰코시 백화점은 메이지 · 다이쇼 시대에 '아동박람회'를 거듭 개최하여 "새로운 시대에 걸맞은…… 가정생활"을 연출하는 데 힘을 쏟았다.[172] 그런 공간에 결혼상담소가 설치되는 것은 차라리 자연스러운 일이고, 또 그것이 우생결혼에 초점을 맞추었다는 것은 1940년이라는 시대의 요청이었다. 그해 5월에는 「국민우생법」이 공포되어(시행은 이듬해 7월) 임의신청에 의한 단종이 합법화되었다.

상담 사업뿐 아니라 『혈족결혼에 대해서』, 『결혼과 미신』, 『결혼을 권함』 같은 소책자를 편집하는 것도 우생결혼상담소의 일이었다. 1941년 발행된 『결혼을 권함(結婚のすすめ)』(국민우생연맹)은 「결혼십훈」의 각 항목에 해설을 붙인 것으로, 그 「머리말」은 우생결혼이라는 관념의 거의 완벽한 요약이었다.

> 아무리 인구 증가가 중요하다고 해도 그것이 조제남조여서는 안 됩니다. 약한 자녀나 정신적으로 열등한 자녀를 둔다는 것은 부모 스스로가 곤란할 뿐 아니라 국가에도 장애물이 되어 충분한 능률을 올릴 수가 없습니다. 그래서 결혼에 대한 우생사상이 필요하게 된 것입니다.

하지만 그 전해 11월 후생성은 열 자녀 이상의 다자가족(多子家族)에 후생대신 표창을 주기 시작했으므로, 실상은 인구의 질을 따질 처지가 아니었는지도 모른다.

---

172 하쓰다 도루 저, 이태문 역, 『백화점 : 도시문화의 근대』, 논형, 2003, 180~187쪽(初田亨, 『百貨店の誕生』).

1941년 그해 정부는 「인구정책 확립 요강」을 결정해서 결혼의 조기화와 출산 장려, 그것을 위한 가족제도 강화 · 유지 등의 방책을 내놓았다. 그중 몇 가지는 실행에 옮겨졌지만, 웃으려야 웃을 수 없는 것은 그해 5월 국민우생연맹이 '우생결혼 자금 대부'를 시작한 것이다. 신문은 그것을 "자보보국(子寶報國)[173]을 조장하기 위해 후생성과 서민금고가 제휴해서 결혼 자금을 대출키로. 국민우생연맹이 알선한 경우 최고 300엔"이라고 소개했다(『도쿄아사히신문』, 5월 1일). 이듬해 7월에는 다시 출산 축하금으로 1인당 20엔이 지급되었다. 같은 시기 후생성 사회국이 계획한 국민주택 중 제일 작은 주택(다다미 6장과 3장짜리)의 집세가 17~18엔임을 생각하면, 벌써 식료품 배급제가 시작되던 상황에서 서민들로서는 받을 수 있다면 큰 도움이 될 금액이었을 것이다. 하지만 그것 때문에 출산이 증가했다고는 도저히 생각되지 않는다. 2004년 현재 일본의 몇 군데 지방자치체가 시행하는 '소자화 대책'도 마찬가지다.

메이지 중기 이래 지금까지 결혼을 둘러싼 담론의 역사상 연애의 그림자가 가장 희미했던 것이 1930년대 후반부터 1945년 패전까지의 이 시기였을 것이다. 후생성연구소 인구민족부가 1942년 발행한 『민족인구정책 연구자료(民族人口政策研究資料)』라는 손으로 쓴 1천 페이지가 넘는 기괴한 대작은 자유연애가 국민의 체력 향상에 저해 요인이 된다고 설명하고 있다.[174] 흥미롭게도 이 자료에서는 '잡혼'[175]도 전면적으로 부정

---

173 '자보보국'은 자녀를 많이 낳아서 보국하자는 구호이다. 전시의 국가총동원체제 아래 '산업보국', '근로보국', '생산보국'은 물론 '의료보국', '연극보국' 등 온갖 것에 '보국'이라는 이름이 붙여졌다.

174 厚生省研究所人口民族部 編, 『民族人口政策研究資料』(후생성연구소 인구민족부 편, 『민족인구정책 연구자료』), 文生書院, 1981(영인본).

175 다른 민족과의 결혼을 가리킨다. 조선인과의 이른바 '내선결혼(內鮮結婚)'도 여기

하고 있다. 잡혼은 "대동아공영권 확립 과정에서 일본의 지도적 지위 유지에 적극적인 역할을 하지 못한다"고 되어 있지만, 그 이유로 들고 있는 것은 "잡혼은 대개 성욕 충동의 만족을 위해 행해지는 것이므로 품성의 저하를 가져오고, 거기에 우생학적 고려가 동반되지 않아 역도태가 일어나기 쉽"다든가 '혼혈아'는 각자의 주변 환경에 적응된 민족·종족으로부터의 변이로 적응력이 결여되어 있다는 뒤죽박죽의 사이비 진화론, 나아가서는 "혼혈아는 성격적으로 의뢰심, 사대주의, 무책임, 의지박약 또는 허무적·성격 파탄적 경향을 가지고 있다"는 단순한 편견이다. 당시 최고의 엘리트들이 내뱉은 것이 틀림없는 이 글들에 드러나는 것은 메이지유신 이래 줄곧 '일본인'을 괴롭혀 온 서양인에 대한 열등감의 너무나도 빈곤한 반전상(反轉像)이다.

대동아공영권이라는 몽상이 무참히 분쇄되고 전황의 악화가 민중의 생활을 핍박하는 가운데 국가적인 우생결혼 추진책은 거의 성과를 거두지 못했다. 대일본제국에는 이미 물질적으로도 시간적으로도 우량한 다음 세대의 전력(戰力)을 생산하기 위한 여유 따위는 남아 있지 않았던 것이다. 하지만 설사 전쟁을 더 끌고 갈 수 있었다고 해도 금전과 강압적 선전을 마구잡이로 뿌려대는 방식으로 정말 우생결혼을 정착시킬 수 있었을까? 결국 그것은 무리한 고식책(姑息策)에 지나지 않았다.

하지만 그것은 우생결혼이라는 이념에 저항하는 자로서는 그저 기뻐할 일은 아닐 것이다. 정부가 위로부터 밀어붙이는 조잡한 사업 따위보다, 한층 더 은밀하게 사람들의 심정에 스며들어 아래로부터 우생

에 포함된다. 내선결혼이 우생학적 사고와 모순되는 관계에 있다는 데에 대해서는 오구마 에이지 저, 조현설 역, 『일본 단일민족신화의 기원』, 소명출판, 2003, 327~336쪽(小熊英二, 『單一民族神話の起源』)을 참고.

학에 젖어들도록 하는 언어의 작용이야말로 참으로 경계해야 할 것이리라. 바로 그렇기 때문에 우리는 '연애'라는 달콤한 꿈과 화합한 우생학, '연애결혼'인 듯한 우생결혼의 위험을 세심한 주의를 기울여 추적해 왔다.

그런 관점에서 쇼와 시대의 우생학운동을 이끈 도쿄대학 생리학 교수 나가이 히소무의 담론을 다시 읽어 보는 것이 이 장의 마지막 과제다.

결혼 · 생명 · 행복

1939년 나가이 히소무는 『결혼독본(結婚讀本)』이라는 평범한 제목을 가진 책 한 권을 출판했다.[176] 출판 이후 1년이 채 못 되어 8쇄, 2만 2천 부 남짓 발행한 이 책에 대해, 벌써 저자의 일부 경력을 알고 있는 우리는 조금 기묘한 곤혹감을 느끼지 않을 수 없는 것이다.

그 이유는 당시의 담론을 넓게 뒤덮은 '악질자(惡質者)'에 대한 생생한 경멸과 1939년이라는 시대 상황이 강요했을 국가주의의 비통한 절박감이 나가이의 붓끝에서는 조금도 느껴지지 않는다는 사실에 있다. 오히려 이것은 극히 진보적인 냄새를 풍기는 책이다. 남녀는 "그 구실부터가 달라서" "인간 생활의 여러 방면을 향해 남녀가 대등한 권리자가 되어야" 함을 선양하는 머리말이며, "인간이 그 이지(理智)로써 성욕이라는 가장 힘센 본능적 충동을 교정 · 조절해서 결혼을 하게 되고 특히 문명이 진보함에 따라 일부일처제를 채용한 것은, 인간을 인간이게끔 하는 데 실로 위대한 성공이라고 하지 않을 수 없습니다" 같은 말은 메이지 시대

176 永井潜, 『結婚讀本』(나가이 히소무, 『결혼독본』), 春秋社, 1939.

이래 새로운 결혼의 이념을 새삼 집약했다고 할 수 있을 것이다. 게다가 "동성애자를 변태라고 경멸하는 것은 완전히 잘못된 것"이라는 등 선구적인 계몽을 포함한, 도쿄대학 생리학 교수로서의 풍부한 생물학적·의학적 지식에 뒷받침된 온당한 서술이 엮여 있다.

물론 「결혼의 위생」이라는 제목이 붙은 한 절에서는 "배우자를 선택할 때는 그저 되는 대로 자기의 호오(好惡)의 감정에만 좌우될 것이 아니라, 모름지기 (최근의) 유전학·우생학의 지식을 규범으로 삼아 최후의 결심을 굳히지 않으면 안 됩니다"라며 우생결혼을 권장하고, 다시 권말의 「배우자의 선정」이라는 절에서는 우생결혼상담소를 소개한다. 하지만 그런 부분에서조차 나가이 히소무의 필치는 끝까지 억제되어 있다. 「결혼과 유전」이라는 절도 당시의 우생학에 관한 상식의 객관적인 해설에 그치고, 히라쓰카 라이초나 야마다 와카 등이 휘둘렀던 것과 같이 사회적 부적격자를 병균 취급하는 격한 차별의 말투는 전혀 보이지 않는다. 그 온건한 분위기는, 책의 마지막을 장식하는 한 절에 가장 잘 드러나 있다.

> 아무쪼록 (부부간에) 서로 인생이라는 샘을 깨끗이 합시다. 서로 안심하고 명랑한 기분으로 결혼 생활에 들어갑시다. 그렇게 행복한 가정과 우량한 자손을 만들어 국가의 융성과 인생의 향상에 십분 힘을 다하도록 합시다.

이것을 예컨대 나가이 히소무의 책보다 3년 늦게 출판된 야스이 후카시(安井洋)의 『결혼의 새길(結婚新道)』(1942년)과[177] 비교해 보자. 육군 군

177 安井洋, 『結婚新道』(야스이 후카시, 『결혼의 새길』), 廣文堂, 1942.

의(軍醫)로 후생성 우생결혼상담소 소장이었던 야스이의 이 저작은 말하자면 우생학에 관한 당시 정부의 공식 견해를 보여 주는 것이라 해도 좋겠다.

"일부일처의 순진한 결합은 인간의 모든 사랑의 출발점"이라고 찬양하고 일시적 열병 같은 연애에 의한 결혼을 '본능주의'이자 '원시적'인 것이라고 비난하면서 "집안이나 재산, 학력이나 용모 같은 표면적 조건"에 구애되지 말고 "어디까지나 심신의 건강"에 기준을 둔 우생결혼을 장려한다는 점에서 나가이와 야스이의 기본 사상에는 큰 차이가 없다. 무엇보다 야스이가 '특수부락'[178]에 대한 편견—혈통적으로 열등한 종족이라는 식의 사이비 '생물학'적인—을 통렬히 비판한 점에 주목한다면, 이것 또한 단순히 역사의 유물로 정리해 버릴 수는 없는 중층적 문제성을 품은 저작임을 알 수 있을 것이다.

하지만 야스이 후카시가 그 「서(序)」에서 대동아공영권의 확립을 찬양할 뿐 아니라 태평양전쟁이라는 총력전을 수행하기 위해 인구문제의 중요성을 주장하고, 이어서 "결혼은 이제 개인의 사적인 일이 아니라 국가의 공적인 일이자 국민의 의무"임을 선양할 때 나가이의 필치와 온도차가 명료해진다. 나가이 히소무에게 개인이 아니라 국가라는 이분법은 없었다. 더욱이 "유전성 정신병이라든지 저능·백치라든지 불구·기형이라든지 하는 따위는…… 범죄나 반사회성, 무능력 때문에 세상에 폐를 끼치고 국가의 고민거리가 된다"는 식으로 당시의 전형적 차별어를 줄줄 토해 내는 뒷부분은 나가이 히소무의 부드러운 말투와는 대극을

178 전근대의 천민 신분으로 근대 들어서도 계속 사회적 차별의 대상이 된 에타들이 거주하는 부락, 피차별민 부락을 가리킨다. 3장의 주 104 참고.

이루는 고압적인 말투이다.

도대체 어느 쪽이 우생결혼의 선전으로 효과적이었던 것일까? 답은 분명하다. 일찍이 나치스가 장애인의 안락사정책을 추진하기 위해 선전 영화를 제작했을 때 국민계몽선전부 장관 괴벨스(Paul Joseph Goebbels)는 자못 협박조였던 최초의 필름을 없애 버리고, 장애를 갖고 살아가는 것의 고통스러움을 담담히 그린 작품을 새로 만들게 했다. 나가이 히소무가 부드럽게 말한 '인생이라는 샘'의 이미지는 '국가의 공사(公事), 국민의 의무' 따위 거친 어휘보다 훨씬 깊게, 그 말을 들은 '국민'의 마음 속으로 스며들었음이 틀림없다.

이것은 우리 자신에게도 이어진 문제다. 야스이 후카시 같은 고색창연한 국가주의의 발로에 대해서라면 우리는 쉽게 그것을 자신과는 무관한 지난 시대의 유물로 간주할 수 있다. 하지만 억제된 필치로 '행복한 가정'을 말하는 『결혼독본』에 대해서는 미묘한 거리를 유지할 수가 없다. 왜냐하면 결혼과 가정을 '행복'이라는 애매한 말로 수식하는 것은 바로 우리 자신의 모습이기도 하기 때문이다.

그렇다면 그 곁에 나란히 놓인 '우량한 자손'이며 '국가의 융성' 같은 이상한 어휘는 어떻게 받아들이면 좋을까? 서장에서 보았듯이 지금도 결혼의 주의 사항을 이야기하는 서적이나 웹사이트는 많이 있지만, 거기에는 이런 말은 나오지 않는다. 혹시 나온다고 해도 수상쩍은 종교 단체의 선전인가 싶어 사람들이 멀리하고 말 것이다. 이 간격은 무엇을 의미하는 것일까? 나가이 히소무가 꼽았던 결혼을 둘러싼 몇 가지 가치 중에서 '행복한 가정'이라는 지당한 이상만이 추출되어 남고 '우량한 자손'이며 '국가의 융성'처럼 수상한 냄새가 나는 슬로건은 과거의 유물로 사라져 갔을까?

아마 그렇지는 않을 것이다. 어딘지 기분 나쁜 이런 말들은 지금도 여전히 우리의 연애며 결혼과 어떤 비밀스런 관계를 유지하고 있는데, 단지 우리가 그것을 잘 볼 수 없게 된 것은 아닐까? 오늘날 이를테면 결혼에 관한 의식조사의 선택지에 이런 문구가 들어가는 일은 분명 있을 수 없다. 그렇지만 그런 표면적인 변화의 심층에 전혀 다른 사태가 꿈틀대고 있는 것은 아닐까?

종장

‘연애결혼’을 향해

'행복'을 의심하기

"가정의 행복은 제악(諸惡)의 근원." 다자이 오사무(太宰治, 1909~1948)는 「가정의 행복(家庭の幸福)」을 끝맺는 마지막 한 줄을 이렇게 썼다.[179]

이것은 1948년 8월 그가 자살한 뒤 발표된 단편소설이다. '정부의 관료'와 '민중'의 길거리 토론을 라디오에서 들은 화자는 '유치한 관념어'(연구 중, 지당하신 말씀이시지만 그것을 어떻게 좀, 일본 재건, 관민이 힘을 합쳐, 그것은 명심하고 있습니다, 민주주의 세상에서, 설마 그런 극단적인, 그러니까 정부는 여러분의 협조를 부탁드리고 운운)와 '실실 웃음'으로 상대를 호도하는 관료의 태도에 격노하다가, 무책임한 관료도 자기 가정의 행복을 위해서 노력하고 있으리라 생각하게 되고, 결국에는 관료적인 것이 '가정의 에고이즘'에서 태어난

179 다자이 오사무 저, 김춘미 역, 『나의 소소한 일상』, 시공사, 2007, 158쪽. 아래 「가정의 행복(家庭の幸福)」의 인용은 대개 이 책에 따랐다.

다는 데 생각이 미치자 경악한다. 처음에는 거칠고 촌스러운 민중보다 붙임성 좋은 관료 쪽에 동정적이던 화자가 이윽고 관료에게 격렬한 매도를 퍼붓고, 마지막에는 양쪽 모두에게 공통된 '가정의 행복'을 비판하는 데까지 나아간다는, 다자이만의 투철한 안목이 돋보이는 걸작이다.

하지만 여기서 주목하고 싶은 것은 작품의 문학적 평가보다 다자이가 그것에 '끔찍한 결론'이라는 말을 덧붙이지 않을 수 없었다는 사실이다. '가정의 행복'을 의심하고, 거기서 세상의 추악함의 근본원리를 본다는 것. 그것이 계층과 직업을 초월해서 많은 사람을 적으로 돌리는 위험한 짓임을 다자이 오사무는 잘 알고 있었다.

나가이 히소무의 『결혼독본』이 간행된 것은 1939년으로, 다자이 오사무가 이부세 마스지(井伏鱒二) 부부의 중매로 이시하라 미치코(石原美知子)와 결혼한 것이 같은 해였다. 나가이가 찬미했던 '행복한 가정'이야말로 다자이가 반발하고 또 두려워한 것이었다. 여기에는 둘을 맺어 주는 역사적 상황이 있다. '전전(戰前)'과 '전후(戰後)'라는 외관상의 단절을 꿰뚫고, '가정'과 '행복'이라는 두 관념은 일체를 이루고 있었다. 오히려 '가정의 행복=행복한 가정'이라는 관념을 공유하기 때문에 나가이 히소무와 다자이 오사무의 대조는 더 두드러지는 것이다.

여기서 '행복'이라는 말이 사용되는 방식을 조금 더 눈여겨보자. 엔도 도모미(遠藤知巳)가 지적하듯이 근대사회에서 행복이라는 말의 의미 작용에는 '주관적인 심리 상태로서의 행복'과 '제도의 속성으로서의 행복'이라는 균열이 잉태되어 있다.[180] 오늘날에는 '나는 행복하다'고 하는 주관

180 遠藤知巳, 「西洋近代における〈幸福〉の言説」(엔도 도모미, 「서양 근대의 '행복'의 담론」), 東京大學大學院社會學硏究科 修士論文, 1989.

적 행복이 주류인 데 반해, 「가정의 행복」에도 『결혼독본』에도 그런 용법은 나오지 않는다. 행복은 오로지 가정이라는 조직과 결혼이라는 제도의 속성을 드러낼 따름인 것이다.

하지만 그것은 대략의 경향이 그렇다는 것일 뿐이지 전전에도 '누구누구는 행복하다' 같은 용법은 있었고, 반대로 지금도 '행복한 결혼'이라는 말이며 엔도 도모미가 예로 든 1980년대 후반의 소비세 도입 캠페인의 표어 "행복한 생활(しあわせなくらし)"처럼 행복이 마치 생활과 제도의 속성인 듯이 말해진 경우는 적지 않다.

그렇다면 그들과 우리를 갈라놓는 거리는 정말 미미한 것은 아닐까? 『결혼독본』의 독자들인들 설마 한창 아기 만들기를 하고 있을 때 대일본제국의 융성을 기원하면서 더 힘을 내지는 않았을 것이다(내 생각이지만). 오히려 행위 자체에 열중할 때는 누구 하나 그런 건 떠올리지도 않으면서 그 행위에 가치를 부여하기 위해 그럴싸하게 들먹이는 것이야말로 이데올로기라는 것의 특성이 아닐까? 아무도 진심으로 바라지 않았는데도 어느새 일상의 주름 속에 살그머니 기어들어 알아차렸을 때는 누구 하나 반대하지 못하는 것. 아니, 아마 알아차리는 것조차 불가능할 정도로 상식이 되어 사람들의 뇌수에 침투해 버리는 것이다.

그렇지만 그것은 뜻밖의 순간에 괴상한 얼굴을 드러내기도 한다. 십수 년 전 간토 지방의 어느 현을 여행하다가 나는 길가에서 기묘한 교통 표지판(?) 같은 것을 발견하고 가벼운 현기증 같은 감각에 휩싸였다. 거기에는 "자식이다 나라다 번영이다"라고 적혀 있었던 것이다.

하지만 그것은 이제 더 이상 웃을 일이 아니다. 2002년 7월 '소자화 대책'을 발표하는 사카구치 지카라(坂口力) 후생노동대신은 흥분에 떨리는 목소리로 '민족의 멸망'에 대한 공포를 말했으니까 말이다. 다른 정치가는 "낳고 낳지 않고는 개인의 자유라는 사고방식을 줄여 가야 한다"고 덧붙였다. 하지만 이토록 노골적으로 표현하지 않더라도 결혼하고 아이를 만드는 일을 **곧바로** 고령화니 연금이니 다음 세대의 재생산이니 하는 어휘와 결부시켜 말하곤 하는 사람들은 본질적으로는 모두 같은 종류다. 그들 스스로 솔선하여 '연금제도를 지키기 위해' 염원하면서 섹스한다면 그런 해명을 진지하게 받아들일 여지가 있을지도 모른다. 하지만 그런 사람은 아무 데도 없다. 그들 역시 국가를 위해서가 아니라 자신을 위해서 결혼하고, 그저 자녀가 갖고 싶으니까 아기를 만들고, 사랑스러우니까 키우고 있을 것이다. 물론 그것은 그것대로 좋다. 위험한 것은 그래 놓고는 나중에 거기에 그럴싸한 구실을 덧붙여, 어디까지나 사적인 것이어야 할 성과 생식을 일차적으로 국가와 민족의 문제인 것처럼 말할 때이다 (혹시 몰라서 덧붙이자면 이것은 연금제도 개혁과 생식 의료, 육아에 대한 공적 지원 자체를 부정하는 것은 아니다. 그런 것은 개개인의 사적인 삶 자체를 정말 존중하기 위해서도 꼭 필요한 것이다).

2003년 5월 시행된 「건강증진법」에 따라 '건강'이라는 의무를 부과받고 학교에서는 내신 성적을 빌미로 '애국심'을 강요받으며, 그렇게 길러졌을 건전한 정신과 육체를 '유사시'에는 국가에 바치도록 호명되는 현재의 일본 '국민'과 '전쟁을 위한 결혼'을 부르짖던 예전 사람들 사이에 정말 거리가 있기는 한 것일까? 물론 일찍이 가라타니 고진(柄谷行人)이 예민하게 읽어 냈듯이 이 장소는 훨씬 전부터 전전—아니, 오히려 전시—으로 바뀌고 있는 건 아닐까?[181] 아니면 노구치 유키오(野口悠紀

181 가라타니 고진 저, 조영일 역, 『문자와 국가』, 도서출판b, 2011. 이 책의 원제가 "「戰前」の思考('전전'의 사고)"이다.

雄)가 일본 사회 전반에 대해 지적한 전전 · 전후의 연속성 같은 것을 결혼과 생식에 대해서도 말할 수 있는 것일까?[182] 제2차 세계대전이라는 경험을 사이에 두고 결혼의 무엇이 변했고 무엇이 변하지 않았는가? 도대체 단절 따위가 있기는 한가?

그 전모를 해명하려면 몇 권쯤 책을 더 써야 할 것이다. 여기서는 다만 몇 가지 단편적인 고찰을 적어 두고자 한다.

「국민우생법」에서 「우생보호법」으로

먼저 분명한 사실을 확인해 두자. 그것은 전후 일본 정부가 적극적으로 우생정책을 추진했다는 점이다. 1940년 「국민우생법」도 국회 심의에서는 온갖 반대 의견에 부딪혀 우생학적 이유에 의한 중절을 인정하는 조항이 삭제되는 등의 수정이 가해진 데 반해, "불량한 자손의 출생을 방지한다"를 첫머리에 내세운 전후의 「우생보호법」(1948년)은 거의 비판을 받지 않고 수정 없이 국회를 통과했다.

게다가 내용 면에서도 「국민우생법」에서는 우생 목적의 단종수술 대상이 유전성 질환(유전성 정신병 등)에 한정된 데 반해 「우생보호법」에서는 감염증인 나병(한센병)도 단종 대상이 되었고, 나아가 1952년 개정 때는 "유전성의 것 이외의 정신병이나 정신박약"도 추가되었다. 강제 단종이 실시된 것은 전후에 와서의 일이라고 한다.[183]

이런 변화는 단종수술 건수에서 분명히 드러난다. 「국민우생법」 아래

---

182 野口悠紀雄, 『1940年體制 : さらば戰時經濟』(노구치 유키오, 『1940년 체제 : 전시경제여 안녕』), 東洋經濟新報社, 1995.

183 松原洋子 外, 『優生學と人間社會』(마쓰바라 요코 외, 『우생학과 인간사회』), 講談社, 2000.

행해진 우생 단종수술이 1941~1947년 7년 동안 합계 538건인 데 비해, 1948년 「우생보호법」 아래에서는 '의사의 신청'에 의한 단종수술만도 1952~1961년 10년 사이에 1만 건을 넘었고 절정이던 1955년에는 연간 1천260건에 달했다. 또 같은 시기에는 유전성 질환을 이유로 한 중절 건수도 매년 수천 건을 헤아렸다.[184]

이런 움직임을 지지한 직접적 배경은 GHQ의 지휘하에 이루어진 점령군 보호를 위한 공중위생정책이었다. 마쓰바라 요코(松原洋子)의 표현을 빌리자면, "종전 직후의 사회 방위와 예방의학의 강력한 결합이 '생식의 의료화'로서의 우생정책의 지지 기반을 강화했다"는 것이다.[185] 1943년 말 종간되었던 후생성의 『인구문제연구』가 전후에 재빨리 복간(1946년 1월)된 것도 그런 국가적 요청에 부응해서였을 것이다.

새 시대의 우생결혼

이렇게 우생학이 국가정책으로 모습을 갖추어 간 것과 보조를 같이해서 '우생결혼'의 이념을 구가하는 의견은 오히려 '전후'에 이르러 그 세력을 더해 갔다.

거기에서 두드러진 것은 우생학을 새로운 시대에 걸맞은 가치로 간주하고 우생학에 반대하는 것을 구시대의 유물로 폄하하는 태도였다. 하

---

184 江原由美子 編, 『生殖技術とジェンダー』(에하라 유미코 편, 『생식기술과 젠더』), 勁草書房, 1996의 권말 자료 참고.

185 松原洋子, 「優生問題を考える(四) : 國民優生法と優生保護法」(마쓰바라 요코, 「우생 문제를 생각한다(4) : 국민우생법과 우생보호법」), 『婦人通信』 466, 1997. GHQ(General Headquarters)는 1945년 10월부터 1952년 4월까지 일본에 주둔하면서 전후 일본의 통치와 재편을 담당한 연합군 최고사령부를 가리킨다.

지만 나가이 히소무를 본보기로 삼아 일찍이 우생학자들은 대일본제국/일본 민족의 번영이라는 지상의 가치에 봉사할 것을 자처하고 그로써 자기정당화를 꾀했다. 그렇다면 어떻게 지상의 체제가 붕괴한 뒤에도 여전히 그 사상을 새로운 것이라고 정당화할 수 있는 걸까? 그러나 실제로 우생학을 창도한 자들은 마치 전쟁도 패전도 존재하지 않았다는 듯이 변함없이 인종 개량의 필요를 계속 주장했다. 다만 그 포장지를 수놓은 문자만이 '대동아공영권'에서 '민주주의'로 바뀌었다.

여기서는 그런 상황을 상징하는 두 권의 책을 소개하려 한다. 하나는 전전부터 오랫동안 산아제한운동에 관여했고 피임기구(페서리)를 개발함으로써 일본 근대사에 이름을 남긴 마지마 간(馬島僴, 1893~1970)의 『행복한 부부(幸福なる夫婦)』(1946년 12월)이다.[186] 남녀평등사상에 입각해서 '임신해방' 즉 "임신 또한 여성의 자유의지에 따라서 해야 할 것"이라고 호소한 마지마의 입장이 '민주적'이며, 오늘날에도 여전히 중요한 '생식의 자기결정권'사상에 이어지는 것임은 의심할 수 없다. 게다가 그가 래디컬했던 것은 성도덕에 대해서도 여성의 자주성을 존중한 점이다.

하지만 기묘하게도 산아조절이 필요한 이유를 열거하던 마지마는 분명히 여성의 자기결정권과는 양립하지 않을 원칙을 거기에 섞어 넣었다.

> 10. (그 병에 걸린 사람들이) 자녀를 낳으면 국민 전체가 곤란해지는 특별한 병이 있다.
>
> 예컨대 정신병이나 나병 등으로, 자칫하면 그 병은 유전되고 그것은 국민

---

186 馬島僴, 『幸福なる夫婦 : 產兒調節の科學』(마지마 간, 『행복한 부부 : 산아조절의 과학』), 新風社, 1946.

전체에 심각한 손해를 끼친다. 이 특수한 소수의 사람들에 대해서만큼은 이미 몇 해 전에 「우생법」이라는 법률이 나왔다. 불임수술을 시행하는 것이 허용되어 있는 것이다.

이 「우생법」을 제정할 때도 꽤 완고하게 그 법률안에 반대한 학자들이 있었음을 알아주기 바란다. 세상에는 아니, 일본에는 어찌 된 셈인지 이런 뻔한 문제에 대해서도 이른바 일본주의라는 것을 들어 실로 집요하게 새로운 방책에 반대해 온 자들이 상당수 있고, 그들 패거리는 상식으로 안 되면 금방 폭력을 쓴다든지 했던 것이다.

'나병'을 유전병이라고 한 의학적 지식의 결여는 당시의 문맥에서도 잘못된 것이지만 그것은 일단 제쳐 두기로 하자. 문제의 초점은 '여성의 자유의지'를 존중하는 것과 '국민 전체'의 이익을 우선시하는 것 사이의 모순에 대해 마지마 간이 아무 해명을 하지 않는다는, 그러니까 그 모순을 알아채지도 못한 것 같다는 점이다. 따라서 마지마가 말하는 '행복한 부부'란 국민 전체에 손해를 끼치지 않도록 우생결혼을 실천하는 모범적인 국민의 별명에 다름 아니다.

어째서 그렇게 되어 버렸을까? 의혹을 푸는 열쇠는 마지마 간이 우생학을 어디까지나 근대적인 것으로 간주하고, 그에 대한 반대론을 구태의연한 우익사상(일본주의)이라고 싸잡아서 처리한 데 있을 것이다. 과거 우생학에 대한 반대자 중에는 틀림없이 미야케 세쓰레이 같은 민족주의자가 포함되어 있었다. 하지만 그렇다고 해서 반(反)우생학이 곧 민족주의는 아니고, 또 우생학이 민족주의와 전혀 무관했던 것은 아니다.

하지만 마지마 간이 말하는 '국민 전체'라는 관념은 그런 반문 일체를 날려 버린다. 옛 '일본'과 절연한 새 시대의 '국민'이 우생학에 충실해야 한다는 것은 마지마 간한테는 생각할 것도 없는 '뻔한 문제'였던 것이다. 자기 자신도 연루되었을 바로 얼마 전까지의 그 '역사'조차 안중에 없다는 듯한 그의 이런 자세를 우리는 좋은 반면교사로 삼아야 할 것이다.

여기서 들고 싶은 또 하나의 저작은 「우생보호법」 공포 후인 1949년 6월에 출판된 다케우치 시게요(竹內茂代)의 『우생결혼』이다.[187] 저자인 다케우치 시게요는 요시오카 야요이(吉岡彌生)가 1900년 창립한 일본 최초의 여의사 양성기관인 도쿄여의학교(東京女醫學校, 지금의 도쿄여자의대)의 단 한 명인 제1회 졸업생으로, 그 뒤 개업, 의학박사학위 취득, 후진에 대한 원조 등 여성이 의학에 종사할 길을 개척한 인물 중 한 명이다.

여기서 아주 잠깐만 옆길로 새는 것을 양해해 주기 바란다. 다케우치 시게요 같은 인물의 부정적 측면에 대해 쓰면서 나는 무척 불편한 심경이 되지 않을 수 없음을 고백하고 싶다. 페미니즘에 대한 비뚤어진 증오가 만연하고 남녀평등의 이념이며 성별에 구애되지 않는 사회를 만들려는 실천이 심하게 두들겨 맞고 있는 지금, 가능하면 과거의 여성해방운동이 달성한 긍정적인 의의를 조명하고 특히 그것을 역사 감각이 거의 마비된 젊은이들 앞에 내보이고 싶은 통절한 바람을, 나는 갖고 있다. 간단히 말해 성차별을 극복하기 위해 고투해 온 앞 세대를 비판하는 것이 나로서도 즐겁지는 않다. 그것은 지금껏 논해 온 후쿠자와 유키치, 모리 아리노리, 히라쓰카 라이초 등에 대해서도 마찬가지다.

하지만 그들이 했듯이 사회를 아주 조금이라도 바람직한 방향으로 이끌기 위해서는 그들의 잘못을 끝까지 지켜보면서 비판해야 한다는 괴로

187 竹內茂代, 『優生結婚』(다케우치 시게요, 『우생결혼』), 万葉出版社, 1949.

운 심정으로, 이 책은 그들의 '결혼=생식' 사상의 위험한 측면을 조명하려고 해왔다. 여기에서도 같은 태도를 관철하려고 한다.

다케우치 시게요가 쓴 이 작은 팸플릿은 또 한 권의 『결혼독본』인 셈이다. 사실 이 책의 서문은 나가이 히소무가 썼다. 나가이 자신의 책이 나온 지 10년밖에 지나지 않았음을 생각하면 서문의 내용이 변함없이 우생학으로 관철된 것은 이상한 일이 아닐지도 모른다. 전쟁, 패전의 경험은 나가이 히소무의 사상에 전혀 상처를 입히지 못했다. 오히려 우생정책에 대한 몰이해에 분개하는 그의 필치는 예전보다 훨씬 자신에 차 있는 듯이 여겨진다(나가이 히소무 자신의 『결혼독본』이며 『우생학 개론』 등의 저작은 전후에도 판을 거듭했다).

그것에 뒤이은 다케우치의 사상은 작은 책인 만큼 우생학의 정수를 응축한 양상을 보인다. 그 「머리말」의 내용은 다이쇼 시대의 우생사상과 한 치도 다르지 않은, 이른바 '역도태설'의 요약일 뿐이다. "산아제한이 주로 우수한 사회 계급 사이에서 행해진 결과 그 자손이 점점 감소하는 데 반해, 열악자(劣惡者) 사이에서는 산아제한이 전혀 행해지지 않아 그 자손은 오히려 점점 증가 일로를 걷는다면 전 국민의 소질상 두려운 결과를 불러올까 걱정입니다."

이런 인식에 입각해서 다케우치 시게요가 독자에게 말하는 내용은 마치 '갓파'의 냉소적인 말을 무척 진지하게 반복하는 것 같다. "결혼 상대로는 남녀 모두 자기보다 우수한 사람을 고르는 것이 바로 우생결혼"이라는 식의 호소를 우리는 대체 어떻게 받아들여야 하는 걸까? 다들 초등학교나 중학교 때 시험을 앞두고 '전원, 평균 점수 이상을 받아라!' 하고 큰 소리로 격려하는 선생님을 한 번쯤 만난 적이 있을 텐데, 꼭 그것처럼 진지하게 받아들이면 모순되는 이야기다. 그런 것은 본래 논리적으로 불가능한 것이다.

우생사상의 담지자들이 여러 차례 보여 주는 이런 유치한 사고의 혼란이 대체 어디서 오는지 나는 아직도 잘 이해가 되지 않는다. 그것은 앞으로의 연구 과제로 삼고 싶다. 다만 한 가지, 우리가 그것을 남의 일처럼 비웃는 데 그쳐서는 안 되리라는 것은 한 번 더 다짐해 두자.

결혼의 전후 체제와 '불행한 자녀'

1959년의 '황태자 성혼(成婚)'이 컬러 텔레비전의 보급을 촉진했음은 잘 알려져 있다. 그 화려한 색채에 넘친 결혼 퍼레이드의 영상은 사랑스런 신부와 성실한 신랑이라는 이미지를 저버리지 않는 '가루이자와(輕井澤)의 사랑'이라는 일화의 뒷받침을 받아 '행복한 연애결혼'이라는 신화적 이미지를 단번에 확산시키는 데 공헌했다.[188]

그로부터 몇 년이 지나 정부의 설문 조사에서 연애결혼의 비율이 중매결혼을 계속 상회해 가던 1966년, 효고현(兵庫縣) 공중위생부는 '불행한 자녀 태어나지 않기 운동'을 개시했다. 그 목적은 무엇이었나? '불행한 자녀'란 누구인가? 그 답을 『행복을 위한 과학(幸福への科學)』(1973년)이라는 어디선가 본 듯한 제목의 책자 속에서 찾아보기로 하자.[189] 거기에서는 '불행한 자녀'를 다음과 같이 정의하고 있다.

---

188 황태자는 화족하고만 결혼하던 관습을 깨고, 당시 황태자(지금의 천황) 아키히토(明仁)와 평민 출신의 쇼다 미치코(正田美智子)는 휴양지 가루이자와에서 열린 친선 테니스 대회에서 만나 연애 끝에 결혼했다. 이 '사건'은 당시 매스미디어에서 연일 대서특필되었고 일본 사회에 일대 이슈가 되었다.

189 兵庫縣衛生部不幸な子どもの生まれない對策室, 『幸福への科學』(효고현 위생부 불행한 자녀 태어나지 않기 대책실, 『행복을 위한 과학』), のじぎく文庫, 1973.

1. 태어나는 것 자체가 불행인 자녀, 이를테면 유전성 정신병의 숙명을 진 자녀
2. 태어나는 것을 아무도 바라지 않는 자녀, 이를테면 임신중절로 '햇빛을 보지 못한' 자녀
3. 배아기·태아기에 어머니의 병이나 무지 탓으로 생긴 각종 장애를 가진 자녀
4. 출생 직전에 치료를 게을리한 탓에 평생 불행한 운명을 지고 살아가는 자녀
5. 유아기(乳兒期)에 일찍 치료하면 나을 수 있었을 병을 방치한 탓에 불행해진 자녀

이것을 본 많은 사람이 먼저 떠올릴 만한 것은 대체 어떤 사람의 행불행을 남이 결정할 수 있는가 하는 의문일 것이다. 다테이와 신야(立岩眞也)가 자세히 논증하고 있듯이 만약 행불행이 개인의 주관에 속하는 것이라면, 그것은 불가능하다.[190] 하지만 앞서 보았듯이 행불행이 본래 주관적인 심리 상태가 아니라 사회제도의 객관적 속성이라고 한다면 어떨까? '행복한 삶'이 있다면 '불행한 삶'도 있다. 마찬가지로 '행복한 아이'도 '불행한 아이'도 객관적으로 존재하는 셈이 될 것이다. 물론 아이는 인간이지 제도 따위는 아니다. 하지만 효고현의 이 운동에서는 아이들 한 명 한 명이 무엇과도 바꿀 수 없는 존재로 취급되고 있는 것이 아니라, 그래야 할/그래서는 안 될 '자녀'라는 일반적인 개념으로 환원되는 것이다.

1972년 효고현은 염색체 이상을 알아보는 양수 검사의 비용을 현에서

190 立岩眞也, 『私的所有論』(다테이와 신야, 『사적 소유론』), 勁草書房, 1997.

부담하는 등의 운동을 다시 추진했다. 이에 대해 '태어나는 것 자체가 불행'이라고 규정된 사람들이 강렬한 비판을 퍼부은 것은 당연한 일일 것이다. 그런 반대 운동의 성과로 이제 이토록 노골적으로 장애인의 존재를 부정하는 담론은 모습을 감추었다. 하지만 결코 문제 자체가 끝났음을 의미하지는 않는다. 우리는 지금도 별생각 없이 '본인의 행복을 생각해서……' 하고 말할 때가 있는 건 아닐까? 그것이 정말로 본인의 시점에 서서 하는 말인지를 신중히 숙고하지도 않고 말이다.

'좋은 피'라는 신화

1970년대에서 1980년대 초에는 우익 세력이 임신중절을 실질적으로 금지하기 위해 「우생보호법」을 개정하려는 운동을 몇 차례 일으켰지만, 그때마다 정치적 입장을 초월한 여성들의 반대 운동에 의해 법 개정은 저지되었다. 그렇게 해서 낳고 낳지 말고를 여성 스스로 결정할 자유는 가까스로 지킬 수 있었지만, 그것만으로는 해결되지 않을 곤란한 문제가 다시 떠올랐다. 그것은 장애인의 인권과 여성의 생식의 자유 사이에 빚어지는 갈등이다. 특정한 장애를 지닌 자를 단종수술 대상으로 규정한 「우생보호법」 자체의 차별성은 이미 말한 대로지만, 여기서 쟁점이 된 것은 여성 개개인이 장애아를 낳고 싶지 않다는 이유로 중절을 요구할 경우에도 그것을 자유로 인정해야 하는가 여부였다.

과연 여성의 자유와 장애인의 인권 어느 쪽도 짓밟지 않을 해결책은 있을까? 「우생보호법」 개악 저지 운동의 여파 속에서 그런 논의가 성실히 모색되고 있을 때 중산층 젊은 여성을 타깃으로 한 잡지 『25ans』는 믿기 어려울 만큼 고색창연한 우생학 특집을 꾸미고, 거기에 "좋은 피를 남기고 싶다 / 결혼 전의 코먼 센스"라는 당시의 유행을 따른 광고 문안을 붙여 내놓았다(1984년 신년호).[191]

기사의 내용 자체에는 특별히 볼 만한 것은 없다. "결혼 전에 우리가 신경 써야 할 것은 무엇일까요? 그것은 정신 질환과 기형 등 선천적 이상의 출산을 방지하는 것입니다" 하는 대단한 충고에 이어, 그 증거로 내놓고 있는 것이라야 오늘날에는 19세기 사이비 과학의 대명사가 된 '캘리캑 집안(the Kallikak Family)'의 사례이다(이것은 한 남성이 정상인 여성과 정신지체인 다른 여성 사이에서 낳은 자손을 비교하니 전자는 모두 정상이었지만 후자는 정신이상과 정신지체투성이였다는, 기법적으로 극히 신뢰성이 낮은 연구다).[192] 오히려 그런 케케묵은 내용이 예쁜 일러스트와 함께 태연스레 제시된 게 충격적인 사건이었다.

이 기사는 수많은 장애인 단체며 여성 단체로부터 혹독한 비판을 받아 출판사 측은 각 신문에 사과 광고를 내지 않으면 안 되었다. 그러나 편집에 관여했던 사람들이 문제의 중대함을 그다지 잘 이해한 것 같지는 않고, 인간의 가치를 유전적 성질에 따라 측정하려는 욕망은 그 뒤에도 계속 증식하고 있다. 하지만 거기에는 이제 '피'라는 불길한 은유는 보이지 않고, 언제부턴가 'DNA'라는 무기적(無機的)인 기호로 대체되었다.

---

191 일본의 여성 잡지. '방상캉(ヴァンサンカン)'이라고 읽는다. 프랑스어로 25세를 뜻하는 'vingtcinq ans'에서 온 말이다.

192 미국의 심리학자 · 우생학자 고다드(Henry Goddard)가 *The Kallikak Family*(1912)에서 보고한 사례로, 마틴 캘리캑(Martin Kallikak)이라는 한 남자가 정신지체를 가진 술집 여자와의 사이에서 낳은 아들의 후손 중에는 대를 이어 계속 정신지체자가 나온 반면, 이후 그가 정상인 여성과 합법적 결혼에서 얻은 후손은 모두 정상이었다는 내용이다. 'Kallikak'이라는 이름은 그리스어 'kalos(좋은)'와 'kakos(나쁜)'를 합쳐서 만든 가명이다.

폭주하는 DNA

미국의 사회학자 넬킨과 린디가 'DNA 신화'라고 부른 사태, 즉 유전자나 DNA라고 불리는 것이 흡사 마술 같은 힘을 갖고 인간의 행동을 지배하고 그 사람의 미래까지 결정한다는 식의 사고가 대중문화를 지배하는 풍조는 1990년대 이래 일본 사회에도 거의 그대로 적용된다.[193]

결혼 안 하는 인간은 불행하다고 단언한 이시하라 신타로가 한편으로는 DNA라는 말을 좋아해서 마구잡이로 쓰는 것은 매우 상징적이다. 야스쿠니신사(靖國神社) 참배는 "일본인의 정신성, 문화의 코어에 있는 DNA에 닿는 문제"라고 수상의 야스쿠니신사 참배를 정당화하고, "일본인은 영지(英知)에 가득 찬 민족이다. 게다가 일찍부터 교육 수준은 세계 굴지였으니까, 그 영지가 DNA에 프린트되어 왔"다고 자화자찬한다. 그중에서도 압권은 중국인에 의한 흉악 범죄가 증가하는 것을 우려하면서 "이런 민족적 DNA를 드러내는 듯한 범죄가 만연함으로써 머지않아 일본 사회 전체의 자질이 차츰 변해 갈" 것이라고 한 차별 발언일 것이다.

이런 발언들은 이시하라가 유전학에 완전히 무지하다는 것 그리고 그것을 깨닫지 못하고 따라서 부끄러운 줄도 모른다는 것, 요컨대 과학적 사고가 완전히 결여되어 있음을 보여 주는 것이다(DNA는 교육에 의해 변화되지 않으며 '민족'이라는 문화적 개념과도 무관하다). 혹시나 싶어 덧붙이자면 지금 문제가 되는 것은 내셔널리즘이나 민족주의 같은 사상의 옳고 그름이 아니다. 오히려 그것들의 전제가 되는 사고의 본질을 눈여겨보고 싶은

193 Dorothy Nelkin & Susan Lindee, *The DNA Mystique : The Gene as a Cultural Icon*(도로시 넬킨·수잔 린디, 『DNA 신화 : 문화 아이콘으로서의 유전자』), W. H. Freeman, 1996.

것이다.

그렇게 보면 꼭 이시하라 신타로 같은 내셔널리스트만이 'DNA'라는 말을 그렇게 유치하게 쓰는 것은 아니다. 실제 이시하라의 중국인 차별에 비판적인 기사를 거듭 게재한 『아사히신문』에도 신경 거슬리는 문장은 넘친다. 최근의 예를 몇 가지 들면 "지쿠고(筑後)의 뜨거운 피와 DNA를 잇는"(모 정치인의 입후보에 즈음한 변), "남편의 간사이(關西)계 DNA를 물려받아서 잘 웃고 말이 많은 아이예요", "독서가인 아빠의 DNA를 물려받아 히마와리(向日葵)짱은 그림책을 너무 좋아해"(탤런트 다카타 마유코高田萬由子의 발언), "화합을 소중히 한다 — 쇼토쿠(聖德) 태자의 헌법 17조에 담긴, 일본인의 DNA에 스며들어 있는 듯한 정신인데 운운", "신슈(信州) 사람의 DNA가 120퍼센트 흐르는 몸으로서, 지사와 의회와 현민(縣民)의 신뢰 관계가 깨져 나가노현(長野縣)이 무너져 가는 모습을 두고 볼 수 없었다"(2002년 나가노현 지사 선거에 나온 이치카와 슈市川周의 발언. 참고로 이 사람은 이시하라 도지사의 브레인인데 유유상종인 모양이다. 쓸데없는 이야기지만, 나는 이 '120퍼센트'라든가 '200퍼센트'라는 표현도 싫다), "우수한 항공 기술자인 부친으로부터 '합리주의'의 DNA를 물려받은 노다(野田)는 운운", "소니의 DNA는 새 기술로 상품을 내놓는 것이다(소니의 '거물 OB'의 발언)", "다이에이 드라마스럽다는 건 결국 가부키(歌舞伎) 등을 통해 일본인의 DNA에 새겨진 인과응보적 세계가 아닐까"(2002 여름의 연속극 기자 좌담회)…… 끝이 없으니까 이쯤에서 그만두자.

이런 발언을 한 당사자들은 아마 자기는 어디까지나 비유로 DNA라고 말한 것이라고 반론할지도 모르지만, 진짜 문제는 그런 비유로서의 말의 힘에 있는 것이다. 예컨대 위의 마지막 예에서 그냥 일본의 문화라고 하면 될 것을 구태여 DNA라고 표현했을 때, 그것에 의해 생겨나는 레토릭상의 효과는 '일본인'이라는 범주의 '생물학화'이다. 화자도 독자도 DNA라는 게 무엇인지 잘 알고 있지 않은 상황에서 어쨌든 유전에 관계된 무언가를 공유하고 있다는, 딱 그만큼의 정보=이미지에 매개되어 '생물학적' 실체로서의 '일본인'이라는 관념이 성립되는 것이다.

생식 테크놀로지의 시대

그리고 이제 아이를 낳고 기르는 일상적 실천도 이런 DNA 신화에 계속 포위 공격을 당하고 있다.

지금까지 체외수정 등의 새로운 생식 테크놀로지는 불임 여성이 아이를 낳을 수 있게 한다는(이른바 불임 치료) 성과 덕분에 예찬되어 왔다. 물론 그것은 여성은 아이를 낳는 게 당연하다는 모성 이데올로기의 압력을 강화한다는 중요한 비판이 있지만, 지금은 거기까지는 다루지 않기로 하자. 여기에서 주의를 집중하고 싶은 것은, 단지 불임 부부에게 아이를 낳을 수 있도록 하는 정도가 아닌 생식 테크놀로지의 또 하나의 측면, 즉 어떤 아이를 낳아야 할까 낳지 말아야 할까 하는 생명의 '질'의 선별에 관련된 측면이다.

출생 전 검사로 태아의 염색체를 조사하여 다운증후군 등을 초래할 것 같은 '이상'이 발견되면 임신을 중절하는 '선별적 중절'은 어느새 일반 의료로 통용되고 있다. 하지만 임신중절에 의한 '선별'이 임산부의 심신에 부담을 주는 것은 말할 나위가 없다. 거기에 비해서 체외수정으로 만들어진 배아의 유전자를 검사해서 엄마 태내에 다시 넣을지 말지를 결정하는 수정란 진단(착상 전 진단)이라는, 더욱 세련된 생명 선별의 기술이 실행 단계에 있다. 이렇게 조금 모호하게 쓰지 않을 수 없는 이유는 2003년

9월 나고야시립대학의 스즈모리 가오루(鈴森薫) 교수가 일본산과·부인과학회에 신청한 일본 최초의 수정란 진단 허용 여부가 현시점(2004년 5월)에는 아직 판명되지 않았기 때문이다(하지만 이 학회의 규제를 깨는 형태로 실제로는 일본에서도 벌써 수정란 진단은 실행되고 있다).[194]

이 나고야시립대학의 사례는 남편에게 근긴장성 근이영양증(筋緊張性筋異營養症, myotonic dystrophy)이라는 유전성 난치병이 발병했고 또 불임이기도 해서 어차피 체외수정이 행해지는 과정에서의 검사라고 한다. 하지만, 그러니까 윤리적 문제는 적다는 신청자들의 주장에는 잘 납득이 가지 않는다. 오히려 나는 생명의 질의 선별이라는 행위가, 그 자체에 대해서는 누구도 군소리를 할 수 없을 것 같은 '불임 치료'라는 목표에 이르는 과정의 일부로 편입되었기 때문에 그 본질을 보기 어렵게 되어 있다는 점에 주의를 환기시키고 싶다.

개별 사례 하나하나에 대해서는 결국 아이를 낳는 당사자인 여성과 그 파트너의 의지가 무엇보다 존중되어야 할 것이다. 국가든 개인이든

194 일본산과·부인과학회는 1998년 '중대한 유전성 질환'이 있는 아이를 출산할 가능성이 있는 경우에 한해서 이 학회에 신청, 허가를 받은 뒤 착상 전 진단을 실시할 수 있도록 하는 내용의 「'착상 전 진단'에 관한 견해(「着床前診斷」に關する見解)」를 내놓았으나, 스즈모리 교수 이전의 몇 건의 신청은 모두 받아들여지지 않았다. 한편 2004년에는 학회에 신청하지 않고 착상 전 진단을 실시한 사건이 밝혀져 해당 의사가 제명당하기도 했다(利光惠子, 「日本における受精卵診斷の認可枠組み轉換の背景」 도시미쓰 게이코, 「일본에서의 수정란 진단 인가 구조 전환의 배경」, *Core Ethics* 5, 2009 참고). 이후 일본산과·부인과학회는 이 진단의 대상 범위를 조금 확대했고, 현재는 "원칙적으로 중대한 유전성 질환아를 출산할 가능성이 있는 유전자 변이 및 염색체 이상을 보유한 경우에 한하여" 이 학회에 신청, 허가를 받은 뒤 착상 전 진단을 실시할 수 있도록 하고 있다(2010년 6월 26일의 社團法人 日本産科婦人科學會, 「'着床前診斷'に關する見解」 사단법인 일본산과·부인과학회, 「'착상 전 진단'에 관한 견해」. http://www.jsog.or.jp/ethic/chakushouzen_20110226.html).

남에게 임신과 출산을 강제할 권리 따위는 그 누구도 갖고 있을 리 없다. 하지만 그런 점을 고려하더라도, 수정란 진단이라는 새로운 테크놀로지의 의미 문제를 당사자한테만 맡겨 두어서는 안 되는 것은 확실하다.

출생 전 진단 그리고 수정란 진단이란, 병을 안고 있는 인간 개개인의 치료와 건강 증진을 돕는 것이 아니라 그 '존재' 자체를 미리 주의 깊게 제거하는 기술이다. 따라서 그것은 좁은 뜻의 의료 행위를 넘어 우리 삶을 더 깊은 곳에서 통제하는 기술이다. 현재로서는 그것은 심각한 유전병을 안고 태어날 것으로 예상되는 존재만을 겨냥하는 듯하다. 그러나 심각한 유전병이 예상되면 중절해도 되는가 하는 문제는 일단 제쳐 둔다고 해도, 그쯤에서 브레이크가 걸릴 거라고 믿을 만한 근거는 전혀 없다. 여태껏 그랬듯이 윤리학자나 종교인, 평론가가 무슨 말을 한다고 해도 조작의 범위는 점점 확대될 것이다. 언젠가는 심각한 유전성 질환이 아니더라도 더 가벼운 질환이며 장애를 가진 아이의 존재를 제거하기 위해, 심지어는 부모가 바라는 대로의 체질과 소질을 가진 아이를 만들어 내는 것을 목표로 유전공학적 조작이 행해질 가능성이 높다.

그런 '유전자 본질주의'가 지배하는 가까운 미래 사회를 그린 앤드루 니콜(Andrew Niccol) 감독의 영화 「가타카(*Gattaca*)」(1997년)는 진지한 주제 의식과 스타일리시한 영상 그리고 마이클 나이먼(Michael Nyman)의 차분한 음악이 혼연일체가 된 걸작이다. 우주 비행사를 꿈꾸지만 유전적 소질의 결여 때문에 그 길을 가지 못하는 청년 — 애당초 그는 괴짜 부모를 만나 영화 속 세계의 상식 아닌 상식에 반하는 '체내수정(!)'에 의해 태어났다 — 과 지적으로나 육체적으로나 초엘리트였지만 재기 불능의 큰 부상으로 좌절할 수밖에 없었던 또 한 명의 청년의 관계를 축으로 그려지는, 가슴 조이는 비극과 환희의 이야기다.

줄거리를 상세히 쓰는 것은 그만두자. 하지만 위의 간단한 소개만으로도 「가타카」에 그려진 세계가 차츰 현실감을 키워 가고 있음이 느껴지지 않는가? 유전 정보에 근거한 고용이며 보험 가입상의 차별은 이미 사회문제가 되고 있고, 일본에서도 유전병을 이유로 장애 보험의 지불을 거부당한 사건을 둘러싼 재판이 진행되고 있는데 제1심에서는 보험회사 측이 승소했다. 체외수정에 의한 출생 건수는 벌써 전체 출생 수의 1퍼센트를 넘어섰고, 이른바 불임이 아니라도 예컨대 젊은 여성이나 커플이 난자나 수정란을 냉동시켜 두었다가 일에 여유가 생긴 뒤 임신·출산한다는 응용이 시도되고 있다.

그렇게 체외수정이 더욱 확대되면 그에 따라 수정란 검사는 조금씩 일반화될 것이다. 그 과정에서 크게 생명에 관련될 것 같은 유전병뿐 아니라 정말 사소한 유전적 장애 인자도 제거하는 방향으로 세상이 변화해 가는 것은 거의 불가피할 것 같다. 아니 그보다 앞서 결혼에 즈음해서 서로 유전 진단서를 제출하는 등의 예방책이 상식이 될지도 모른다.

그리고 그런 변용은 모두 '행복한 연애결혼', '행복한 가정'이라는 부드러운 이미지에 감싸인 채 진행될 것이다. 지금까지의 불임 치료가 아이가 생기지 않는 '불행한 여성'을 구제한다는 대의명분 아래 발전되어 온 것과 마찬가지로 말이다. 그렇게 해서 엘렌 케이가 백 년 전에 그린 우생 사회의 꿈이 드디어 현실이 될지도 모른다. 실제 2003년 성립한 「소자화사회대책기본법」 제6조에는 "국민은 가정과 육아에 꿈을 갖고, 또 안심하고 자녀를 낳아 기를 수 있는 사회의 실현에 이바지하도록 노력한다"라고 규정되어 있지 않은가? 아름다운 문장이다. 하지만 '꿈'을 말하는 법률만큼 수상쩍은 것이 달리 또 있을까?

건강이라는 의무와 **가정이라는 꿈**. 향후 일본 '국민'이 담당할 두 가지

테마가 교차하는 곳에 무슨 일이 생기는지, 우리는 신중히 지켜볼 필요가 있다. 미래를 꿰뚫어 보기 위해서는 과거를 알아야 한다. 우리가 '행복한 연애결혼'의 부드러운 이미지를 가슴에 품으면서 동시에 인간의 우생학적 선별과 배제를 추진해 왔다는 현실을 얼렁뚱땅 얼버무리지 말고 직시해야 한다.

그 전체상을 분명히 밝히는 것은 터무니없이 큰 과제임에 틀림없다. 그러기 위해서는 성(젠더/섹슈얼리티), 연애, 결혼, 생식(임신·출산·육아·중절), 가족·가정 같은 말과 관련된 모든 것, 나아가 의학·의료며 생물학 등의 전문 분야와 매스미디어의 문제 등 무수한 현상을 시야에 넣어야 할 것이다. 거기에 비하면 이 책에서 다룰 수 있었던 자료와 논점은 매우 제한적이다.

그렇더라도 이 작은 책이 '연애·결혼·우생학'이라는 매듭의 핵심을 비춰 내고 그렇게 해서 이 세계에 대해 지금까지와는 다른 방식으로 사고하려는 사람들에게 도움이 되었다면, 저자로서 그보다 기쁜 일은 없겠다.

이 책을 맺으며

이 책에서 붙들고 씨름한 문제에 대해 생각할 때, 늘 머리에 떠오르는 한 가지 일화가 있다.

존 레넌이 만년의 몇 해를 '주부(主夫)'로, 무엇보다 아이를 키우는 데 시간을 쏟으며 지낸 사실은 이제는 잘 알려져 있다. 존과 요코가 늘 긍정했던 사랑과 평화라는 메시지에 걸맞은 일화다. 분명히 그것 자체는 멋지고 존경할 만한 일이다. 하지만 그렇다고 해서 그를 온화한 가정적 인물로만 묘사하는 데 나는 이의를 제기하고 싶다.

내가 좋아하는 존 레넌은 1980년 12월 **살해당하기**—그냥 죽었다는 식으로 추상적으로 써서는 안 된다. 그는 틀림없이 다른 사람의 폭력에 의해 살해당했다—직전의 인터뷰에서 이런 말을 한 인물이다.

"우리 중 반쯤은 그저 토요일 밤의 위스키 한 잔 덕분에 태어났을 뿐이다."

누구보다 정직하고 속 터지게 고지식하면서 동시에 뒤를 돌아보며 혀를 내미는 듯한, 그야말로 레넌다운 명언이다 싶다. 부모님이 가끔씩 기분 좋은 주말 밤에 마신 술김에. 내가 태어나서 존재하고 있는 것의 이

유란 기껏해야 그런 정도이다. 그것은 단순한 우연인 것이다.

그렇다면 바깥에서 나를 옭아매는 인생의 목적이니 의미니 하는 무거움 따위는 실은 어디에도 존재하지 않을 것이다. 바로 그렇기 때문에 우리는 자유롭게 살고 사랑하고 죽어 갈 수 있다. 심각해할 것이 전혀 없다. 생각대로 하면 된다. 늘 뭔가에 짓눌린 듯한 기분에 우울했던 10대 때의 나는 그의 말을 그런 식으로 이해했고, 그 순간 나를 포함한 세계 전체가 문득 가벼워진 듯한 느낌이 들었다.

그저 남녀 한 쌍의 사소한 변덕이 우리를 존재하게 한 유일한 계기라는 것, 말하자면 탄생의 우연성. 일찍이 쇼펜하우어는 인간에 관한 부정적 인식에서 그런 말을 내뱉었다. 하지만 똑같은 인식을 존 레넌은 더할 나위 없이 긍정적인 메시지로 이 세계에 되돌려 주는 것이다. 탄생의 우연성, 그것이야말로 대체할 수 없는 한 인간의 '자유'를 긍정하는 열쇠라는 눈부신 역설을 말이다. 하지만 지금 이런 가벼운 '자유'의 감각은 우리 삶으로부터 조금씩 깎여 나가면서 부식되고 있다. 새로운 생식 테크놀로지와 유전자 테크놀로지에 의한 '탄생'의 제어는 그 징후이다. 이런 사태에 우리는 어떻게 저항할 수 있을까? 구체적인 방법은 아직 보이지 않는다. 하지만 지금부터 우리가 어떤 법률, 어떤 제도를 만들어 간다 하더라도 그 근저에 놓여야 할 것은 '탄생의 우연성' 그리고 특정한 결혼 스타일 따위로는 회수될 수 없는 '만남의 우연성'이라는 원리가 되어야 할 것이다. 나는 그렇게 믿고 있다.

*

지쿠마신서(ちくま新書) 편집부의 야마노 고이치(山野浩一) 씨한테서 이 책의 기획을 받은 것은 1996년의 일이었다. 그 이래 게으르게 지낸 건 아니었는데도, 몇 번인가 구상을 뒤집고 이런 저런 사정으로 집필에 집중

할 시간을 갖지 못한 채 결국 8년이나 세월이 지나 버려 폐를 끼쳤다. 하지만 그동안 소자화 · 만혼화가 더 진행되고 연애와 결혼에 관한 새로운 담론이 차례로 생겨나는 한편 우생학적인 위험을 잉태한 생식 의료가 한층 더 진전되는 가운데, 나 자신은 오히려 좀 더 깊이 생각을 해볼 시간을 얻을 수 있었다. 저자의 더딘 발걸음을 관용으로 지켜봐 주신 야마노 씨와, 최종 단계에서 여러 조언을 주시고 탈고에까지 이끌어 주신 나가타 시로(永田士郎) 씨에게 감사하다는 말씀을 드리고 싶다.

옮긴이 후기

옛날이라고 부를 만큼은 오래되지 않은 과거, 꼭 집어 말하자면 한 100여 년쯤 전에 '연애'라는 근대 문물이 박래(舶來)했다. 조선 시대라고 남녀의 사랑이 없었을 리는 만무하고, 본인 의사와 상관없이 양가 부모의 합의로 결혼을 한다는 것도 중요시할 집안의 뼈대라는 게 존재하는 양반층에게나 한정된 현상이었겠지만, 어떻든 지금의 '연애'라는 개념은 'romantic love'라는 서구어의 번역으로 등장했다. 그것도 개방과 근대화에 한 발 앞섰던 일본을 거쳐서였다. 그리고 이광수 같은 계몽적 지식인이나 신여성 세대는 연애의 자유, '자유연애'를 근대 개인주의의 상징으로 내세웠다. 독립된 국민국가의 건설도 부국강병도 자유롭고 평등한 개인들에 기반하지 않고서는 불가능하거나 무의미했으므로, 남녀 개개인이 스스로 사유와 의지와 행동의 주체 즉 연애의 주체로 각성하는 것은 정치적·경제적 변혁 못지않게 중요한 과업일 수 있었다.

여기까지의 감동적인 역사의 전개는 비교적 잘 알려져 있고 근대 문학과 사상, 신여성 등을 다룬 여러 연구에 의해 거듭 복기(復碁)된 바 있다. 그런데 그다음에는 어떻게 되었을까? 치열한 전투와 박해를 겪고 여러 순교자를 배출한 끝에 연애의 자유를 쟁취하고서는? 어떤 현상이든 그것의 '탄생', 형성과 기원을 다루는 역사책은 많지만, 그다음의 전개에 주목하는 사람은 많지 않다. 그다음의 역사란 대개 비루하고 지리멸렬하기 때문일 것이다. 자유연애의 '그다음'이 바로 지금 우리가 사는 일상, 연애가 대학의 강의 주제나 사교육의 품목이 되고, 궁극적 관심이 연애에 있는지 연예에 있는지 알 수 없는 선남선녀가 모여 남자 2호는 여자 4호에게 관심을 보이지만 여자 4호는 남자 1호에게 사랑을 고백하는 그런 '리얼'한 일도 볼거리가 되는 삶이다. 규범적으로 연애는 죄다 결혼으로 수렴되어야 하거나, 그런 연애만이 도덕적 · 사회적으로 바람직한 것으로 여겨진다. 우리는 연애를 위해 부모와 집안을 저버려야 하는 것이 아니라, 두 사람의 연애와 결혼에 대해 양가 부모의 '허락'을 받지 못할까 봐 조바심치거나(이것은 정말 '자유연애'로부터 한참 후퇴한 자리다) 그도 아니면 남들 다 하는 연애도 제때 못해서 부모에게 폐를 끼칠까 봐 걱정이다. 요컨대 우리는 연애의 시대가 아니라 연애결혼의 시대를 살고 있다.

*

이 책은 그렇게 폭풍 같던 자유연애가 세상에 길들여져 너무나 예측 가능한 '연애결혼'이 되고, 거기에 국가와 민족까지 끼어들어 사람들에게 결혼을 해라 마라, 애를 낳아라 마라 간섭해 온 지난 한 시대의 이야기다. 물론 일본 이야기지만 시대가 주로 19세기 말부터 20세기 전반에 걸치므로, 일본의 식민지로 비슷한 근대를 강요당했던 우리 과거 그리고 그 과거로부터 만들어진 현재와 결부시켜 읽을 수 있다.

한국어판 서문에서 지은이는, 이 책을 통해 "근대 일본사회에서 우생사상과 연애 관념이 어떤 관계를 맺고 있었는지 밝혀 보고자" 했다고 썼다. '결혼'이라는 말을 쏙 빼놓아서 일견 당혹스럽게 느껴지지만, 연애가 어떻게 결혼으로 이어지고 결혼에 어떻게 우생학이 개입하는지 단계적으로 따져 본다면, 그리고 오늘날 결혼제도가 겪고 있는 많은 변화를 생각해 본다면, 남녀의 사랑(연애)과 우생사상을 직선으로 연결짓는 것도 그다지 무리는 아니라고 생각된다. 물론 지은이도 밝히고 있듯이 지은이의 주된 연구 관심이 연애라는 관념이나 (연애)결혼의 역사 자체보다는 페미니즘과 젠더 그리고 우생학 쪽이기도 하다.

*

이 책의 일본어판은 지쿠마쇼보(ちくま書房)의 문고본인 '지쿠마신서'의 한 권으로 2004년에 간행되었다. 책이 처음 나온 지 10년, 내가 이 책을 읽고 번역하기로 마음먹은 지 4년 가까이 되었지만, 이 책에서 다루고 있는 여러 현상은 여전히 현재진행형이다.

이 책을 읽고 또 옮기면서 여러모로 마음이 불편했다. 연애와 결혼, 결혼과 우생학이 매끄럽게 이어지지 않는 결절점마다 어쩔 수 없이 발을 멈추고 우리(나)의 연애는, 우리의 결혼은, 우리의 출산과 육아는, 하고 몇 번이고 물어보지 않을 수 없었다. 이 책을 읽는 누구라도 그럴 것이다(그러기를 바란다). 이를테면 서장에서 지은이가 슬쩍 지나치며 언급하듯이, 조건만 맞으면 중매가 곧바로 결혼으로 이어진다는 식의 고전적 중매결혼은 이제 찾아보기 힘들고, 그래서 결혼정보회사(정보화 시대에 정말 딱 맞는 이름이다!)를 통해 결혼했지만 중매는 두 사람의 첫 만남을 주선해 주었을 뿐 둘은 어디까지나 '연애결혼'을 했다는 말도 충분히 가능하다. 정말 그런지 물어보고도 싶지만, 생각해 보면 정작 물어봐야 할 것은 그게 아니라, 그렇다면 순정한(?) 연애결혼에는 정말 조건에 대한 고려는 전혀 없을까, 하는 점이다. 결혼정보회사에 회비를 내고서 장래 배우자 후보들의 '정보'를 얻고 그중에서 '조건'에 맞는 상대를 고른다? 그러나 우리는 열렬하고 기나긴 연애 기간 동안 상대에 대해 더 많은 '정보'를 얻고, 몇 번이나 싸우고 헤어지고 또 화해하면서 서로의 '조건'과 눈높이를 맞춰 가는 게 아닐까? 아니, 이미 "첫눈에 반하는" 그 과정부터가 서로의 계급적·사회적 배경에서 만들어진 꿈과 취향의 한계에 갇혀서, 조건상 한쪽이 너무 어그러지는 상대와는 사랑에 빠질 수조차 없게 되는 게 아닐까?

또 나치스의 유대인 말살의 악몽을 겪고 난 오늘날 조국과 민족의 이름으로 강요되는 우생사상은 더 이상 발붙일 곳이 없다지만, 과연 그럴까? 저출산·고령화로 장차 고갈이 우려된다는 국민연금에 대한 근본 대책이란, 우리 모두 좀 덜 오래 살자거나 연금을 대폭 덜 받자는 것이 아니라면, 애들을 좀 더 많이 낳아서 장차 그 애들이 우리 몫의 연금을 내게 하자는 것일 수밖에 없지 않을까? 지난 몇 년 동안 국가적 규모로 벌인 출산 장려 캠페인은 전혀 그런 것이 아니라, 아직 태어나지 않은 생명들에게도 이 아름다운 세상을 누릴 수 있게 해주자는 것이었던가? 게다가 꼭 거창하게 국가적·민족적 차원이 아니더라도 이미 우리는 사적으로도, '재무 설계' 같은 좀 더 세련되어 보이는 용어들을 들먹이면서 아직 태어나지 않은 아이들을 축복이 아닌 장래의 위험(risk)으로 취급하고 있지 않은가?

*

더 많은 사람이 나처럼 마음 불편해하시도록, 이 책을 옮겨서 내놓는다. 본래 문고본인 만큼 책은 얇지만, 보다시피 내용은 결코 만만치 않다. 늘 그렇지만, 내가 읽어서 내용을 대충 아는 것과 그것을 남들도 읽을 수 있도록 한국어로 옮기는 것은 전혀 다른 문제였다. 그렇게 번역을 대충 마친 것이 작년 여름이었는데, 원고를 다듬는 데 생각보다 시간이 많이 걸렸다. 일본의 고대 역사서 『고사기』에서 만화 『기생수』에 이르기까지 고금을 넘나드는 지은이의 박람강기(博覽强記)를 따라가기도 버거웠지만 특히 20세기 초까지의 옛 일본어 글투를 그대로 인용한 부분은 해석이 까다로웠고, 그다지 잘 알려져 있지 않은 작가와 저작에 대해서는 참고자료를 구해 볼 수도 없어서 힘이 들었다(인터넷이 없었다면 불가능한 번역이었을 것이다). 후쿠자와 유키치나 아쿠타가와 류노스케 등은 얕은 지식에 그래도 좀 들어 봤지만, 후반부로 가면서는 이름부터 어떻게 읽어야 할지 모를 다양한 인물이 등장하는데, 그렇게 근대 일본의 문제와 고민을 일본의 많은 사상가 · 작가 · 실천가들을 불러내면서 엮어 갈 수 있다는 점은 무척 부러웠다. 그것은 저자의 역량이자 자기 역사에 대한 애정의 소산이기도 하겠지만, 근본적으로 번역이 되었든 모방이 되었든 제 힘으로, 제 손으로 근대에 맞선 역사 자체의 저력이기도 할 것이다. 그런 책이 또 수만 권에 이르는 문고본 중의 한 권으로 서점과 도서관의 서가에 꽂혀 있다……, 그런 점도 무척 부럽다. 이 번역본도 내가 좋아하는 '한림신서 일본학총서'의 작지만 알찬 한 권이 되었으면 했는데, 본의 아니게 새 시리즈로 옮겨지면서 판형이 커져 버렸다. 나름대로 욕심을 내서 각주도 달고 하다 보니 부피도 꽤 늘었다.

제 주제를 돌아보지 않고 의욕만 앞서서 어쭙잖게 옮겨서 내는 책이지만 그 과정에서 여러 분의 도움을 받았다. 무엇보다 번역을 흔쾌히 허락해 주시고 번역 과정에서 잡다한 물음에 일일이 친절하게 답을 주신 지은이 가토 슈이치 선생님, 그리고 이 책을 '한림일본학신총서'의 한 권으로 낼 수 있게 해주신 한림대 일본학연구소 서정완 선생님, 지은이와의 연락을 비롯해서 절차상의 온갖 뒤치다꺼리를 해주신 심재현 선생님, 처음 번역서 출판을 주선해 준 정준영, 까다로운 대목마다 일본어 번역을 도와준 서울대학교 일본학연구소의 서동주 두 동학(同學), 세미나에서 초고를 함께 읽어 준 한국학중앙연구원 한국학대학원 사회학전공 학생들, 그리고 옮긴이보다 더한 정성(과 실력)으로 원고를 다듬어 주신 소화출판사 편집부께 감사를 드린다.

2013년 10월 서호철

한림일본학신총서 발간에 즈음하여

1994년에 문을 연 한림대학교 일본학연구소는 당시 불모지와도 같았던 국내 일본학계에 기초적인 문헌을 공급해서 국내 일본학의 기초를 확고히 해야겠다는 목표를 설정하였다. 일본인 연구자가 일본어로 집필한 중요 입문서 또는 개론서를 한글로 번역해서 국내 일본학 연구자와 학습자에게 필독 양서로 제공한다는 취지였는데, 이는 일본 연구자가 일본과 일본인을 어떻게 바라보고 있는지부터 알자는 판단에서였다. 그리고 총 100권을 채우게 될 '한림신서 일본학총서'의 첫 권이 1995년 5월 간행되었다.

그러나 21세기라는 새로운 세기에 부는 바람은 우리에게 새로운 도약과 변화를 요구하고 있다. 젊은 에너지가 만들어 낸 '한류'라는 바람이 세차게 일고 지금도 진화하고 있으며, 통화위기를 극복한 한국 경제가 세계 무대에서 약진을 계속하는 동안 일본 경제는 '잃어버린 20년'이라는 장기 불황에서 헤어나지 못하고 있다. 이러한 와중에 관동대지진이 일어난 지 88년 그리고 한일병합 101년 만인 2011년 3월 11일에 도호쿠(東北)대지진과 쓰나미에 의한 후쿠시마원자력발전소의 멜트다운에 의한 대량의 방사능 누출이라는 초유의 사태를 맞이하였다. 이 재앙은 일본의 사회, 경제, 정치에만 타격을 가한 것이 아니라 일본인 스스로가 그들의 가치관, 윤리관, 규범에 대해서 그리고 미래에 대해서 재고할 것을 요구하고 있다. 한일 양국을 둘러싼 환경이, 한일 양국이 서로를 바라보는 시선이 지난 18년 동안 매우 빠르게 변했고 지금도 진행되고 있다. 이는 한국의 일본학과 일본의 한국학에 대한 거리와 시점을 바꾸고 재설정할 것을 요구하고 있는 것이며, 이러한 변화에 대응하고 한국의 일본학을 더욱 발전시키기 위해서 본 일본학연구소에서는 '한림일본학신총서'를 새로이 내놓는다. 기존의 '한림신서 일본학총서'의 유산을 승계하면서 보다 다양한 시점에서 보다 깊이 있는 일본학을 우리가 향유할 수 있을 때, 미래 지향적인 한일 관계는 물론이고 '동아시아'를 엮는 유산과 기억 그리고 미래를 가질 수 있게 된다고 믿기 때문이다.

2012년 3월

한림대학교 일본학연구소

한림일본학신총서 5

'연애결혼'은 무엇을 가져왔는가
성도덕과 우생사상의 100년간

초판 1쇄 2013년 12월 20일

지 은 이 가토 슈이치
옮 긴 이 서호철
펴 낸 이 한림대학교 일본학연구소
펴 낸 곳 도서출판 소화
등록번호 제13-412호
주 소 서울시 영등포구 영등포동 7가 94-97
전 화 02-2677-5890
팩 스 02-2636-6393
홈페이지 www.sowha.com
전자우편 sowha@sowha.com

ISBN 978-89-8410-455-6 94080
978-89-8410-438-9 (세트)
값 15,000원